Isabelle Noth/Christoph Morgenthaler

Seelsorge und Psychoanalyse

Kohlhammer

Praktische Theologie heute

Herausgegeben von
Gottfried Bitter
Kristian Fechtner
Ottmar Fuchs
Albert Gerhards
Thomas Klie
Helga Kohler-Spiegel
Christoph Morgenthaler
Ulrike Wagner-Rau

Band 89

Isabelle Noth/Christoph Morgenthaler (Hrsg.)

Seelsorge und Psychoanalyse

Mit Beiträgen von
Wolfgang Drechsel, Susanne Heine, Horst Kämpfer,
Christoph Morgenthaler, Eckart Nase, Isabelle Noth,
Hartmut Raguse, Anne Reichmann, Dieter Seiler,
Anne M. Steinmeier, Ulrike Wagner-Rau,
Martin Weimer, Wolfgang Wiedemann

Verlag W. Kohlhammer

Alle Rechte vorbehalten
© 2007 W. Kohlhammer GmbH Stuttgart
Umschlag: Data Images GmbH
Reproduktionsvorlage: Andrea Siebert, Neuendettelsau
Gesamtherstellung:
W. Kohlhammer Druckerei GmbH + Co. KG, Stuttgart
Printed in Germany

ISBN 978-3-17-019972-9

Inhalt

Vorwort

Die Geschichte der Poimenik ist durch eine lebhafte Debatte zu Fragen der konzeptionellen Ausrichtung von Seelsorge geprägt. Seelsorge hat durch die Rezeption unterschiedlicher psychotherapeutischer Ansätze wesentliche Impulse erhalten und sich in unterschiedliche Richtungen ausdifferenziert. In einer lockeren Folge von Bänden werden Erträge dieser Debatten deshalb in der Reihe „Praktische Theologie heute" gesichtet und vorgelegt.

Seit ihren Anfängen ist Psychoanalyse für die Weiterentwicklung der Seelsorge besonders wichtig geworden. Die Rezeption der Psychoanalyse in der Seelsorge setzt mit der bemerkenswerten Freundschaft zwischen dem Begründer der Psychoanalyse, Sigmund Freud, und dem Zürcher Pfarrer Oskar Pfister ein, findet ihre eigentliche Fortsetzung allerdings erst seit den 70er-Jahren des letzten Jahrhunderts. Joachim Scharfenberg, Hans-Joachim Thilo, Klaus Winkler und andere im deutschen Sprachraum haben ihre Impulse in vieler Hinsicht bis heute für ein vertieftes Verständnis des Menschen, für die seelsorgliche Gesprächsführung, aber auch für die Grundlagenreflexion der Poimenik fruchtbar gemacht.

Das Freud-Jubiläumsjahr war Anlass, die Planung eines Bandes an die Hand zu nehmen, der historisch, systematisch und praktisch orientierte Arbeiten zum Zusammenhang von Psychoanalyse und Seelsorge vereinigen sollte. Ausgangspunkt war eine Tagung am 11. November 2006 an der Universität Bern über die Anfänge der theologischen Rezeption der Psychoanalyse in der Schweiz. Weshalb blieb Freud, der zu den schärfsten Religionskritikern des 20. Jahrhunderts gehörte und dessen zahlreiche dramatischen Trennungsgeschichten bekannt sind, über so viele Jahre hinweg bis zu seinem Tod ausgerechnet einem reformierten Pfarrer freundschaftlich verbunden, und umgekehrt, weshalb hielt der reformierte Schweizer Pfarrer Pfister ausgerechnet einem höchst umstrittenen atheistischen Wiener Nervenarzt ebenfalls bis zu seinem Tod die Treue, obwohl er dadurch Ansehen einbüßte und sich eine gehörige Portion Ärger einhandelte? Sollte diese Freundschaft im Jubiläumsjahr schlicht unerwähnt bleiben, wie es sich zuerst abzeichnete? Und überhaupt – was ist aus Pfisters analytischer Seelsorge geworden? Die Vorträge dieser Tagung sind im vorliegenden Band dokumentiert. Zudem waren wir glücklich, eine Reihe namhafter Vertreter und Vertreterinnen psychoanalytischen Denkens in der Pastoralpsychologie zu gewinnen, aktuelle Beiträge zur psychoanalytisch fundierten Grundlagenreflexion in der Poimenik und zu Anwendungsfragen zu verfassen. Unser erkenntnisleitendes Interesse ist es dabei, einen Einblick in den gegenwärtigen Dialog der Seelsorge mit der Psychoanalyse zu ermöglichen. Die Beiträge zeigen in eindrücklicher Weise, wie Psychoanalyse bis heute pastoralpsychologisches Denken und Handeln kritisch inspiriert.

Unser Dank gilt der Nachwuchsförderungskommission der Universität Bern für die finanzielle Unterstützung der Vorbereitung und Durchführung der Tagung zu Oskar Pfister, Herrn Dr. med. Kaspar Weber für die tatkräftige Unterstützung unserer Arbeit und der Blum-Zulliger-Stiftung in Bern für die Erstattung der Druckkosten. Weiter danken wir dem Lektor des Kohlhammer-Verlags, Herrn Jürgen Schneider, für die erfreuliche Zusammenarbeit.

Bern und Wien, im Juli 2007   *Christoph Morgenthaler* und *Isabelle Noth*

Seelsorge zwischen Erinnern und Vergessen –
Zur Einseitigkeit des Dialogs mit der Psychoanalyse

Isabelle Noth

Im vergangenen Jahr erfuhr Sigmund Freud (1856–1939) anlässlich seines 150-jährigen Geburtstages eine überwältigende mediale Aufmerksamkeit: schier unermesslich waren die Schriften, Kommentare und Romane, aber auch Fernseh- und Radiosendungen, die sich mit dem Begründer der Psychoanalyse und seinen Theorien beschäftigten. Von besonderem Interesse ist in der nachträglichen Auswertung des Freud-Jahres, was im Zusammenhang mit dem so genannten „Entdecker des Unbewussten" allgemein präsent war und öffentlich erinnert wurde und was schlichtweg der Vergessenheit anheim fiel. Obwohl Religion als lange vernachlässigtes Thema inzwischen – gerade auch angesichts der sich aktuell aufdrängenden Einsicht in ihr politisches Konfliktpotential – Konjunktur hat, sind psychoanalytisch begründete Auseinandersetzungen mit diesem Phänomen auch im letzten Jahr spärlich.[1] Aus praktisch-theologischer Perspektive fällt im Rückblick folgendes auf: Während Freud gefeiert wurde, blieb im selben Jahr 2006 ein für Theologie und Psychoanalyse gleichermaßen bedeutsames Jubiläum fast vollständig unbemerkt, nämlich der 50. Todestag Oskar Pfisters (1873–1956).

Im Widerspruch zu der Bedeutung, die Oskar Pfister im Leben Sigmund Freuds inne hatte, stößt die ungewöhnliche Beziehung zwischen dem Schweizer Pfarrer und dem Begründer der Psychoanalyse nach wie vor weder in der pastoralpsychologischen noch in der psychoanalytischen Forschung auf vertieftes Interesse. Diese mangelnde wissenschaftliche Erkenntnislust lässt sich historisch bis auf die Anfänge der theologischen Rezeption der Psychoanalyse zurückverfolgen. So geriet Oskar Pfister trotz seiner intensiven Bemühungen, die Psychoanalyse als therapeutische Methode für die Seelsorge erstmals fruchtbar zu machen, und trotz seiner überaus reichen Publikationstätigkeit zunächst in völlige Vergessenheit. Dabei war es Freud selbst, der Pfister am 9. Februar 1909 gestand:

„Ich bin sehr frappiert, daß ich selbst nicht daran gedacht habe, welche ausserordentliche Hilfe die psychoanalytische Methodik der Seelsorge leisten kann."[2]

---

[1] Markus Bassler meint, „bei vielen Psychotherapeuten eine spürbare Zurückhaltung" hinsichtlich religiöser Themen feststellen zu können (ders. [2000]: Psychoanalyse und Religion – eine thematische Einführung, in: ders. [Hg.]: Psychoanalyse und Religion. Versuch einer Vermittlung, Stuttgart, 9–16, hier 10), weshalb er 1998 und 2000 Symposien zum Thema initiierte (vgl. ebd., 10 u. 16). Rachel B. Blass konstatiert in den Vereinigten Staaten hingegen eine „reconciliatory attitude towards religion that has become increasingly prevalent within psychoanalytic thinking and writing over the past 20 years" (dies. [2004]: Beyond Illusion: Psychoanalysis and the Question of Religious Truth, in: IJP 85, 615–634, hier 615).

[2] Freud an Pfister (9.2.1909) in: Sigmund Freud – Oskar Pfister, Briefe 1909–1939, hg. v. Ernst L. Freud / Heinrich Meng, Frankfurt a.M. ²1980, 13. Dieser (unvollständige) Briefwechsel zwischen Freud und Pfister wurde erstmals 1963 veröffentlicht.

Dem deutschen Pastoralpsychologen *Joachim Scharfenberg* kam das Verdienst zu, in seinem Grundlagenwerk über „Sigmund Freud und seine Religionskritik als Herausforderung für den christlichen Glauben" von 1968 das Augenmerk der Theologie erstmals wieder auf Oskar Pfister gelenkt zu haben. Scharfenberg initiierte eine regelrechte Freud-Renaissance und prägte das Gespräch über Religion und Psychoanalyse über Jahrzehnte hinweg (vgl. u.a. Scharfenberg 1972; Nase/ Scharfenberg 1977; Läpple/Scharfenberg 1977). *Eckart Nase*, ehemaliger Assistent Scharfenbergs, veröffentlichte 1993 seine Dissertation über „Oskar Pfisters analytische Seelsorge". Es handelt sich dabei um die einzige, für jede Beschäftigung mit Pfister unerlässliche deutschsprachige Monographie über dessen Leben und Werk.

Die vertiefte Auseinandersetzung mit Oskar Pfister – nach dem in den Vereinigten Staaten seit 1983 sogar ein Preis benannt wird („Oskar Pfister Award"), zu dessen Trägern u.a. Viktor Frankl, Hans Küng und Oliver Sacks gehören – und seiner bis heute vernachlässigten Rezeption der Psychoanalyse entspricht einem dringenden Forschungsdesiderat. Oskar Pfister war ein äußerst emphatischer, aber hinsichtlich Freuds Religionstheorien durchweg kritischer Anhänger der Psychoanalyse. Pfister veröffentlichte die erste psychoanalytische Systematik, zu der Freud auch das Vorwort beitrug (Pfister 1913). Nach Erscheinen seines berühmten Werks „Die Zukunft einer Illusion" von 1927 forderte Sigmund Freud seinen Freund zu einer Replik auf und veröffentlichte diese 1928 in der von ihm herausgegebenen Zeitschrift „Imago". Der Titel der Replik „Die Illusion einer Zukunft" widerspiegelt den zwar kämpferischen, aber durchweg freundschaftlich-humorvollen Umgang der beiden miteinander. Diese Debatte um gegensätzliche Religionstheorien hat nicht zum Bruch zwischen Freud und Pfister geführt. Es verwundert, dass diese so eindrückliche und angesichts Freuds scharfer Religionskritik auffällige Freundschaft zwischen dem Psychoanalytiker und dem Pfarrer auch im Jubiläumsjahr fast vollständig vergessen ging. Dreierlei mag sich in diesem auffälligen Ausblenden Pfisters symptomatisch widerspiegeln:

1. von Seiten der Poimenik die schon länger monierte und m.E. nach wie vor nicht überwundene „Geschichtsvergessenheit" der eigenen Disziplin,[3]
2. die kritische Stellung der Pastoralpsychologie am Rande des Fächerkanons der Theologie, die sich ihrerseits selber wiederum im Kontext fortwährender universitärer Statusdebatten einem zunehmenden Rechtfertigungsdruck ausgesetzt sieht, und
3. von Seiten der Psychoanalyse eine nach wie vor höchst ambivalente Haltung religiösen Bedürfnissen gegenüber.

Wenn die Psychoanalyse irgendwo tieferen Einfluss auf eine theologische Disziplin auszuüben vermochte, dann im Bereich der Seelsorge.[4] Nun ist aber in der jüngsten Phase der Pastoralpsychologie eine heftige und nicht abreißende Kontro-

---

[3] Vgl. Johann Anselm Steiger (1993): Die Geschichts- und Theologie-Vergessenheit der heutigen Seelsorgelehre, in: KuD 39, 64–67, hier Titel und passim.

[4] Vgl. dazu Dietrich Rössler (1983): Art. Freud, Sigmund, in: TRE XI, 578–584, hier 580–582.

verse um die rechte Einschätzung des gegenwärtigen Standes und die nötige zukünftige Ausrichtung einer zeitgemäßen wissenschaftlichen Poimenik ausgebrochen. Dass die Pastoralpsychologie anthropologisch bisher stark von der Psychoanalyse geprägt wurde, entspricht allgemeinem Konsens. Inwiefern jedoch ein Paradigmenwechsel angesagt ist oder nicht, wird unterschiedlich beurteilt.
Michael Klessmann stellt vor dem Hintergrund des aktuellen Disputs in seinem 2004 veröffentlichten Lehrbuch der Pastoralpsychologie eine gewisse „Ernüchterung" fest: „Die Dominanz des therapeutischen Paradigmas (...) weicht neuer Pluralität in der Praktischen Theologie" (Klessmann 2004, 115). Mehrere der jüngsten Publikationen im Bereich der Pastoralpsychologie zeigen, dass die Poimenik zunehmend mit Fragen hinsichtlich der empirischen Überprüfbarkeit ihrer Vorgehensweisen konfrontiert und psychoanalytisch fundierte Pastoralpsychologie von anderen, vor allem system- und verhaltenstherapeutischen Zugängen konkurriert wird. Bisher nicht rezipierte Ansätze finden auch in die Pastoralpsychologie Eingang. Eine der schärfsten Anfragen stammt von *Isolde Karle*, die aus einer soziologisch-konstruktivistischen Perspektive eine „Kritik der psychoanalytisch orientierten Seelsorgelehre" vorlegt, indem sie deren „ausgeprägte Individuumzentrierung" und soziologische Naivität anprangert (Karle 1996, 67). Um die Frage nach der Notwendigkeit eines Paradigmenwechsels in der Pastoralpsychologie fundiert erörtern zu können, bedarf es zunächst u.a. einer historischen Aufarbeitung der theologischen Rezeption der Psychoanalyse. Einen Beitrag dazu leistete die am 11. November 2006 an der Universität Bern veranstaltete Tagung über „Die Anfänge der theologischen Rezeption der Psychoanalyse in der Schweiz", für welche die ersten vier Beiträge des vorliegenden Bandes verfasst wurden. Da die Anfänge der theologischen Rezeption der Psychoanalyse untrennbar mit dem Namen Oskar Pfister verknüpft sind, bildet seine Person den roten Faden, der sich durch den ersten – historischen – Teil des Bandes hindurchzieht.[5]

Der erste Beitrag stammt von **Eckart Nase**, der 1993 – wie schon erwähnt – die einzige deutschsprachige Monographie über Oskar Pfister verfasst hat. In „‚Ein merkwürdiger Mann'. Oskar Pfister und die Anfänge der analytischen Seelsorge" fokussiert Nase auf die Jahre 1908 bis 1912, zeichnet Pfisters Entdeckung der Psychoanalyse nach und führt anhand eines von diesem ausführlich besprochenen Fallbeispiels konkret in dessen Verständnis und Handhabe der Psychoanalyse seiner Zeit ein. Er zeigt, wie Pfister psychoanalytische Erkenntnisse in Gestalt der von ihm entwickelten „analytischen Seelsorge" im pfarramtlichen Alltag ein- und umsetzte.

Hartmut Raguse beschäftigt sich mit der Freundschaft zwischen Freud und Pfister und zeichnet Stationen ihres Austausches u.a. aufgrund bisher unbekannter historischer Quellen nach (unveröffentlichtes Dokument im Archiv der SGPsa, ein 19-seitiges Memorandum des Ehepaars Oberholzer und von Rudolf Brun, und Briefwechsel Freuds mit dem Zürcher Psychiater Max Nachmansohn).

---

[5] Zur Aufarbeitung der Rezeption durch Joachim Scharfenberg vgl. die in seinem 10. Todesjahr an einem Studientag (16. Dezember 2006) in Preetz gehaltenen Vorträge, die demnächst in WzM publiziert werden.

Isabelle Noth widmet sich anhand des kürzlich (Okt. 2006) im Beck-Verlag erschienenen Briefwechsels der Freundschaft zwischen Oskar Pfister und Albert
Schweitzer. Ihre Korrespondenz lässt Rückschlüsse auf Pfisters Verständnis und
Verwendung der Psychoanalyse zu und zeigt, wie ein berühmter Zeitgenosse darauf reagierte.

Christoph Morgenthalers Beitrag schließlich wendet sich in Aufnahme der vorigen Beiträge jener Frage zu, die das Zentrum des Bandes bildet und eingangs
erläutert wurde: die Frage nach der Funktion der Psychoanalyse in der gegenwärtigen Pastoralpsychologie. In acht bewusst pointiert formulierten Thesen werden
sowohl die großen Verdienste der Psychoanalyse gewürdigt als auch aktuelle
Anfragen an ihre gegenwärtige Bedeutung für die Seelsorge geäußert.

Der zweite Teil des Bandes legt den Schwerpunkt auf systematische Fragestellungen:

Anne M. Steinmeier knüpft an Joachim Scharfenbergs Konzept einer Seelsorge
als freiem Gespräch an. Sie vertieft dieses in Auseinandersetzung mit der Argumentation Ricœurs und formuliert spezifische Überlegungen zu einer möglichen
Annäherung an einen gemeinsamen „Sprachgewinn" als einer „dritten Realität"
im Diskurs von Seelsorge und Psychoanalyse.

Dieter Seiler zeichnet eine Skizze des Symbolbegriffs in der psychoanalytischen
Theorie und der Geschichte der Theologie und erinnert vor diesem Hintergrund an
den Paradigmenwechsel, der einst mit Joachim Scharfenberg eingeläutet wurde.
Seiler beschäftigt sich mit vier Konzepten, die dem Symbol hervorgehobene Be-
deutung einräumen, nämlich jenem von Gert Hartmann, Martin Weimer, Heribert
Wahl und Hartmut Raguse, um sich schliesslich der Relation von Symbol und
Glaube zuzuwenden.

Ulrike Wagner-Rau geht in ihrem Beitrag von der Feststellung eines auch in der
Pastoralpsychologie wieder entflammten Interesses an spezifischen religiösen
Inhalten und Fragestellungen aus und bezeichnet die besonderen Chancen und
Gefahren dieser „neuen Aufmerksamkeit" für Religion am Beispiel von Reli-
gionskritik, -hermeneutik und Glaube.

Susanne Heine konzentriert sich in ihrem Beitrag auf die drei Konzepte von Donald W. Winnicott, Paul W. Pruyser und Ana-Maria Rizzuto bzw. auf die „Theorie
vom intermediären Bereich" und auf sog. „Gottesrepräsentanzen", fragt nach
ihrem Religionsverständnis und sichtet insgesamt die Bedeutung und den Ertrag
der Objektbeziehungstheorie für die Theologie und insbesondere für die Seelsorge.

Wolfgang Drechsel wendet sich der Kritik an der psychoanalytischen Seelsorgetheorie von den Anfängen der Seelsorgebewegung bis in die Gegenwart zu und
zeigt auf, welche weiterführenden Fragen im Dialog mit der Psychoanalyse als
einer nach wie vor „gewichtige(n) Gesprächspartnerin" der Seelsorge und der
Theologie anstehen.

Der dritte Teil umfasst vier anwendungsorientierte Beiträge:

Anne Reichmann beschäftigt sich mit der Supervision von Pastoren/innen auf psychoanalytischer Basis und weist u.a. auf die bisher häufig vernachlässigte Bedeutung der institutionellen Ebene im Supervisionsprozess hin. Dadurch würden genuin institutionelle Probleme personalisiert und einer sachgerechten Bearbeitung entzogen. Anhand von Fallbeispielen wird die Notwendigkeit aufgezeigt, sich gerade im kirchlichen Kontext für Themen wie Leitung und Organisationsentwicklung zu sensibilisieren.

Horst Kämpfer stellt die Frage, ob eine verstehen wollende Seelsorge Gewalt und überhaupt „das Böse" zu verstehen vermag. Die Frage muss in dieser Form unbeantwortet bleiben; sicher ist jedoch, dass sich Seelsorger/innen dank der Beschäftigung mit sozial-anthropologischen und entwicklungspsychologischen Erkenntnissen zumindest besser auf Täter und Opfer bzw. Taten und ihre Folgen einstellen können.

Martin Weimer entwickelt in vier Thesen eine spezifisch „seelsorgerliche Theorie der psychischen Erstarrungen", die er der psychiatrischen Perspektive von so genannten Depressionen entgegenhält und anhand des 1971 erschienenen Romans „Jahrestage. Aus dem Leben von Gesine Cresspahl" von Uwe Johnson veranschaulicht.

Wolfgang Wiedemann zeichnet seinen Weg zwischen Seelsorge und Psychoanalyse nach und setzt dabei den Schwerpunkt auf Wilfred Bions Einfluss auf die Pastoralpsychologie. Dabei konzentriert er sich auf die mit den Begriffen „Projektive Identifikation", „Rêverie", und „becoming O" bezeichneten Konzepte (Bions „Handwerkszeug") und veranschaulicht Bions analytische Seelsorge.

Alle drei Teile des vorliegenden Bandes zusammen mögen sich zu einem Bild fügen und Erträge der gegenwärtigen seelsorglichen Auseinandersetzung mit der Psychoanalyse aufzeigen. Allen Beiträgen liegt die Überzeugung zugrunde, dass es wohl fundamentale und auch z.T. nicht zu überbrückende Differenzen zwischen Seelsorge und Psychoanalyse gibt, dass sich der Dialog dennoch äußerst fruchtbar gestaltet und lohnt. Nun zeigt sich aber, dass gerade die Stimme der Seelsorge im interdisziplinären wissenschaftlichen Diskurs kaum vernehmbar ist. Ließe sich sonst erklären, weshalb z.B. – um wiederum Pfister zu bemühen – in beinahe jedem Satz seines Artikels im „Personenlexikon der Psychotherapie" (2005) eine Korrektur zu verzeichnen wäre[6] oder weshalb pastoralpsychologische Literatur auch in der psychoanalytischen Forschungsliteratur zur Religion kaum bis über-

---

[6] Aus der Vielzahl der zu korrigierenden Angaben seien folgende herausgegriffen: Pfister studierte Theologie nicht nur in Basel, sondern auch in Zürich; die Ehe mit Erika Wunderli wurde erst 1898 geschlossen; das Pfarramt in Wald übernahm Pfister schon 1897; eine Professur hatte Pfister trotz mehrfacher Rufe an verschiedene Universitäten stets abgelehnt; er hatte also nie eine „Professur für Theologie an der Universität Zürich" inne; mit Martha Zuppinger-Uster hatte Pfister keine eigenen Kinder: die beiden Kinder stammten aus ihrer ersten Ehe; die Auswahl der wesentlichen Publikationen ist mangelhaft.

haupt nicht zur Kenntnis genommen wird? Letzteres geschieht m.E. zu deren eigenem Schaden. Auch heutige PsychoanalytikerInnen scheinen selten zu erkennen, welch fruchtbare Anstöße und produktive Diskussionen die Psychoanalyse auf einem ihr (gar nicht so) fremden Gebiet anzustoßen vermochte und vermag; sie denken – wie einst Freud selbst – nicht daran. Es bleibt deshalb offen, inwiefern sich deren Beschäftigung mit Religion durch den Einbezug konkret seelsorglicher Literatur und Perspektiven verändern würde. Zu erwarten wäre es.
Ich greife voraus und zitiere aus These Nr. 3 von Christoph Morgenthalers Beitrag (s. u. S. 61):

„Psychoanalytisch orientierte Pastoralpsychologie ist in der Folge eine weit gehend innertheologisch relevante Erscheinung geblieben. Das kritische Interesse der Psychoanalyse an religiösen Phänomenen hat sich in diesen Jahren zwar gewandelt. Es blieb aber ein Interesse der Psychoanalyse an ihrer eigenen Auseinandersetzung mit Religion. Pastoralpsychologie als eine auch theologisch begründete Disziplin wurde innerhalb der psychoanalytischen Bewegung hingegen kaum wahrgenommen und hat zünftige Vertreterinnen und Vertreter der Psychoanalyse ihrerseits kaum beunruhigt und zu einer fundierten Auseinandersetzung provoziert. "

Der vorliegende Band wird in aller Unbescheidenheit auch von der nicht versiegenden Hoffnung mitmotiviert, dass er zu einer solchen Provokation der psychoanalytischen Zunft mit beitrage und es kein frommer Wunsch oder unvernünftige Illusion bleibe, dass in nicht allzu langer Zeit einmal ein Band mit dem Titel „Psychoanalyse und Seelsorge" erscheinen möge![7]

Literatur

Karle, Isolde (1996): Seelsorge in der Moderne, Neukirchen-Vluyn.
Klessmann, Michael (2004): Pastoralpsychologie. Ein Lehrbuch, Neukirchen-Vluyn.
Läpple, Volker / Scharfenberg, Joachim (Hg.) (1977): Psychotherapie und Seelsorge, WdF 454, Darmstadt.
Nase, Eckart (1993): Oskar Pfisters analytische Seelsorge. Theorie und Praxis des ersten Pastoralpsychologen, dargestellt an zwei Fallstudien, Berlin/New York.
– / Scharfenberg, Joachim (Hg.) (1977): Psychoanalyse und Religion, WdF 275, Darmstadt.
Pfister, Oskar (1913): Die psychanalytische Methode. Eine erfahrungswissenschaftlich-systematische Darstellung, Leipzig.
Scharfenberg, Joachim (1972): Religion zwischen Wahn und Wirklichkeit. Gesammelte Aufsätze zur Korrelation von Psychoanalyse und Theologie, Hamburg.
Stumm, Gerhard et al. (Hg.) (2005): Personenlexikon der Psychotherapie, Wien.

---

[7]   Dass mit der Blum-Zulliger-Stiftung in Bern eine psychoanalytische Vereinigung die Druckkosten dieses Bandes stellt, darf als höchst erfreuliche Geste in die erhoffte Richtung gewertet werden!

„Ein merkwürdiger Mann" – Oskar Pfister und die Anfänge der analytischen Seelsorge[1]

Eckart Nase

1. Zürich 1908/09: Der Fall Dietrich als Anfangsszene der analytischen Seelsorge

Ein neunzehnjähriger junger Mann schreibt einen Brief an Oskar Pfister, Gemeindepfarrer in der Züricher Altstadt, 35 Jahre alt, Dr. phil. und seit kurzem mit „speziellen" Seelsorgefällen befasst.[2] Dietrich (so nennt ihn Pfister in seinem Fallbericht) schreibt, er leide glücklich-unglücklich an großer Sehnsucht nach der Madonna. Als Protestant fühle er sich übergewaltig zu ihr und zur katholischen Kirche hingezogen. Dies alles empfinde er als irgendwie unvernünftig und widersinnig, er verstehe es nicht, es tue ihm aber auch gut. Er könne sich nicht daraus befreien.[3]

Pfister schreibt dazu: „Ich erkannte sofort, dass eine Psychoneurose vorliege, und zwar eine Obsession (,Besessenheit'), die auf schmerzliche Erlebnisse, sogenannte ,verdrängte Komplexe' zurückgehe." Er bestellt Dietrich zu einem Gespräch vier Tage später. Dieses erste Gespräch hat explorativen Charakter, gewinnt jedoch eine Eigendynamik dadurch, dass der Seelsorger Dietrich reden lässt, auch sprunghaft und in scheinbar wirrem Durcheinander: „Bevor ich tiefer sondieren konnte, fuhr der junge Mann fort ..." So entrollt sich ein Bild „furchtbaren inneren Jammers".

Der Jammer besteht in einer seit einigen Jahren sehr konfliktreichen Elternbeziehung, mit dramatischen Hassausbrüchen und schweren Kränkungen. Heftige Selbstanklagen, wiederkehrende Selbstmordgedanken und mannigfache hypochondrische Ängste und Grübeleien quälen Dietrich, dazu psychosomatische Symptome wie Fieber und chronische Kopfschmerzen. „Mein Leben ist nutzlos." Seit der Pubertät gilt seine ganze Liebe der Maria: „Meine Bibel ist die Sixtinische Madonna über meinem Bette." Bis auf die „reine" Freundschaft mit einem jungen Mädchen spielen weltliche Liebe und Sexualität zunächst nur eine marginale Rolle, während Hass, Schuld und Kränkung die Szenerie beherrschen.

---

[1] Erweiterte Fassung eines Vortrags auf der Tagung „Die Anfänge der theologischen Rezeption der Psychoanalyse in der Schweiz", Universität Bern, 11.11.2006. Der Vortragsstil wird im Wesentlichen beibehalten. – Das Zitat stammt aus einem der ersten Briefe Freuds an Pfister: Ein Geschenk Pfisters erinnert ihn „an einen merkwürdigen Mann, der mich eines Tages besuchte, einen wahren Diener Gottes, dessen Begriff und Existenz mir recht unwahrscheinlich waren" (10.05.1909, Briefe 20ff.).

[2] Zur Biographie Pfisters s. ⁴RGG, NDB. Ausführlicher Nase 1993, 121ff. sowie 566–574 (bio-bibliographische Skizze).

[3] Dietrich 110. Die folg. Zitate, auch aus dem Erstgespräch, ebd. 110ff.

In den kommenden elf Wochen finden noch weitere sechs, zum Teil mehrstündige Beratungsgespräche statt. Biografische Szenen sowie zwei Traumtexte spielen darin eine zentrale Rolle. In dieser Zeit gehen außerdem weitere Briefe hin und her. Am Ende ist nicht nur Dietrichs „Zwangskatholizismus" bzw. „Hysterischer Madonnenkultus" (1911) verschwunden, sondern er ist vollkommen gesund, wie Pfister ein Jahr später befriedigt feststellt. Dietrichs „Stellung zu Familie, Kunst, Leben ist in hohem Maße erfreulich", ein typischer Pfister-Satz. Und 35 Jahre später beschließt er die geraffte Fallgeschichte mit einer Bestätigung dieser Entwicklung ins Erwachsenenleben hinein (vgl. 1910[a], 146 u. 1944, 280).

Den vollständigen Fallbericht von 30 Seiten hatte Pfister 1909, wenige Monate nach Abschluss der Gesprächsreihe, veröffentlicht in der Zeitschrift „Evangelische Freiheit" des Kieler Praktischen Theologen Otto Baumgarten. Damit beginnt die Rezeptionsgeschichte der Psychoanalyse in der protestantischen Theologie. Pfister hält schon damals eine neue „Pastoralpsychologie" für notwendig.[4]

Der junge Pfarrer Pfister hatte sich schon lange intensiv mit Fragen der systematischen und praktischen Theologie beschäftigt und neue Wege gefordert. Zumal in der praktischen Seelsorge war er immer wieder auf Grenzen des Verstehens und der Hilfsmöglichkeiten gestoßen. Vieles hatte er versucht, u.a. Paul Dubois' „Persuasionsmethode" und Fr.W. Foersters Übungen zur „Willensgymnastik". Kurz vor dem Brief Dietrichs hatte er sich in einem rätselhaften Fall, vermittelt über Ludwig Binswanger, an C. G. Jung gewandt. Der war ein Assistent des berühmten Ernst Bleuler, Chef des Zürcher Burghölzli und Erfinder der Schizophrenie bzw. *Dementia praecox*. Mit Jungs Hilfe gelingt die Auflösung des Falls; für seelsorgerliche Gespräche erscheint er freilich zu kompliziert.

Die Gespräche mit Jung, die sich zu einer freundschaftlichen Beziehung entwickeln, sind Pfisters Einstieg in die Psychoanalyse. Er lebt sich nun selbst theoretisch und praktisch in dieses neue Verfahren ein, wie er schreibt.[5] C.G. Jung weist ihn natürlich auf Sigmund Freud in Wien hin. Pfister nimmt sogleich Kontakt zu Freud auf, zunächst brieflich. Im April 1909 besucht er ihn in Wien. Das ist der Beginn der Freundschaft der beiden so verschiedenen Männer. Noch vor dem Besuch in Wien führen Freud und Pfister ihre erste Fachdiskussion anhand der Druckfahnen des Fallberichts über Dietrich.

Soweit diese Skizze aus den Anfängen der analytischen Seelsorge, dieser „merkwürdigen" seelsorgerlichen Tätigkeit. Die gesamte Anfangsszene erstreckt sich in meiner Sicht von 1908 bis 1912/13.

Vor 50 Jahren, im Mai 1956, veranstaltete die Universität Bern einen Festakt zum 100. Geburtstag Sigmund Freuds. Pfister nahm daran teil,[6] drei Monate später

---

[4]   Dietrich 188, Anm. 1; vgl. 1927 (a), 131, Anm. 11.

[5]   Pfister 1927 (b), 169. Zum Ganzen vgl. Nase 1993, 185f. u. 200ff.

[6]   Der dafür entworfene Vortrag „Sigmund Freuds Einfluss auf Religionswissenschaften und Religion" bricht im Ms. auf der 2. Seite ab. Hier sieht Pfister sich als „getreuen Paladin" Freuds. [Anm. der Hg.: Es handelte sich um die an der Universität Bern durchgeführte Freud-Gedenkfeier der SGPsa, die sich dem Verhältnis Freuds zu Moses widmete. Pfister gehörte nicht zu den Vortragenden selber, aber im Berner BUND vom 15. Mai 1956, 4 wurde vermerkt: „Am Bankett in der ‚Innern Enge' las der 83jährige Pfarrer Oskar Pfister, ein persönlicher Freund Freuds, einen

starb er. Ob oder wie damals die theologische Fakultät dieser hochwürdigen Universität vertreten war, weiß ich nicht. Heute jedenfalls ist ihr für diese Tagung zu danken.

Im Folgenden benenne ich, eher thetisch, wichtige Merkmale der (psycho-)analytischen Seelsorge, die Pfister erfunden hat. Dabei gehe ich von unserer Fallskizze aus und blicke primär auf die Anfangszeit bis 1913.[7] Im Hintergrund stehen die zeitgenössische Seelsorge und Psychoanalyse. Die bis heute paradigmatische Bedeutung dieser Anfangsszene der analytischen Seelsorge *und* Pastoralpsychologie stelle ich gelegentlich heraus.[8]

2. Die analytische Seelsorge ist Seelsorge

Es handelt sich um Seel-Sorge, um Sorge für die Seele des christlichen Bruders und der christlichen Schwester.[9] Dietrich befindet sich in einer Krise, in der Glaubens- und Lebensprobleme untrennbar verbunden sind. Das Arrangement der analytischen Seelsorge verhilft ihm dazu, diese Zusammenhänge neu zu verstehen und damit die zurückliegenden Jahre seiner Lebensgeschichte. Er gewinnt neue Freiheit im Selbstverständnis und neue Handlungsspielräume in den Beziehungen. Die in der Krise gleichsam abgedunkelten oder verzerrten „Heilskräfte des Evangeliums" (1909, 38) haben wieder eine Chance, ihn zu erreichen.

Vorher war Dietrich teilweise „aus der Identität mit dem Ganzen" der christlichen Gemeinde, der menschlichen Sozietät herausgefallen. So bestimmt Schleiermacher die Zielgruppe für die „spezielle Seelsorge oder Seelsorge im engeren Sinn".[10] Die AS ist eine klassische Erfüllung dieser Aufgabe.

3. Die analytische Seelsorge ist psychoanalytisch

Das unterscheidend Psychoanalytische der AS ist erstens technisch das Zuhören und vor allem das Redenlassen, zweitens theoretisch die Annahme vorbewusster bzw. unbewusster Gefühlskonflikte.

Brief, den er an Anna Freud zum 100. Geburtstag ihres Vaters nach London gesandt hat, und Dr. F. Morgenthaler, Zürich, gab die Antwort der Tochter bekannt."]

[7] Erst in den 20er Jahren fasst Pfister seine Rezeption der Psychoanalyse in der Poimenik ausdrücklich als „Analytische Seelsorge" zusammen (Göttingen 1927). Von daher verwende ich das Kürzel AS nicht für das Buch, sondern für den Ansatz. – Wegen der thetischen Behandlung und der Defizite im Forschungsumfeld verweise ich im Folg. oft auf meine ausführliche Untersuchung zum Thema (1993).

[8] Die signifikante Bedeutung der Anfangsszene hat für das psychotherapeutische Gespräch v.a. Hermann Argelander herausgearbeitet. Im Erstgespräch kann das in der Szene unbewusst/vorbewusst verdichtete Kernproblem des Klienten mittels vorbewusstem „szenischen Verstehen" schon erhellend wahrgenommen werden. Vgl. bes. Argelander 1970, 1973; dazu Nase 1993, 181–184.

[9] Wegen des hundertjährigen Abstandes und der männlichen Protagonisten beschränke ich mich im Weiteren auf die männliche Form. Im Übrigen bringt sich die Weiblichkeit mit der Madonna auf ihre Weise enorm dynamisch ins Spiel.

[10] Fr. D. E. Schleiermacher: Die practische Theologie …, Berlin 1850, 428.

1. Pfister beginnt das erste Gespräch mit dem Hinweis auf den „Widerspruch" von zugleich glücklicher und unglücklicher Madonnensehnsucht, unter dem Dietrich leide.[11] Das öffnet den Raum zum Gefühlsausdruck und späterhin zur Schilderung von Träumen und biografischen Schlüsselsituationen voller Konflikte. Im Laufe der Gespräche fügen sie sich in einen sinnvollen, verstehbaren Gesamtzusammenhang.

Dieses Vorgehen mag uns heute selbstverständlich erscheinen, damals war es revolutionär. Auch ein aufgeschlossener Seelsorger wäre mit Sicherheit belehrend auf Dietrichs manifestes Problem eingegangen, also mit Aufklärung über die Rolle Marias im Katholizismus und im Protestantismus.[12] Nach dem damals immer noch verbreiteten Schema für die Anlässe und Felder der Seelsorge – Sünde, Krankheit und Irrtum (vgl. Nase 1993, 73f.; ders., 2007) – handelt es sich hier um einen Glaubensirrtum. Der kann, überspitzt formuliert, mit richtiger Information korrigiert werden. Ein einfühlsamer, verständiger Seelsorger hätte noch zusätzlich, aber unabhängig davon, den über seinen Irrtum Unglücklichen zu trösten versucht, zunächst mit einem der klassischen seelsorgerlichen „Mittel" wie Bibelwort, Liedvers, Gebet.

2. Der Zugang zu unbewussten bzw. vorbewussten Konfliktkonstellationen ist nur über den freien Gedankenlauf des Pastoranden möglich. Wenn Pfister später die psychoanalytische Methode (1913) als „Einfallsmethode" präzisiert, ist genau dies gemeint: die freie Assoziation, die sog. psychoanalytische Grundregel.

Auf die Tatsache unbewusster Determinanten des menschlichen Erlebens und Verhaltens ist Pfister als philosophischer Theologe gut vorbereitet. In der großen Untersuchung über „Die Willensfreiheit", 1904 als Haager Preisschrift veröffentlicht, tritt er für den Determinismus und damit für das Recht der modernen, „kausal" forschenden Wissenschaft ein. Ein solcher Determinismus ist für ihn die logische Voraussetzung der Psychologie. Freilich unterscheiden sich die Gesetze der physischen Kausalität von denen der psychischen. Darum haben Psychologie, Theologie und die weiteren Geistes- und Sozialwissenschaften ihr eigenes Recht; sie können und müssen sich eigener, ihrem Forschungsgegenstand gemäßer Methoden bedienen. An dem hier durchscheinenden psychophysischen Parallelismus nicht als metaphysischer Doktrin, aber als heuristischem Prinzip und „glänzender Arbeitsregel" hält Pfister auch später fest. Dabei ist ihm klar, dass es faktisch auch Wechselwirkungen gibt.[13]

---

[11] Ein Ambivalenzkonflikt also. Er wird noch nicht so benannt, denn Eugen Bleuler hat dieses Konzept gerade erst entwickelt (veröffentlicht im Zentralblatt für Psychoanalyse 1, 1910, 266ff.).

[12] Die Madonna als Megasymbol weist auf ein konstitutives Problem des Protestantismus hin, die sehr geringe und einseitige symbolische Repräsentanz des Weiblichen. Maria ist hier schlicht die Mutter Jesu, höchstens noch die Magd des Herrn. Im Katholizismus ist sie darüber hinaus die schon von ihrer Zeugung her Unbefleckte, die bleibend reine Jungfrau (also seinerzeit auch die ideale Geliebte), die vollkommene Mutter mit nährender Brust und bergendem Schoß, die mächtige Allmutter und fürbittende Himmelskönigin. Vgl. Dietrich 145f., in der späteren Zusammenfassung (1944) bes. 277 u. 285.

[13] Brief an H. Syz, New York, 7.2.1938 (unveröffentlicht). Nachweise bei Nase 1993, 95, vgl. 85ff. – Mit dem Parallelismus-Konstruktion befindet Pfister sich in guter Gesellschaft. Eine entsprechende Linie zieht sich von Schleiermacher über Freud bis zu A. Mitscherlich. Für Schleiermacher sind Psychologie und Physiologie Schwesternwissenschaften. Sie sind jeweils die ganze Anthropologie, einmal aus dem Gesichtspunkt des Geistes und einmal aus dem Gesichtspunkt des Leibes be-

Die Tiefe und Massivität unbewusster Verwicklungen ist für Pfister zwar über-
raschend, er empfindet aber keinen wirklichen Bruch. Eher erscheinen ihm diese
Entdeckungen so, als seien alte Ahnungen Wirklichkeit geworden.[14]
In der Psychoanalyse sieht Freud die dritte große Kränkung des neuzeitlichen
Menschen nach Kopernikus und Darwin: Der Mensch ist nicht einmal Herr im
eigenen Hause. Diese Kränkung erlebt Pfister offenbar nur spezifisch relativiert,
jedenfalls so, dass er sie eher als Herausforderung empfindet.

4. Mit der analytischen Seelsorge beginnt die Pastoralpsychologie

Schon bei Pfister und Dietrich finden wir *in nuce* ein unterscheidendes Merkmal
der Pastoralpsychologie. Der analytische Seelsorger geht implizit davon aus, dass
die psychologische Dynamik des Madonnensymbols und Dietrichs spätpubertäre
Konflikte sich in *einen* Verstehenszusammenhang fügen. Für beides gilt ein gemeinsamer hermeneutischer Schlüssel. Pfister konzeptualisiert ihn hier als Liebes-
konflikt.
Die Texte, Bilder, Symbole der Christentumsgeschichte, also die Bibel als Ur-
kunde des Glaubens samt ihrer Wirkungsgeschichte in 2000 Jahren, legen die
Menschen aus (living human documents nach A.T. Boisen) und umgekehrt die
Menschen auch die Texte. Wenn dieser hermeneutische Zirkel auch gleichsam
nach vorn hin offen ist, so sind in ihnen doch, in jeweils individual- und gesell-
schaftsgeschichtlich wandelbarer Zuspitzung, die gleichen Grundkonflikte unter
den Bedingungen der Existenz dynamisch wirksam.[15] Auf die systematischen
Implikationen dieses Grundsatzes kann ich hier nicht eingehen. Doch ohne ihn
keine Pastoralpsychologie.
Bittner spricht 1973 kritisch von einem Synkretismus, einer Vermischung der
Sprachsphären bei Pfister.[16] Man kann an Libido und Liebe, an Lösung und Erlösung, zuletzt einfach an Seelsorge und (Psycho)Analyse denken. Im Übrigen
spricht Jung gegenüber Freud schon im Januar 1909, also wirklich am Anfang der
Anfangsszene, von Pfisters merkwürdigem „medizinisch-theologischen Gemisch".
Wie auch Freud sieht er darin freilich gute Entwicklungsmöglichkeiten.
Das alles zugestanden ist mit solcher seinerzeit gewiss voreiligen Vermischung
doch schon das Spezifikum, das Proprium der Pastoralpsychologie vorweggenommen. Und zwar gilt dies sowohl gegenüber *nicht*-theologischen als auch gegenüber *nur*-theologischen Konzeptionen kirchlichen Handlungswissens. Ich meine
die reflektierte, bei Pfister oft eher vorempfundene Durchdringung der verschiedenen Sprachspiele in der Anwendung auf die verstehende Wahrnehmung und die
methodische Gestaltung kirchlicher Aufgaben.[17]

---

trachtet (Psychologie, nach Geyer 1895, 9–12). Freud spricht von der besonderen *psychischen*
Realität gegenüber der materiellen (GW II/III 625 vgl. auch X 55f.), Mitscherlich vom psychosomatischen Simultangeschehen (1949/50).

[14] Pfister 1927 (b), 169. – Zum Folg. Freud: GW XII 7ff.
[15] Vgl. Scharfenberg 1976; 1978; 1985, 54ff.
[16] Bittner 1973, 476f. Zum folg. Zitat vgl. Freud/Jung 1974, 218f. Dazu Nase 1993, 111ff.
[17] Vgl. Pastoralpsychologisches Institut 2006, 38.

Der Kritik an den „vermischten" Anfängen pastoralpsychologischer Theoriebildung in der analytischen Seelsorge entspricht die Kritik an der entsetzlichen Rollenvermischung in der pastoralpsychologischen Arbeit. Denn natürlich ist ihr Setting innerhalb der klassischen kirchlichen Praxisfelder angesiedelt, mit neueren Varianten wie Krankenhausseelsorge, kirchliche Beratungsarbeit etc. Pfister war zeit seines Berufslebens Gemeindepastor (in Zürich 1902–1939), die AS fand also im Wesentlichen im pfarramtlichen Studierzimmer statt. Vereinbarungen über die gemeinsame analytisch-seelsorgerliche Arbeit mussten ganz anders geartet sein als in der Praxis des analytischen Therapeuten. Das Rekrutierungsfeld der AS war die gesamte bunte Gemeindearbeit, daneben bei Pfister noch die Lehrerausbildung. Noch meiner pastoralpsychologischen Generation schallte in ihrer Ausbildung, v. a. in den Balintgruppen, von den beteiligten Psychoanalytikern/innen regelmäßig der Schreckensruf entgegen: So geht das doch gar nicht! Inzwischen hat ein beiderseitiger Lernprozess eingesetzt, auf Seiten der Pastoralpsychologen/innen vor allem im Blick auf die klare Bestimmung und Begrenzung der jeweiligen seelsorgerlichen bzw. beraterischen Situation. Hilfreich waren und sind dabei unter anderem Konzepte von Michael Balint und Hermann Argelander zur *Kurz- und Fokalberatung* und zum (vorbewussten) szenischen Verstehen schon im Erstgespräch.[18] Zweifellos gehört Oskar Pfister in diese Entwicklungslinie hinein. Als Nebenstrang beginnt sie in der Psychoanalyse schon gegen Ende des 19. Jahrhunderts (s. 8.) und wird in der Forschung immer noch vernachlässigt.

Daneben steht die AS in einer weiteren, vollkommen anderen Entwicklungslinie. Sie nimmt ein Erbe der klassischen *Pastoraltheologie* des 19. Jahrhunderts auf. Deren Fluchtpunkt am Ende des 19. und im ersten Drittel des 20. Jahrhunderts wird die Seelsorge als empirische Poimenik. In diesem pastoraltheologischen Kontext steht die AS, nämlich als Stärkung der beruflichen Identität und Effektivität vom Zentrum der Seelsorge her.[19]
So treffen bei Pfister als vorzeitiger Geburt zwei seinerzeit gänzlich unvermittelte und unentwickelte Linien aufeinander, von den kompakteren Größen Psychoanalyse und Theologie noch zu schweigen. Kein Wunder, dass die Rezeption seiner Ansätze von Missverständnissen und Ressentiments geradezu strotzt, im Ergebnis eine Art kollektive Verdrängung auf beiden Seiten.[20] Doch zweifellos hatte er eine Schneise in die richtige Richtung geschlagen. Mit ihm beginnt die (europäische) Pastoralpsychologie.

5. Sexualität und Liebe

Die eminente Bedeutung der Sexualität im „verdrängungsbewirkten Unbewussten"[21] wird akzeptiert, freilich in einen größeren Zusammenhang gestellt. Natürlich kommt es im Laufe der Gespräche mit Dietrich zur Verbalisierung von pu-

---

[18] S. Anm. 8 sowie Argelander 1973; Balint et al. 1973; Balint 1965; M. u. E. Balint 1961.
[19] Pfister 1918, 9f., 66f., 99f. u. ö.; ders. 1927 (a), 131, 143 u. ö. Vgl. Nase 2007; ders. 1993, 58ff.,
      80ff. (Seelsorge als Fluchtpunkt der Pastoraltheologie).
[20] Vgl. Nase 1993, VIIf., 66–69.
[21] Pfister 1913/1924, 59. Dazu Nase 1993, 189ff.

bertärer Sexualität und von Liebeswünschen. Der analytische Seelsorger nennt die Dinge sachlich beim Namen, was übrigens auch Freud forciert.[22] Schon dies und erst recht die Einordnung in den anstehenden, altersentsprechenden Entwicklungsprozess, vor allem die Loslösung des Adoleszenten von den Eltern, hilft zu realistischer Bearbeitung von Dietrichs heftigen Scham- und Schuldgefühlen. Seine Tendenz zu Isolierung und Entwertung, zur Aufspaltung in niedere und höhere Liebe – pubertäre Befleckung vs. unbefleckte Empfängnis – werden so gleichsam unterlaufen. Der anstehende Reifungsschritt spiegelt sich im Zuge der Gespräche wider in den Bildern vom Jesuskind im Schoß der Madonna und Jesus als jungem Helden, der zu neuem Leben unter Einschluss der Liebe befreit.

Auf die zeittypische bürgerlich-christliche Sexualverdrängung und Doppelmoral und die daraus entspringende Kardinalrolle der Sexualität in der Genese psychischer Störungen ist Pfister wiederum recht gut vorbereitet. Schon in voranalytischer Zeit hatte er sich unter seinen Berufskollegen energisch für sexuelle Aufklärung eingesetzt. Auch Freud versteht sich in dieser Zeit (1908) ausdrücklich als Sexualreformer.[23] Die ersten Fälle von Pfisters analytischer Seelsorge haben ausnahmslos mit dem sexuellen Elend zu tun: Ehebruch- und Inzestphantasien, Masturbationsprobleme usw. Die Radikalität freilich, mit der Freud in einem seiner ersten Briefe an Pfister im Frühjahr 1909 einen zentralen Traum Dietrichs sexualsymbolisch, ja sexualgeographisch deutet, macht Pfister so nicht mit. Warum?

Zum einen geht die AS technisch anders vor als die psychoanalytische Therapie, selbst bei sonst vergleichbaren Bedingungen der Klientel. Zum anderen bleibt Sexualität bei Pfister eingebunden in ein universales Liebeskonzept. Es erstreckt sich gewissermaßen von ganz unten bis ganz oben, von den „primären Gefühlen", Sinnlichkeit und sexuelles Begehren, über die Kultur der Erotik und die Nächstenliebe bis hin zur Gottesliebe – ohne *Metabasis eis allo genos*.

Wohl als erster hat Pfister Freud auf den platonischen Eros hingewiesen (1921). Immer deutlicher ist das Ziel der AS nicht mehr die Sublimierung als Desexualisierung, als enterotisierter Fortschritt in der Geistigkeit. Vielmehr strebt sie ein Ziel an, das Pfister in gewisser Unschärfe und wohl schon damals missverständlich „Vollversittlichung" nennt und von einem höheren Lustprinzip gesteuert sieht.[24] Gemeint ist die durchaus lustvoll erlebte und bejahte und in ihrer ethischen Gestaltung verantwortete Einbindung der primären Triebimpulse in das persönliche und soziale Leben. Der Grad der Bewusstheit ist dabei nicht entscheidend. Pfister tritt also nicht einfach für ein bürgerliches Normalitätsideal ein, sondern durchaus, und gelegentlich sogar gegen zeitgenössische psychoanalytische Therapieziele gewandt, für unangepasste Lebensformen, verrücktes Künstlertum, religiöse Genialität, ethischen Heroismus u.ä. Entscheidend bei der Vollversittlichung ist neben dem erotischen Wärmestrom der narzisstische Gewinn. Im Kern geht die Bewegung von der drückenden Überich-Norm zum mitreißenden Ich-Ideal.

---

[22]   Z.B. GW V 165f., 208f., dazu Nase 1993, 288. – Zum Folg. ebd. 283ff.
[23]   GW VII 143ff. (Die „kulturelle" Sexualmoral und die moderne Nervosität). Pfister 1906, bes. 10. Das Folg. Briefe 16–18. Zum Ganzen vgl. Nase 1993, 242ff.
[24]   Pfister 1922 (Die primären Gefühle als Bedingungen der höchsten Geistesfunktionen), bes. 52; vgl. 1913/1924, 275; 1931, 44. Dazu Nase 1993, 259ff.

Weniger gut vorbereitet ist Pfister allerdings auf die andere Seite der Triebkon-
flikte. Ich meine den Hass, die Realität des Bösen, in der Interaktion wirksam als
Widerstand, negative Übertragung und Gegenübertragung. Diese durchgängige
Problematik der Pfisterschen AS wird denn auch bereits in der Arbeit mit Dietrich
eher von Seiten des Seelsorgers agiert und nur mühsam wieder eingefangen bzw.
narzisstisch „aufgehoben".[25]

Pfister möchte die Liebe auf dem Grund der Dinge wissen, alles andere ist nur Störung,
Hemmung, Hindernis, nicht eigenständiger Widerpart. Freud kann dem nur dann beistim-
men, wenn man den Hass hinzunimmt.[26]
Schon in der Arbeit mit Dietrich deutet sich jedenfalls die mehr oder weniger gut integrierte
phallisch-narzisstische Abwehrformation an, die zu Pfisters Persönlichkeit gehört und seine
Rezeption der Psychoanalyse prägt. Vermittelt durch ihren religiösen Ausdruck scheint
Pfister sich später über diese lebensgeschichtlich erworbene Konstellation klarer geworden
zu sein. So etwa deutet er einen Zusammenhang an zwischen dem vaterlos aufgewachsenen
Sohn und seinem universalen Liebeskonzept auf dem Hintergrund unbewusster narzisstischer Größenphantasien – sowohl Schutz und progressiv-ethische Lebensbewältigung als
auch regressiv-ästhetische Versuchung.[27] Im Übrigen, wer unter uns lebte nicht mit seinen
Abwehrmechanismen in irgendwie kritisch-liebevoller Beziehung? Im Hintergrund scheint
hier das theologische Megathema auf: Gott und das Böse. Muss man dem Bösen, ja dem
Tod eine eigene Realität zugestehen? In der Psychoanalyse wird dies im Zusammenhang
der Triebtheorie bzw. Metapsychologie verhandelt.

In Zürich steht Pfister in diesen ersten Jahren im Kampf um die Geltung der Psychoanalyse an vorderster Front. Er muss erleben, dass man *ihm* das Wühlen in
sexuellen Phantasien vorhält, an denen er mit seinen Pastoranden arbeitet. Den
schärfsten Anstoß bietet sein Buch über den Grafen Zinzendorf (1910b). Die
Sexualisierung der Frömmigkeit, die er mithilfe gründlicher, ja penibler Text-
analyse bei dem Herrnhuter herausarbeitet, wirft man nun *ihm* vor. Es folgen aufgeregte literarische Kämpfe. Es ist die Zeit, in der Freud und Jung, Wien und
Zürich sich allmählich entfremden, und wieder geht es um die zentrale Bedeutung
der Sexualität. Pfister als Züricher leidet schwer darunter, bleibt aber nach dem
Bruch 1913 schließlich bei Freud. Dabei spielt theoretisch nicht die Libidofrage die
Hauptrolle – in der Trieblehre bleibt Pfister gegenüber Freud und zu dessen Ärger
immer eigensinnig und eigenständig – sondern seine Grundüberzeugung von der
Konfliktstruktur und der geschichtlichen Verfasstheit des menschlichen Seelenlebens.
Mit der historisch-kritischen Methode können und sollen nicht nur die überkom-
menen geschichtlichen Texte bearbeitet werden, sondern auch, psychoanalytisch
gewendet, die Seelengeschichte des Einzelnen in der Gegenwart.[28] Auf dieser

---

[25]   Vgl. Nase 1993, 303ff.
[26]   Briefe 33f. (1910).
[27]   In der Schilderung einer biografischen Schlüsselszene aus dem Jahre 1917 spricht Pfister von dem
       tiefen Wunsch, sich „in eine Welt absoluter Liebe [zu] versenken" (1925,1). Das Kreuz Christi hält
       ihn zurück. Dazu Scharfenberg 1985, 40f.; Nase 1993, 393f. – Zu Pfister als „Sohn", zuletzt un-
       abhängig von Mutter Kirche und Vater Freud, vgl. ebd. 160ff.
[28]   So Pfister in einem (unveröffentlichten) Brief an Emil Brunner vom 20.09.1927. Das Folg. frei
       nach dem Pfister verwandten englischen Theologen R.St. Lee (Freud and Christianity 1948/1967),
       dazu Thomas 1953/1977, 232. Habermas 1968, 316, 321.

Linie könnte man von der Psychoanalyse als einer Geschichtswissenschaft der gegenwärtigen Wirklichkeit des Ich sprechen, freilich als einer systematisch verallgemeinerten Historie (Habermas). In Jungs kollektivem Unbewussten sieht Pfister schlechte Metaphysik. Die darin enthaltenen ontologischen Konstanten bedeuten die „Dehistorisierung in der Psychoanalyse" (1915). Aus den Tiefen der Seele jedenfalls erwächst dem Menschen sein Heil nicht.

6. Narzisstische Balance

„Von jetzt an ist Ihre Kunstfreude nicht mehr an Madonna und ihre nächste Umgebung gebunden, sondern frei und weit und fröhlich wie das Evangelium. Aber gönnen Sie sich vorerst Ruhe! Ihr Geist hat in den letzten Wochen Riesiges geleistet, indem er ganze Revolutionen vollzog." So Pfister zu Dietrich gegen Ende der Gespräche (181f.).

Die Gesprächsführung des analytischen Seelsorgers ruht auf einem narzißtischen Unterfutter von Akzeptanz, Respekt und Wertschätzung – so die uns heute von Carl Rogers her vertrauten Begriffe. Gelegentlich kommt es, wie gerade gehört, zu direkter narzisstischer Zufuhr. Hier ist sie auch auf das typisch instabile Selbstgefühl des adoleszenten Dietrich gemünzt, das zwischen den Polen depressiver Selbstverachtung und grandioser Selbstüberschätzung schwankt. Doch dabei kommt eben eine analytisch-seelsorgerliche Grundhaltung zum Ausdruck, in der Indikativ und Imperativ, Gabe und Zumutung innig miteinander verschränkt sind. Zugleich öffnet sich ein größerer symbolischer Raum, „Evangelium", in dem virtuell beide stehen, Pastorand und Seelsorger. So funktioniert die AS. In meiner Sicht befinden wir uns an einer zentralen Stelle zu ihrem Verständnis. Theoretisch ist dies bei Pfister nicht eingeholt. Immerhin spricht er vom innigen Zusammenhang von Sexual- und Ichtrieben, praktisch gewendet von Liebesverlangen und Ichgefühl. In diesem sind „Ehrgefühl", „Geltungsverlangen" und die Empfindlichkeit für narzisstische Kränkungen eingeschlossen. Wohl darum sieht Freud noch einige Jahre Pfister von A. Adler weniger getrennt als von C.G. Jung.[29]

Faktisch neigte Pfister dazu, narzisstisch getönte Beziehungen zu konstellieren. Ein gestalteter Narzissmus, so vermute ich, ist eng mit religiös-symbolischen Sinnwelten assoziiert, so verstehe ich auch die unbestimmte, schwebend öffnende Funktion von „Evangelium" im obigen Zitat. Von Narzissmus spreche ich hier im Sinne der neueren psychoanalytischen Narzissmustheorie, also als Selbstkonzept und System der Regulation des Selbst(wert)gefühls.[30]

---

[29] Vgl. Briefe 98, 100, 113. Freuds Bruch mit A. Adler erfolgt bereits 1911. Bittner (1973, 476) will die Pfisterschen Synthesen und Eigenwilligkeiten auch nach Art einer neurotischen Kompromissbildung verstehen, bezogen auf die *gruppen*neurotische Situation der Psychoanalyse in diesen Jahren des „Abfalls" von Adler und Jung. Elemente von beiden verbleiben in der Tat mit dem „merkwürdigen" Pfister innerhalb der psychoanalytischen Bewegung. Vgl. Nase 1993, 169, 275.

[30] V.a. nach den Entwürfen von H. Kohut (primärer Narzissmus) und M. Balint (primäre Liebe), ferner H. Argelander, F. Kernberg, H. Henseler. Vgl. Nase 1993, 263ff.

7. In der analytischen Seelsorge geht es um ethische und religiöse Fragen

Die Pfarrerrolle selbst ist religiös-symbolisch aufgeladen. Das ist inzwischen
vielfach erforscht. Nicht zu einem ärztlichen Therapeuten kommen die Menschen,
sondern zu einem Pfarrer, in Pfisters Fall auch äußerlich „im geistlichen Habit und
mit der Miene und dem Gehaben eines Pfarrers", wie Anna Freud einmal bemerkt.[31] Die kirchlich-pastorale Einbindung bedeutet weder, dass die AS nur für
religiöse Symptomatik zuständig ist, noch, dass ihre Arbeit einen explizit religiösen Ausdruck finden muss. Auch mannigfache sonstige Nöte geben Anlass für die
AS. Die spezifische Einbindung bedeutet aber einen unbefangenen Umgang mit
religiösen Symbolen als Konfliktausdruck; womöglich ist darin auch ein spezi-
fisch-progressiver Schritt enthalten. Diese Unbefangenheit gilt, darüber staunt
man heute, auch für ethische, ja moralische Fragen. Die allermeisten Menschen
hatten vor hundert Jahren noch ein Gewissen. So kann der analytische Seelsorger
gleichsam auf einen reichen Überich-Fundus zurückgreifen, ebenso auf einen
Fundus religiös-kulturellen Wissens und Umgangs.
Doch versteht sich das Moralische nicht (mehr) von selbst.[32] Die bürgerlich-christ-
lichen Maxime sind kein fester innerer Boden, sondern in ihrer ideologischen
Verzerrung und widersprüchlichen gesellschaftlichen Realisation vielfach neuro-
togen. Somit kann man Pfisters AS auch aus einer Zeit des Übergangs von der
innengeleiteten zur außengeleiteten Gesellschaft heraus verstehen.[33]
Damit ist zugleich der Zuständigkeitsbereich der AS angegeben, nämlich „reli-
giös-sittliche Schäden" (für die Pfister keinen Wesensunterschied anerkennt).
Diese Indikation ist freilich weit und tief zu verstehen, denn in Pfisters Sicht liegt
jeder ordentlichen Neurose oder neurotischen Störung ein un-/vorbewusster sittlicher Konflikt zugrunde. Diesen Konflikt zwischen mindestens zwei widerstreiten-
den Impulsen im Zusammenhang mit ethischen Werten und, in heutigen Worten,
existentiellem Welt- und Selbstverständnis gilt es aufzuspüren, im Gespräch zu
bearbeiten und gewissermaßen an die richtige Stelle im Bewusstsein zu rücken zu
Zwecken der „Stellungnahme" und „Einbeziehung". Sie ist das letzte Ziel der AS.
Es geht um „Nacherziehung", für Freud sogar eine der Grundfunktionen von Psychotherapie.[34]
So auch bei Dietrich: Wie soll es denn nun werden mit den Eltern, mit der bisher
nur idealisierten Freundin, mit dem gehassten Religionslehrer? Welches können
Dietrichs nächsten Schritte sein, welche „Zumutungen" sind dabei verkraftbar und
verarbeitbar?
Die schlichte Erlaubnis und sogar Ermunterung zum „Ausleben der Triebe" wurde
der Psychoanalyse schon damals gern unterstellt. Sie war im Übrigen nicht ganz

---

[31] Briefe 10 (Vorwort).
[32] So Pfister in der „Illusion einer Zukunft" (1928, 135f.) gegen Freuds entsprechende positive
      Maxime, die von Fr. Th. Vischer stammt (GW V 25).
[33] So Läpple (1979, 21ff.) nach G. Ballys Rezeption des bekannten Schemas von David Riesman.
      Dazu Nase 1993, 476f.
[34] So im Geleitwort zu Pfisters „Psychanalytischer Methode" (1913/1924, VI = GW X 449), vgl.
      auch XVII 101f. Zur Einbeziehung vgl. Pfister 1913/1924, 446ff.

ohne Anhalt bei einigen „wilden" Analytikern der ersten Stunde. Doch natürlich ist dies keine Lösung. Es geht ja eigentlich nicht um Sexualität, sondern um *Psycho*sexualität. Freud und Pfister sind sich einig, dass der Mensch sowohl moralischer als auch unmoralischer ist als er weiß, weil seine Natur „im Guten wie im Bösen weit über das hinaus geht, was er von sich glaubt".[35] Ein Paradebeispiel dafür ist das unbewusste Schuldgefühl mit seinen fatalen Folgen. Pfister spricht vom „innersten Richter", er ist sowohl Organ der sittlichen Weltordnung als auch grausamer Dämon.

8. Die analytische Seelsorge als fokussierendes Beratungsgespräch

Die AS als „einfaches Gespräch" (so Freud über seine Begegnung mit „Katharina"[36]) ist gegenüber der psychoanalytischen Therapie begrenzter und weiter zugleich.
Sieben Gespräche mit Dietrich, das ist für Pfisters Arbeit durchaus ein Mittelwert. Die AS erstreckt sich zeitlich von wenigen Minuten bis zu 40/50 Sitzungen (man erinnere sich an den Flash: „Fünf Minuten pro Patient" aus der Balint-Schule!). Die AS ist nicht potentiell „unendliche Analyse", sondern signifikant begrenzt, im Hinblick auf Anlass, Zeitdauer, Ziel, Art und Tiefe der Konfliktbearbeitung. Wo ist der springende Punkt, der jetzt und so bearbeitet werden kann? Es handelt sich um eine Vorform heutiger Kurz- und Fokaltherapie und gezielter seelsorgerlicher Begleitung. Den manifesten Fokus im Fall Dietrich könnte man nach Pfisters Worten verunglückte Elternliebe nennen.[37]

Auch schon in der Frühzeit der psychoanalytischen Bewegung gab es einige *Kurztherapien*, Sprechstundeninterviews, „Spaziergangs"- und andere Gelegenheitsanalysen, freilich mit abnehmender Tendenz. *Mutatis mutandis* kann man Freuds „Katharina", „Dora" und den „Kleinen Hans" dazu zählen.[38]
Am Rande ist hier ein weiterer Nebenstrang in der Geschichte der Psychoanalyse zu erwähnen, nämlich der Umgang mit den sog. *Aktualneurosen*. Sie werden durch schwere äußere Traumata wie Kriegserfahrungen, sexuellen Missbrauch, extreme Lebensverhältnisse, Unglücks- und Todesfälle u.ä. ausgelöst. Hier ragt die Außenwelt stärker und unmittelbarer in das Bedingungsgefüge der Neurose hinein als im Regelfall. Das gilt tendenziell auch für die Arbeitsbedingungen der AS.
Freud hat den psychoanalytischen Zugang zu den Aktualneurosen zwar spezifisch eingeschränkt, aber diagnostisch und therapeutisch immer beibehalten.[39] Die Traumaforschung ist heute ein eigenes klinisches Arbeitsgebiet; das Bindeglied zur Poimenik ist die Notfallseelsorge.

---

[35] GW XIII 282, Anm. 1. Das Folg. Pfister 1931, 32.
[36] GW I 186.
[37] Vgl. Dietrich 144, 180–182. Balint et al. 1973, Balint/Norell 1975. Vgl. Nase 1993, 176ff.
[38] Vgl. Malan 1972, 23ff.; Argelander 1976 u. 1978; Nase 1993, 208f.
[39] Z.B. GW VII 148f., VIII 337f., XI 400, XIV 50f. 138f. 195. Vgl. Nase 1993, 237f.

Man muss immer wieder vorsichtig sein und darf diese begrenzte und gezielte
Beratungsarbeit nicht einfach unter defizitären Vorzeichen sehen. Hier wird nicht
bloß kürzer, eingegrenzter und oberflächlicher gearbeitet, sondern auch weiter und
vielfältiger, vor allem im Blick auf die Klientel der nicht im eigentlichen Sinne
Kranken. Zugespitzt und etwas listig meint Freud im ersten Brief an Pfister, bei
den Gesunden träfe die Psychoanalyse eigentlich auf das Optimum ihrer Arbeitsbedingungen.[40] Und Pfister schreibt ihm später von Unglücklichen, „Alkoholi-
kern, Verschrobenen, Liebesverwirrten, auf den Sand gesetzten Künstlern usw."
Diese Menschen kämen in Scharen zu ihm gelaufen und bedürften doch auch der
(analytischen) Seelsorge. Dabei könne es sich nicht darum handeln, so schon
1913, „alle Verdrängungen aufzuheben, ... möglichst viel Unbewusstes ... zu
bearbeiten, sondern nur das, was schädlich ist."
Das Kriterium Schädlichkeit ist weder utilitaristisch noch heteronom zu verstehen,
sondern von Leidensdruck und Lebenseinschränkung des Pastoranden her. Im
Hintergrund steht womöglich eine gemeinsame Vorstellung von gelingendem
Leben unter den Bedingungen von Sünde, Tod und Teufel. Gegen eine „Analy-
senlüsternheit" wendet Pfister sich des Öfteren. Dies ist auch an die eigene Ad-
resse gerichtet. Weniger der Forschungs- als der Heilungsdrang ist es, der sogar
seinen Dialog mit dem Freund Albert Schweitzer beeinträchtigt.[41]
In diesen ersten Jahren bedient Pfister sich einer Art gelenkter Assoziationstechnik, so auch bei Dietrich. Aus dem von ihm berichteten biografischen und Traum-
Szenen greift er bestimmte Wörter und Sätze heraus und sammelt dazu Einfälle
(„Einfallsmethode"). Hier und in weiteren berichteten Fällen benutzt Pfister auch
freie Wortketten, wie sie von C.G. Jung vorgeschlagen wurden, und Wörter aus
den Wortlisten des Bleuler/Jungschen Assoziationsexperiments. Gelegentlich
werden sogar Reaktionszeiten in Sekundenbruchteilen angegeben.
Diese „experimentellen" Relikte bleiben freilich genauso unspezifisch und will-
kürlich deutbar wie die Messzahlen des galvanischen Hautwiderstands beim sog.
Lügendedektor. Daher werden sie bald aufgegeben; in vergleichbarer Weise hatte
Freud die anfängliche Hypnose und die Prozedur des „Drückens" bald eingestellt.
Was bei Pfister bleibt, ist die gelegentliche Wiederholung bestimmter Stücke aus
dem verbalen Material des Pastoranden, um die Aufmerksamkeit in bestimmter
Weise „einzustellen". Im Übrigen handelt es sich in der Regel um freie Gespräche
in normaler Gesprächshaltung, also im Sitzen.[42]
In die Gesprächsmethodik Pfisters fließen suggestive Elemente ein, dosiert und
durchaus reflektiert („der bereits analysierten und – nicht wahr? – abreagierten
Zwangsvorstellungen" [144f.]). Es kommt zu sehr schnellen Heilungen, sog.
„Übertragungsheilungen" mit der Energie der „Übertragungsliebe".[43] Ein Kom-

---

[40]   18.01.1909, Briefe 10. Eine Woche später ähnlich in einem Brief an C.G. Jung (25.01.1909),
       Freud/Jung 1974, 224. Das Folg. Briefe 109f. (1926); Pfister 1913/1924, 400.
[41]   Pfister 1913/1924, 400; vgl. Nase 1993, 513f. Zur Beziehung Pfister-Schweitzer s. den Vortrag
       von I. Noth.
[42]   Zum Ganzen Nase 1993, 171–173.
[43]   Manches erinnert an Sandór Ferenczis „aktive Technik" und „Heilung durch Liebe", von diesem v.
       a. als nachholende Zuwendung zum Analysanden gemeint. Zu seinen behandlungstechnischen Ex-

mentar Pfisters kann lauten: „Die Analyse konnte leider nicht zu Ende geführt werden, da der Heilerfolg zu rasch eintrat …"[44] In bestimmten Fällen ist das bedauerlich aus wissenschaftlichen Gründen, in anderen aus therapeutischen. Bei tieferer analytischer Seelsorge wäre der Pastorand eher vor einem Rückfall bewahrt worden. In den 20er Jahren schreibt Pfister selbstkritisch, früher habe er einzelne Symptome suggestiv überrennen wollen. So seien manche raschen Heilungen bloß „unter dem suggestiven Einfluss einer starken positiven Übertragung zustande gekommen".[45] Doch im Grundsatz bleibt er bei dem besonderen Weg der AS, den er in diesem Falle theoretisch so einzuholen versucht: Die suggestiven Elemente müssten durch eine „geschickte Teilanalyse" vorbereitet sein, dann richteten sie sich nicht auf das Symptom, sondern auf die Ursache.

Hier konvergieren Einflüsse von Pfisters Persönlichkeit – seine gewinnende Ausstrahlung, sein mitreißender narzisstischer Überschwang, sein gelegentlicher *furor therapeuticus* – mit der fokussierenden Technik und dem pastoral-seelsorgerlichen Setting. Hinzu kommt der Anfangsenthusiasmus der psychoanalytischen Bewegung in der Zeit um 1910.[46]

Der Enthusiasmus entspricht den sog. therapeutischen Flitterwochen zu Beginn einer Behandlung und ähnlich zu Beginn einer psychotherapeutischen Laufbahn. Bei dem ohnehin begeisterungsfähigen Pfister kommt in diesen ersten Jahren alles zusammen. Dieser Grundzug Pfisters wird nicht konterkariert, sondern ergänzt durch nüchternen Realismus, der auch gelegentliches Scheitern, bleibende Widersprüche und allfällige Grenzen wahrnimmt und benennt. Dies freilich mit der seiner Persönlichkeit gemäßen positiven, (all-)versöhnenden, „optimistischen" Färbung. Vor allem im Briefwechsel mit Freud wird das, auch in seiner Abwehrfunktion, auf beiden Seiten reflex deutlich. Wenn es allerdings um den Kampf für die Wahrheit der Psychoanalyse geht (vgl. 1920) und um die Verteidigung ihres Begründers, so kann Pfister mit äußerst kritischer, auch historisch-kritischer Schärfe und Gründlichkeit vorgehen. In den drei größeren wissenschaftlichen Fehden seines Lebens geht es jedes Mal um das theologisch wie psychoanalytisch angemessene Verständnis der (christologisch zentrierten) christlichen Liebe: wg. Zinzendorf (1910ff.), wg. Sadhu Sundar Singh (gegen Friedrich Heiler 1922ff.), wg. Calvin (1947ff.).

Die psychoanalytischen Zunftkollegen kommentierten diesen seelsorgerlichen Blitzbetrieb hochambivalent, teils ungläubig misstrauisch, teils neidisch, oft beides zusammen. Schon damals wurde die Widerstandsanalyse als die Bedingung „eigentlicher" psychoanalytischer Arbeit herausgestellt, jedenfalls im theoretischen Diskurs.[47] Dagegen arbeitet Pfister nur ansatzweise mit der Beziehung, zumal mit der positiven Übertragung *als* Widerstand. Eher nutzt er ihre Energie und Dynamik zum (gemeinsamen) Ausräumen der Komplexe, oder, im anderen

---

perimenten äußert Pfister sich gelegentlich zustimmend, z.B. 1913/1924, 487f. Zu Ferenczi aus pastoralpsychologischer Sicht erhellend Weimer 2001, 43ff.

44 1913/1924, 183. Weitere Beispiele u. Nachweise bei Nase 1993, 114f.

45 1922, 361. Das folg. Zitat 1913/1924, 396. – Der Begriff Suggestion wurde damals eher technisch verwendet, heute hat er eine deutlich negative Färbung, z.B. „Massensuggestion".

46 Dazu Malan 1972, 26f. Zum Folg. vgl. Balint et al. 1973, 74; Nase 1993, 118f.

47 Freud selbst kommt Pfister und anderen, die eine Art „Psychotherapie fürs Volk" betreiben (GW XII 193f.), weit entgegen. Allerdings müssen sie wissen, was sie tun. Vgl. GW VIII 384, Briefe 38 (1910).

Sprachspiel, zum Kampf mit den Dämonen.[48] Widerstand sind dann die Ausweichmanöver, um sich der Aufdeckung der unbewussten Verwicklungen zu entziehen. Dieser Widerstand manifestiert sich natürlich im Umgang des Pastoranden mit der Person des analytischen Seelsorgers, wird aber nur in besonderen Fällen als solcher gedeutet.

So legiert Pfister in der Tat das Gold der Analyse mit dem Kupfer der Suggestion, wie Freud es einmal nennt.[49] Die AS ist eben ein eigen Ding, so stellt Pfister von Anfang an ebenso realistisch wie selbstbewusst klar. Parallel spricht er durchaus wertschätzend vom „pädanalytischen Kleinbetrieb" seines Schülers Hans Zulliger, der die Psychoanalyse in der Volksschulpraxis zum Zuge bringt. Von späteren Konzepten seelsorgerlich-beraterischer Arbeit her, Ichstärke, der Berater als Hilfs-Ich etc., mögen uns ihre Frühformen weniger unorthodox und abständig erscheinen als seinerzeit.

Offenbar erforderte die Entwicklung und Absicherung der Grundlagen der Psychoanalyse als reiner Lehre ein gewisses Maß an Engführung und Intoleranz, jedenfalls beim Gros der „Gemeinde".[50] Gerade deshalb waren aber Abspaltung und Abfall natürliche Begleiterscheinungen besonders der ersten 50 Jahre der psychoanalytischen Bewegung. Bei Pfister ist es, trotz heftiger Konflikte, nie dazu gekommen. Seine besondere Beziehung zum Begründer der Psychoanalyse ist bei weitem nicht der einzige, aber doch ein wichtiger Grund dafür. Pfister fühlte sich Freud verbunden im bedingungslosen Einsatz für die Wahrheit. Er bleibt immer dankbar für Freuds „tatsachenfrohen Positivismus". Dass die Wahrheit von den beiden Männern zuletzt so verschieden verstanden wurde und sie sich darüber hart, aber freundschaftlich auseinandersetzten, das steht auf einem anderen Blatt.[51]

9. Die analytische Seelsorge als empirisch-kritisches Verfahren, die Pastoralpsychologie als Praxistheorie

Die AS ist ein empirisch-kritisches Verfahren. In der Tradition der Pastoraltheologie geht sie von den praktischen Berufserfordernissen des Pfarramts aus, lässt sich aber keineswegs darauf beschränken.

Pfisters Konzept der AS ist angesiedelt zwischen praktisch-technischer Anleitung und theoretisch-theologischer Aufarbeitung. Beides geschieht nicht in Reinkultur und am jeweils klassischen Ort, also in der Kirchengemeinde und an der Universität, sondern irgendwie dazwischen. Das ist wiederum in mehrfacher Hinsicht paradigmatisch für die Pastoralpsychologie bis heute, wenn auch manche Ortsfindung inzwischen geglückt ist.

---

[48]   Z.B. 1927 (a), 16.
[49]   GW XII 193. Das folg. Zitat Pfister 1913/1924, 473. Vgl. Nase 1993, 534ff.
[50]   Freud an Pfister, Briefe 25 (1909).
[51]   Pfister 1928, 12. – Zu Pfisters Part im streitbaren Dialog mit Freud vgl. bes. Briefe 122–124 (1927). Dies ist im Kontext der öffentlichen Auseinandersetzung über die Religion geschrieben, die spiegelbildlich geschieht: Die Zukunft einer Illusion/Die Illusion einer Zukunft. – In diesen 20er Jahren sind die beiden sich allerdings einig über eine „weltliche Seelsorge" (Freud: GW XIV 293f.) als Zukunftsperspektive. Vgl. Briefe 110 (Pfister 1926), 136 (Freud 1928). Zum Ganzen s. Nase 1993, 65f., 144ff.

Für eine empirisch-kritische Theoriebildung wie für das praktische pastoralpsychologische Lernen von Seelsorge bleibt unabdingbar die Fallarbeit, ggf. auf der Grundlage entsprechender Dokumentation. In der damaligen Poimenik ist so etwas nicht vorgesehen. Nur in der Pastoraltheologie, von der älteren Kasuistik her, ist pastorale und seelsorgerliche Empirie enthalten. Mit seiner empirischen Pastoral*psychologie* tritt Pfister ausdrücklich ein Erbe der klassischen Pastoral*theologie* an. In letzterer wird berufliches Erfahrungswissen weitergegeben, freilich eher zum Exempel, unkritisch und so gut wie theorielos (vgl. Nase 2007). Ansonsten finden wir Grundrisse, Entwürfe, Anleitungen, Konzepte, doch bezogen auf welche Praxis eigentlich?

Seelsorge geschieht notwendig in geschützten und verschwiegenen Räumen. Doch ohne Schutz und Geheimnis zu verletzen, hat Pfister mit seinen Fallberichten eine Tür aufgestoßen! Damit hat er sich angreifbar gemacht und zum Teil wütender Kritik ausgesetzt. Doch wäre dieser Ansatz zur Verständigung über die Praxis der Seelsorge und ihre Verbesserungsmöglichkeiten nicht so schnell wieder beiseite geschoben, ja verdrängt worden, „so hätte sich die deutschsprachige evangelische Seelsorge manche Umwege ersparen können" (Fr. Wintzer[52]).

Pfisters AS ist der erste Fall einer gründlichen Protokollierung von Seelsorgegesprächen im Zusammenhang poimenischer und theologischer Theorie. Später gab es bei ihm auch erste Formen von Fallbesprechungen und Fallseminaren. Die Didaktik der Pastoralpsychologie, zumal der tiefenpsychologisch orientierten, ist auch heute noch entwicklungsbedürftig.

Unser Fall Dietrich ist einer von etwa 15 ähnlich breit oder noch breiter dargestellten. Ingesamt sind in der Pfisterschen Literatur analytisch-seelorgerliche Gespräche mit rund 250 Pastoranden/innen dokumentiert. Schätze, die noch interpretativ zu heben sind! Dass protokolliert und berichtet wird, soll ja dazu helfen, die Kompetenz der Seelsorger zu erweitern und zwar, siehe Dietrich, zunächst für besondere seelische Konflikte. Es handelt sich um eine enorme und folgenreiche Ausweitung dessen, was traditionell als spezielle Seelsorge firmiert. Deren Anlässe und Felder sind heute signifikant verschoben und erweitert – ein eigenes Thema!

Das Konzept der AS als spezieller Seelsorge samt zugehöriger Theorie und ihre Integration in die pastorale Praxis gehen zuletzt weit über die bloße Anwendung einer Hilfsmethode oder Hilfswissenschaft hinaus. Auch wenn Pfister sich selbst gelegentlich so anhört, handelt es sich nicht um Anwendung der Psychoanalyse *auf*, sondern mindestens um Anwendung *in*, nämlich im kirchlich-pastoralen Praxisfeld.[53] Das verändert beide. Pfister geht später (1934) so weit, über das Konzept des menschlichen und göttlichen Mittlers den Ansatz einer religionspsychologisch fundierten Dogmatik zu entwerfen. Und 1944 intendiert „Das Christentum und die Angst" eigentlich einen Neuentwurf der Theologie im Ganzen.

Heute sind wir bescheidener geworden. Die Pastoralpsychologie sieht sich als eine Dimension der Praktischen Theologie, ihre Konzepte lassen sich als theologische

---

[52] Wintzer 1978, XXVIII. Vgl. Nase 1993, VIIf., 66ff.
[53] Dazu Nase 1993, 518f. Zum Folg. (Mittler) vgl. ebd. 325ff.

Praxistheorie verstehen. Solche pastoralpsychologische Theorie, dabei bleibt es freilich, entsteht induktiv, „von unten". Sie ist nicht einfach kompatibel mit deduktivem theologischem Denken „von oben".

10. Krise und Identität

Nach dem Erstgespräch mit Dietrich begibt Pfister sich zu Jung ins Burghölzli. Der gibt ihm den Rat, nach den Familienverhältnissen des Pastoranden zu fragen[54] – Supervision im embryonalen Zustand. Der analytische Seelsorger erhält die theoretischen und praktischen Impulse zunächst von woanders her. Über kurz oder lang führt das zu den identitätskritischen Fragen: Wo gehört das hin? Wo gehöre ich hin? Was geschieht mit mir? Wo kann ich bleiben?

Trotz seines Gefühls, das Neue füge sich dem Alten wunderbar ein, stürzen diese ersten Jahre mit der Psychoanalyse selbst einen Pfister in eine tiefe Krise. Alles kommt ins Rutschen, sein berufliches und sein persönliches Leben. Von einer Glaubenskrise hören wir nichts, diese Frage muss also offen bleiben.

In die Kämpfe um die Psychoanalyse in Zürich und in der Schweiz 1911/12 stürzt Pfister sich mit vollem Einsatz. Vom Zinzendorf-Buch haben wir schon gehört. Die heftigen Kämpfe darum und noch mehr die Tatsache, dass er neben seiner Ehe eine Liebesbeziehung, welcher Art auch immer, mit einer jungen Frau hat, kosten ihn fast sein Pfarramt. In diesem Fall ginge er als psychoanalytischer Helfer zu einem Mediziner – eine verwegene Konstruktion, von der Jung so an Freud in einem seiner regelmäßigen Berichte von der Züricher Front schreibt.[55] „Die Psychoanalyse fängt an, Schicksale zu machen", so Freud schon vorher stolz an Jung. Um sich nicht „durch seine Komplexe auf langsamem Feuer rösten zu lassen", so Jung an Freud, hat Pfister sich in Analyse begeben und zwar bei Franz Riklin, einem Verwandten Jungs. So war das damals! Das Ganze endet glimpflich und geklärt, wenn auch nicht glatt und harmonisch.[56] Der 1913 endgültige Bruch zwischen Freud und Jung macht Pfister noch einmal schwer zu schaffen und lässt ihn unter den Schweizer Analytikern vorerst vereinsamen.[57]

Auf dem Hintergrund dieser Krise und durch eine schwere persönliche Belastung hindurch ist Pfister die Integration von Analyse und Seelsorge, von Psychoanalyse und Theologie gelungen. Es ist eine persönlich geglückte Synthese, ohne ausgebautes System und ohne regelrechte Schulbildung, aber doch mit erheblicher Ausstrahlung. Es ist einiges davon und daran zu lernen. Die Anfangsszene dieser bewegten Jahre scheint mir auch in dieser Hinsicht paradigmatisch: Ohne intensive berufliche und persönliche Klärungsprozesse keine ordentliche Pastoralpsychologie. Heute sind diese Prozesse gewissermaßen vorsorglich institutionalisiert

---

[54]   Dietrich 141. – Zum Folg. vgl. Nase 1993, 3ff., 151f. (Rolle und Identität), 129ff. (Krise 1911/12).
[55]   Freud/Jung 1974, 546f. (10.03.1912) Die folgt. Zitate ebd. 498 (20.10.1911) sowie 465 (08.05.1911).
[56]   Dazu im Rückblick sehr freundschaftlich und sehr seelsorgerlich Freud, Briefe 115 (1927).
[57]   Vgl. Pfister 1927 (b), 173. In unveröffentlichten Dokumenten klingt dies noch dramatischer, vgl. z.B. Nase 1993, 136.

in den Ausbildungsstandards der Deutschen Gesellschaft für Pastoralpsychologie (DGfP).

Die Gesellschaft wurde 1972 gegründet, worin schon ein gewisser Konsolidierungsprozess der Seelsorge*bewegung* zum Ausdruck kommt. Deren Anfangsenthusiasmus mit den entsprechenden Größenphantasien ist vergleichbar mit der beginnenden psychoanalytischen *Bewegung* 60 Jahre früher. So lautet in den 20er Jahren sogar der Titel einer psychoanalytischen Zeitschrift. Eine Bewegung fordert den ganzen Menschen, da kann man nicht nur mit dem Segment der Berufsrolle involviert sein.

Auch im Hinblick auf die pastorale Berufsperson tritt die Pastoral*psychologie* das Erbe der klassischen Pastoral*theologie* des 19. Jahrhunderts an. Für sie läuft am Ende ihrer Epoche alles auf Seelsorge hinaus. Hier ist die Berufsperson am Unmittelbarsten ihr eigenes Arbeitsinstrument. Pfister hat die AS ausdrücklich in diese Tradition gestellt, deren konstitutives Thema das Verhältnis von Person und Beruf ist. Dies wird später in der Pastoralpsychologie als Identitätsproblem thematisiert. Obwohl das Konzept Identität heute fast schon obsolet geworden ist, halte ich mangels Besserem daran fest. Der Weg zu einer pastoralpsychologischen Identität ist nicht gangbar ohne die Erarbeitung einer persönlich angeeigneten theologischen Position. Sie muss affektiv und kognitiv angeeignet sein, durch Gefühl und Verstand hindurch. Auch dafür steht Pfister als „Anfänger". Seine theologische Position ist *in sich* offen für die Herausforderungen und Zumutungen der Psychoanalyse.

Zweifellos ist ein solcher intensiver Aneignungsprozess heute viel schwieriger geworden als vor 100 Jahren. Jedenfalls wirkt dabei das verbreitete Postulat einer flexiblen Offenheit nach allen Seiten eher kontraproduktiv. Ich meine z.B. „Seelsorge im Plural" (Pohl-Patalong 1999), nicht als Feststellung, aber als postmoderne Maxime. Ohne klare eigene Position fasziniert die Partnerin, hier die Psychoanalyse, überwertig. Im Ergebnis kommen pastorale Therapeuten und Psychoanalytiker heraus, freilich kleine Therapeuten und kleine Psychoanalytiker mit entsprechender Identitäts- und Loyalitätsproblematik. Dies mag eine Problemanzeige vornehmlich für meine pastoralpsychologische Generation sein. Doch zur immer wieder mühevollen Integration, zur immer wieder lohnenden Kooperation gehören jeweils beide Seiten. Der Dialog zwischen Freud und Pfister kann hier bis heute vorbildlich sein.

Die Seelsorge hat eine analytische und therapeutische Dimension, die Psychoanalyse eine seelsorgerliche und religiöse. Darauf hat Pfister bestanden. Auf dieser Grundlage hat er gearbeitet. Die in der Tat merk-würdigen Anfänge seiner analytischen Seelsorge wollte ich Ihnen etwas näher bringen.

Literatur

Argelander, Hermann (1970): Das Erstinterview in der Psychotherapie, Darmstadt.
– (Hg.) (1973): Konkrete Seelsorge. Balintgruppen mit Theologen am Sigmund-Freud-Institut Frankfurt, Stuttgart/Berlin.

– (1976): Im Sprechstundeninterview bei Freud. Technische Überlegungen zu Freuds Fall „Katharina", in: Psyche 30, 665–702.
– (1978): Das psychoanalytische Erstinterview und seine Methode. Ein Nachtrag zu Freuds Fall „Katharina", in: Psyche 32, 1089–1098.
Balint, Michael ([3]1965): Der Arzt, sein Patient und die Krankheit, Stuttgart.
– et al. (1973): Fokaltherapie. Ein Beispiel angewandter Psychoanalyse, Frankfurt.
– / Balint, Enid (1961): Psychotherapeutische Techniken in der Medizin, München.
– Balint, Enid / Norell, Jack S. (Hg.) (1975): Fünf Minuten pro Patient. Eine Studie über die Interaktion in der ärztlichen Allgemeinpraxis, Frankfurt.
Bittner, Günther (1973): Oskar Pfister und die ‚Unfertigkeit' der Psychoanalyse, in: WzM 25, 465–479.
Freud, Sigmund (1960ff.): Gesammelte Werke in 18 Bänden. Chronologisch geordnet, Frankfurt. **Zit. GW**
– / Pfister, O. (1963): Briefe 1909–1939, hg. v. Ernst L. Freud/Heinrich Meng, Frankfurt, 2. Aufl. 1980. **Zit. Briefe.**
– / Jung, Carl Gustav (1974): Briefwechsel, hg. v. William Mc Guire/Wolfgang Sauerländer, Frankfurt.
Geyer, Otto (1895): Friedrich Schleiermachers Psychologie nach den Quellen dargestellt und beurteilt, Leipzig.
Habermas, Jürgen (1968): Erkenntnis und Interesse, Frankfurt.
Läpple, Volker (1979): Das Methodenproblem in der evangelischen Seelsorge, in: Joachim Scharfenberg (Hg.): Freiheit und Methode. Wege christlicher Einzelseelsorge, Göttingen/Wien, 15–35.
Malan, David H. (1972): Psychoanalytische Kurztherapie. Eine kritische Untersuchung, Reinbek.
Mitscherlich, Alexander (1949/50): Über die Reichweite psychosomatischen Denkens in der Medizin, in: Psyche 3, 342–358.
Nase, Eckart (1993): Oskar Pfisters analytische Seelsorge. Theorie und Praxis des ersten Pastoralpsychologen, dargestellt an zwei Fallstudien, Berlin/New York.
– (2007): Kontexte, Situationen und Anlässe der Seelsorge aus der Sicht der Pastoraltheologie, in: Wilfried Engemann (Hg.): Handbuch der Seelsorge. Grundlagen und Profile, Leipzig, 325–353.
Pastoralpsychologisches Institut in Schleswig-Holstein und Hamburg (2006): Standortbestimmung, Hamburg.
Pfister, Oskar (1904): Die Willensfreiheit. Eine kritisch-systematische Untersuchung, Berlin.
– (1906): Präsidialrede, in: Verhandlungen der asket. Gesellschaft, Zürich, 33–43.
– (1909): Psychoanalytische Seelsorge und experimentelle Moralpädagogik, in: Protestantische Monatshefte 13, 6–42.
– (1909, **zit. Dietrich**): Ein Fall von psychoanalytischer Seelsorge und Seelenheilung, in: Ev. Freiheit 9, 108–114, 139–149, 175–189.
– (1910a): Die Psychoanalyse als wissenschaftliches Prinzip und seelsorgerliche Methode, in: Ev. Freiheit 10, 66ff., 102ff., 137ff., 190ff.
– (1910b): Die Frömmigkeit des Grafen Ludwig von Zinzendorf. Ein psychoanalytischer Beitrag zur Kenntnis der religiösen Sublimierungsprozesse und zur Erklärung des Pietismus, Leipzig/Wien. 2. verb. Aufl. 1925.
– (1911): Zur Psychologie des hysterischen Madonnenkultus, in: Zentralblatt für Psychoanalyse 1, 30–37.
– (1913/1924): Die psychanalytische Methode. Eine erfahrungswissenschaftlich-systematische Darstellung, Leipzig, 3. stark umgearb. Aufl. 1924.
– (1915): Die Dehistorisierung in der Psychoanalyse, in: Int. Zs. f. ärztl. Psychoanalyse 3, 350–352.

- (1918): Ein neuer Zugang zum alten Evangelium. Mitteilungen über analytische Seelsorge an Nervösen, Gemütsleidenden und anderen seelisch Gebundenen, Gütersloh.
- (1920): Zum Kampf um die Psychoanalyse, Leipzig/Wien/Zürich.
- (1921): Plato als Vorläufer der Psychoanalyse, in: Int. Zs. f. ärztl. Psychoanalyse 7, 264–269.
- (1922a): Die primären Gefühle als Bedingungen der höchsten Geistesfunktionen, in: Imago 8, 46–53.
- (1922b): Die Liebe des Kindes und ihre Fehlentwicklungen. Ein Buch für Eltern und Berufserzieher, Leipzig/Bern.
- (1925): Die Liebe vor der Ehe und ihre Fehlentwicklungen. Tiefenpsychologische Untersuchungen im Reiche des Eros, Leipzig/Bern, 2. Aufl. 1926.
- (1927a): Analytische Seelsorge. Einführung in die praktische Psychanalyse für Pfarrer und Laien, Göttingen.
- (1927b): Selbstdarstellung, in: E. Hahn (Hg.): Die Pädagogik der Gegenwart in Selbstdarstellungen, Leipzig, Bd. 2, 161–207.
- (1928): Psychoanalyse und Weltanschauung, Leipzig/Wien/Zürich.
- (1931): Der innerste Richter und seine seelsorgerliche Behandlung, Leipzig. (Wegen Verlagskonkurs nicht veröffentlicht, es existieren nur die von Pfister korr. Druckfahnen.)
- (1934): Neutestamentliche Seelsorge und psychoanalytische Therapie, in: Imago 20, 425–443.
- (1944): Das Christentum und die Angst. Eine religionspsychologische, historische und religionshygienische Untersuchung, Zürich, 2. Aufl. 1975.
Pohl-Patalong, Uta (Hg.) (1999): Seelsorge im Plural, Hamburg.
Scharfenberg, Joachim (1976): Kommunikation in der Kirche als symbolische Interaktion, in: Werner Becher (Hg.): Seelsorgeausbildung. Theorien, Methoden, Modelle, Göttingen, 33–55.
- (1978): Die biblische Tradition im seelsorgerlichen Gespräch, in: EvTh 38, 125–136.
- (1985): Einführung in die Pastoralpsychologie, Göttingen.
Thomas, Klaus (1953): Roy Stuart Lee über ‚Freud und das Christentum'. In: Der Weg zur Seele 5, 161–171. Wieder in: Eckart Nase / Joachim Scharfenberg (Hg.): Psychoanalyse und Religion, Darmstadt 1977, 219–232.
Weimer, Martin (2001): Psychoanalytische Tugenden. Pastoralpsychologie in Seelsorge und Beratung, Göttingen.
Wintzer, Friedrich (Hg.) (1978): Seelsorge. Texte zum gewandelten Verständnis und zur Praxis der Seelsorge in der Neuzeit, München.

Freud – Pfister
Stationen einer unverbrüchlichen Freundschaft[1]

Hartmut Raguse

1. Die Anfänge

Über die Anfänge der langen Beziehung zwischen Pfister und Freud sind wir gut informiert. In dem Brief vom 7. Januar 1909 (Freud/Jung, 216) an Freud spricht Jung von ihm als einem gescheiten Mann und Freund, der große Propaganda für Freud ins Werk gesetzt habe. Am 17. Januar (Freud/Jung, 217) bestätigt Freud an Jung, eine Arbeit von Pfister erhalten zu haben. Er äußert allerdings Befremden „die ΨA in den Dienst der Bekämpfung der ‚Sünde‘ gespannt zu sehen". Am 18. Januar (Freud/Pfister, 11) dankt Freud dann Pfister für die Übersendung der Schrift „Wahnvorstellung und Schülerselbstmord" und kündigt ihm am 9. Februar (Freud/Pfister, 11/12) an, er habe seine kostbare Arbeit nochmals gelesen und werde sie morgen in seinem kleinen Kreis, der sog. Mittwochsgesellschaft referieren. Wenn wir in den inzwischen gedruckten Wiener Protokollen nachlesen (Bd. 2, 135/136), finden wir zwar das Referat, aber Freud referiert eine andere Schrift, nämlich „Psychoanalytische Seelsorge und experimentelle Moralpädagogik", auf deren Titel die leichte Verwunderung gegenüber Jung besser zutrifft. Wir müssen annehmen, dass Pfister zwei Sonderdrucke geschickt hat, obwohl immer nur von einer Arbeit die Rede ist. Die Sache ist wohl nicht zu klären, aber auch nicht sehr wichtig. Viel wichtiger ist die Kritik, die Freud unumwunden in Wien und viel vorsichtiger in seinem Brief an Pfister (Freud/Pfister, 1–14) äußert. Die Erfolge Pfisters seien die Wirkungen der Übertragung, mit der er leicht fertig werde, indem er sie auf Gott lenke. Kein Arzt könne das bieten. Diese Übertragung, so würden wir heute umschreiben, ist vor allem die idealisierende Beziehung, die nicht gedeutet, sondern als Mittel der Beeinflussung benutzt wird. Freud kritisiert weiterhin, dass Pfister indirekt die Sexualität als Sünde ansehe, was er im Brief vorsichtiger umschreibt, indem er darauf hinweist, dass Sexualität unter die von Pfister so hochgeschätzte Liebe falle. Und schließlich bemängelt er an der von Pfister benutzten Jungschen Assoziationstechnik, dass sie eine mangelhafte Beherrschung der analytischen Technik anzeige.

Der Kommentar, den Freud in Wien äußert, ist wie ein Leitmotiv der lebenslangen unverbrüchlichen Freundschaftsbeziehung: hohe persönliche Wertschätzung einerseits, aber durchgehende inhaltliche Kritik auf der anderen Seite. Bereits wenige Monate später kommt es zu einem Besuch von Pfister bei Freud in Wien. Die Familie ist von dem Pfarrer begeistert. Der Zürcher Gast vermacht ihm ein Mat-

---

[1]   Erweiterte Fassung eines Vortrags auf der Tagung „Die Anfänge der theologischen Rezeption der Psychoanalyse in der Schweiz", Universität Bern, 11.11.2006. Der Vortragsstil wird im Wesentlichen beibehalten.

terhorn in Silber für den Schreibtisch, und in einem etwas späteren Brief dankt er ihm als einem „wahren Diener Gottes", dem es „ein Bedürfnis ist, jedem, den er trifft, etwas Gutes auf seelischem Wege zu erweisen" (Freud/Pfister, 21). Und im August fügt er hinzu: „Dass ich Ihnen Familiäres schreibe, hat seinen Grund darin, dass kein Besuch seit dem Jungs bei den Kindern soviel Eindruck hinterlassen und mir selbst so wohlgetan hat" (Freud/Pfister, 24).

2. Die Psychoanalytische Methode

In den nächsten Monaten ermuntert Freud seinen neuen Freund unermüdlich, sein geplantes Buch nur schnell fertigzustellen. Es handelt sich dabei um die „Psychoanalytische Methode", ein Buch, für das Freud ein Vorwort schreiben wird. Gerade die von Pfister gefürchtete Unzulänglichkeit solle diesen nicht vom Schreiben abhalten. Die analytische Fachsprache würde auf die Mehrheit keinen Eindruck machen, „während Sie jetzt im Übergang von der gemeinen zur psychoanalytischen Denkweise die subjektive Kraft haben werden, die noch Unberührten mit sich fortzureißen" (Freud/Pfister, 25). Pfisters Buch, das 1913 erschien und sich vor allem an Pädagogen wendete, ist heutzutage kaum noch lesbar. Die Mischung von Freudreferaten und zahllosen Fallepisoden, in denen die analytischen Interventionen oft geradezu eine Wunderwirkung haben, ist ziemlich unerträglich. Trotzdem rühmt Freud das Werk und sieht seine Bedeutung vor allem in der Prävention von neurotischen Störungen bei Kindern. Auf die speziellen Inhalte des Buches geht er allerdings nicht ein. Im Brief 19 (Freud/Pfister, 36–38) diskutiert Freud dann, während Pfister noch an seinem Buche schreibt, die psychoanalytische Technik, über die er ja in diesen Jahren seine eigenen grundlegenden Abhandlungen zur Technik der Analyse schreibt. Analyse müsse in der Abstinenz stattfinden. Wenn man dem Patienten zuviel Liebe direkt zeige, dann werde zwar die Problematik des Patienten in der Übertragung auf den Analytiker eher deutlich, es komme vielleicht sogar zu seiner Heilung, aber diese Heilung mache ihn nicht selbständig, sondern binde ihn an seinen Therapeuten. Freud gibt Pfister dann allerdings zu, dass dieser die ganz strenge Technik nicht brauche, er sei in der Lage, die Übertragung auf Religion und Ethik zu sublimieren. Mit dieser Bemerkung trifft Freud genau Pfisters Selbstverständnis, der die Weiterleitung der idealisierenden Übertragung von seiner eigenen Person hin auf Gott in seiner Darstellung des Falles „Dietrich" eindrucksvoll gezeigt hatte. Trotz aller Bedenken entschuldigt Freud Oskar Pfister sofort, seine Situation als Seelsorger sei eine andere als die der professionellen ärztlichen Analytiker, und er will seine Auslassungen nicht als Tadel verstanden wissen.
Als Pfister Freud in Wien besuchte, war er offensichtlich allein. Wir wissen, dass Frau Pfister die Psychoanalyse energisch ablehnte und sogar gegen ihren Mann beim Kirchenrat intervenierte. Offensichtlich hat Pfister darüber viel an Freud geschrieben, der wohl genau deshalb die Briefe Pfisters vernichten musste. Aus dem Briefwechsel Jung-Freud erfahren wir aber etwas von dem, was sich um 1912 abspielte. In seinem Brief vom 17. Oktober 1911 (Freud/Jung, 496, vgl. auch 494)

schreibt Jung in sehr scherzhafter Sprache, die er der gerade gelesenen Autobiographie von Schreber entlehnt, dass Pfister eine Freundin habe. Es zeigt sich allerdings in späteren Briefen, dass Pfister seine Stelle aufs Spiel setzte. Es gibt dann anscheinend Phantasien, Frau Pfister in Analyse zu nehmen, aber wenn man Jungs Reaktion darauf liest (Freud/Jung, 510 u. 514), kann einem Frau Pfister geradezu leid tun, und es ist mehr als verständlich, dass sie auf dieses Ansinnen nicht eingeht. Wenn ich den Stil der Diskussion zwischen Freud und Jung auf mich wirken lasse, kommt es mir vor, wie wenn sich zwei Buben für einen dritten verbünden, um ihm gegen eine böse Mutter zu helfen. Es ist wie ein adoleszenter Freundeskreis, dessen Bemühungen aber vergeblich bleiben. Erst der Tod von Frau Pfister im Jahre 1929 scheidet das Paar, und Freud schreibt dann einen recht formellen Beileidsbrief (Freud/Pfister, 140).

3. Zur Traumdeutung

Ich gehe zeitlich wieder etwas zurück. Von den Differenzen zwischen Freud und Pfister erfahren wir etwas durch ein erst jüngst aufgetauchtes Dokument vom 6. Juni 1915. Es ist im Briefwechsel mit dem Zürcher Psychiater Max Nachmansohn enthalten, der in diesem Jahr in Basel versteigert wurde. Im Auktionskatalog sind folgende Sätze von Freud an den Adressaten zitiert:

„Grüßen Sie mir, bitte, Pfister, dem ich trotz seiner letzten Irrungen nicht gram sein kann und sagen Sie ihm von mir, er hätte mich bei seinem letzten Besuch durch seine mir unverständlichen Fragen irre gemacht, indem er betonte, dass eine Traumdeutung doch nicht möglich sei aufgrund der Einfälle des Träumers allein, wenn man nicht dessen psychologische Situation kenne. Ich bin ihm aufgesessen und trage erst heute die selbstverständliche Antwort nach, dass man diese Situation regelmäßig aus den Einfällen selbst erfährt."

Ich habe vor allem in der „Psychoanalytischen Methode" gesucht, ob ich einen Hinweis fände, worum es Pfister ging. Es ist immerhin denkbar, dass Pfister hier einen Gedanken vorweggenommen hat, der erst in der Schule von Melanie Klein und bei dem Zürcher Analytiker Fritz Morgenthaler wieder auftauchen wird, Träume nämlich nur im Kontext der analytischen Situation und speziell in der Situation des Erzählens zu interpretieren. Aber da es von einer solchen Einsicht sonst bei Pfister keine Spur gibt, ist wohl etwas Schlichteres gemeint: Träume müssen im Hinblick auf die innere psychologische Situation, also speziell auf die neurotische Haltung des Patienten verstanden werden. Dann ist Freuds Einwand verständlich: deren Kenntnis geht dem Traum nicht voraus, sondern folgt ihr. Pfister würde also das bereits voraussetzen, was er aus der Traumanalyse erst neu und differenziert erlernen sollte. Wie dem auch sei, Freud war Pfisters Rhetorik erlegen und hat sich aus deren Wirkung nachträglich wieder aufgerafft. Irgendeine nachhaltige Verstimmung ist hier nicht ersichtlich, allerdings fehlen Freuds Briefe aus diesen Jahren, die verloren gegangen sein müssen (vgl. Freud/Pfister, 62 oben).

4. Ethik und Sexualität

Viel kontroverser ist der Brief 41 von Freud vom Oktober 1918 (Freud/Pfister, 62–64). Es geht um Ethik und um Sexualität. Von Ethik hält Freud zunächst einmal gar nichts, weil die Menschen, die sie vertreten, sich zumeist doch nicht daran hielten. Sein eigenes Ideal sei von der Art, dass sowieso die meisten anderen davon abwichen. Aber das ist nicht das Zentrale, vielmehr: „Was fällt Ihnen denn ein, die Zerlegung des Sexualtriebs in Partialtriebe zu bestreiten, wozu die Analyse uns jeden Tag nötigt?" Pfister konnte Freuds zentraler Theorie, dass die Neurose ein nicht gelungener Kompromiss zwischen unakzeptablen Triebforderungen und dem Wirken einer inneren Zensur sei, nur soweit folgen, dass er „Trieb" allgemein mit Liebe gleichsetzte und sich dafür auf Plato berief. Neurose war dann verhinderte Liebe, die es freizumachen galt. Das war für Freud eine unerträgliche Verkürzung der analytischen Theorie, die ihren Mittelpunkt in der Einsicht in die frühe Entwicklung der infantilen Sexualität hatte.

In Freuds Empfindlichkeit wirkt noch seine Erfahrung mit Jung ein, der von Sexualität nur im Sinne einer allgemein wirkenden Libido wissen wollte, einer kreativen Macht, die in allem wirkt. Wir erfahren indirekt, dass Freuds Vorwürfe bei Pfister nicht gerade ein radikales Umdenken erzeugten. Auf das folgende Jahr 1919 fällt nämlich die Gründung der Schweizerischen Gesellschaft für Psychoanalyse. In ihr ist zwar Pfister neben einigen anderen Analytikern federführend, aber Freud sorgt dafür, dass Hanns Sachs, einer seiner engsten Vertrauten, bei der Gründung anwesend ist. Offensichtlich beschwert sich Pfister darüber bei Freud mit bitteren Worten, der Begriff „Inquisition" (Freud/Pfister, 72) muss dabei gefallen sein. Anscheinend geht es auch darum, ob der Zürcher Verein Mitglied der Internationalen Vereinigung sein kann. Freud nimmt hier eindeutig Stellung für Pfister, ermahnt ihn aber trotzdem, nicht das Schibboleth der Psychoanalyse, die Sexualtheorie aufzugeben. Der Streit wird geschlichtet, und einige Jahre später scheint sich Pfister auch zur Sexualtheorie zu bekennen: er schreibt in einem seiner wenigen erhaltenen Briefe im April 1922, als er Freud ein neues Buch – „Die Liebe des Kindes und ihre Fehlentwicklungen" – zuschickt: „Es bedeutet einen Fortschritt gegenüber früher, insofern ich eine Menge von Unklarheiten, die mir durch Jung und Adler erwachsen waren, überwunden habe. So darf ich zu meiner großen Freude ohne Unsicherheit und Unfreiheit bekennen, dass ich die Richtigkeit Ihrer Aufstellungen auch da einsah, wo ich lange keine eigenen Erfahrungen gemacht hatte" (Freud/Pfister, 88). Freud antwortet erfreut, dass ihm das neue Buch das liebste von Pfisters Geisteskindern sein werde, trotz „Jesus Christus und gelegentlicher Verbeugungen vor der Anagogik" (Freud/Pfister, 89).

5. Die Krise von 1928

Offensichtlich ist Pfister, jedenfalls, was die Psychoanalyse angeht, in die Bahnen der Orthodoxie eingelaufen. Doch der Schein trügt. 1928 kommt es zu einer schweren Krise der Schweizerischen Gesellschaft. Ihr werde ich mich ausführlicher widmen, weil sie Freuds zweispältige Beziehung zu Pfister am deutlichsten zeigt.

Im Jahre 1927 war Freuds Schrift „Zur Frage der Laienanalyse" erschienen. Freud hatte sich hier intensiv dafür eingesetzt, dass auch Nicht-Aerzte Psychoanalyse betreiben dürften, dass vielmehr Ärzte, die keine genügende Ausbildung haben, als „Laien" zu bezeichnen seien. Die Schrift wurde allgemein diskutiert, und im Jahre 1929 empfahl die IPV, dass Nicht-Aerzte nur dann Analysanden übernehmen dürften, wenn ein Arzt vorher die Indikation abgeklärt hätte. In einem Artikel zur Geschichte der Psychoanalyse in der Schweiz hat Fritz Meerwein (28) geschrieben, dass man sich daran in der Schweiz besonders wenig gehalten habe. Dies gilt übrigens, mit guten Gründen, bis heute. In Jahre 1928 nun traten das Ehepaar Oberholzer sowie Rudolf Brun aus der Schweizerischen Gesellschaft für Psychoanalyse aus und gründeten eine separate „Gesellschaft für ärztliche Psychoanalyse". Zu diesem Ziel verschickten sie einen Rundbrief an die ärztlichen Mitglieder, interessanterweise aber nicht an alle. In seiner Darstellung der Geschichte der Psychoanalyse in der Schweiz hat Hans Walser geschrieben, dass es in der Krise von 1928 um die Frage der Laienanalyse ging. Er folgte darin einer Darstellung des Basler Analytikers Philipp Sarasin, der nach der Spaltung für 32 Jahre die Präsidentschaft übernahm. Es war wiederum Meerwein, der als erster diese Darstellung in Zweifel zog. Er stützte sich dafür auf ein unveröffentlichtes Dokument im Archiv der SGPsa, ein 19-seitiges Memorandum des Ehepaars Oberholzer und von Rudolf Brun, für dessen Kenntnis ich Herrn Dr. Kaspar Weber aus Bern sehr dankbar bin. Dieses Memorandum zeigt nun in aller schonungslosen Deutlichkeit, dass es für die dissidente Gruppe fast nur ein einziges Problem gab, und das war der Pfarrer Oskar Pfister. Ich will das wenigstens an einigen Zitaten und Referaten zeigen, die zugleich als Folie für Freuds Reaktion gegenüber Pfister dienen sollen.

Auf S. 3 heißt es: „Unsere Schwierigkeiten bezgl. des nichtärztlichen Teils der alten Gesellschaft knüpfen sich vornehmlich an die Person von Herrn Pfarrer Pfister. Zwischen ihm und uns bestehen unüberbrückbare Gegensätze".

Die Vorwürfe im einzelnen sind, dass Pfister nicht, wie es zu fordern sei, Übertragung und Widerstandsanalyse als unverzichtbares Zentrum der Analyse ansehe, sondern alles als Analyse bezeichne, was irgendwie mit psychoanalytischem Denken in Verbindung stehe. Er mache nur Symptombehandlungen mit wenigen Stunden, über die er in Diskussionen nichts als Erfolgsmeldungen verbreite, vor allem auch in seinen zahlreichen propagandistischen Vorträgen über Psychoanalyse. Dabei erspare er sich die mühevolle Arbeit, die inneren Widerstände der Patienten zu analysieren und zu überwinden.

Der zweite Hauptvorwurf richtet sich gegen die Vermischung verschiedener Situationen in der Therapie. So habe Pfister kürzlich einen Herrn B. natürlich nur kurz analysiert, während dieser bei Pfisters wohnte und zugleich habe er einen Herrn C., der Pfister um Hilfe bat, zu B. in Analyse geschickt, wobei dieser, offensichtlich ein Lehrer, gleich angefangen habe, Schüler zu analysieren. Die Analysen Pfisters hätten aber mit eigentlicher Psychoanalyse wenig gemein. Er tue nichts weiter, als aus dem erzählten Material infantile Determinanten herauszufinden, sie mitzuteilen und den Patienten zur Sublimierung zu ermuntern. Überhaupt leide Pfister unter einem ganz erheblichen Defizit theoretischer Kenntnisse.

Der dritte Hauptvorwurf ist, dass Pfister von überall unfähige Kandidaten zur Aufnahme zur analytischen Ausbildung rekrutiere, von seinen eigenen Patienten und auch aus einem weiteren Umkreis.

Schließlich der letzte Vorwurf: man könne mit Pfister über diese Probleme nicht diskutieren, er verschanze sich hinter seiner philosophischen Bildung und hinter einer Flut anekdotischer Fallgeschichten, gelegentlich auch hinter zustimmenden Äußerungen von Freud, die ihm dieser brieflich mitgeteilt habe. Damit bin ich wieder beim Hauptfaden meines Vortrags angelangt, möchte aber noch meine Stellungnahme zu dem Memorandum von Oberholzer und Brun anfügen. Gerade vor dem Hintergrund einer mittelgroßen Kenntnis der Schriften Pfisters habe ich den Eindruck, dass diese Vorwürfe, die ja viel ausführlicher dargelegt werden, weitgehend stichhaltig sind, jedenfalls in Bezug auf die therapeutische Tätigkeit Pfisters. Biographische Forschung müsste noch genauer herauszuarbeiten versuchen, inwieweit Pfister zwischen seiner seelsorgerlichen Arbeit und seinen analytischen Therapien unterschied. Es ist aber ganz sicher, dass dieser Analysanden hatte, die außerhalb seiner gemeindlichen Tätigkeit standen. Das belegt der Artikel „Pfister" von David D. Lee im Dictionnaire und jetzt auch die Edition des Briefwechsels zwischen Pfister und Ellenberger. Hier findet sich auf Seite 135 der Hinweis auf eine im Nachlass erhaltene Bescheinigung, in der Pfister als „bevollmächtigter Lehranalytiker der Schweiz. Psychoanalytischen Gesellschaft" bestätigt, dass Ellenberger zwischen 1949 und 1952 eine Lehranalyse absolviert habe. Leider erfahren wir nichts über die Stundenzahl. Auffällig ist auch der Ausdruck „Lehranalytiker", der in der SGPsa bis heute aus guten Gründen nicht üblich ist.

Wie aber reagiert Freud auf den Zürcher Konflikt, er, dem dieses Memorandum ja ebenfalls zugeschickt worden ist?

Im ersten Brief zu dem Thema, vom 11. Januar 1928 (Freud/Pfister, 127f.) votiert Freud eindeutig für die Restgruppe und nennt Pfister, Sarasin und Zulliger namentlich. Eine Woche später (Freud/Pfister, 128) wundert er sich über das Feldgeschrei, das H. erhebe. Bei diesem H. muss es sich um eine redaktionelle Anonymisierung von Brun handeln, der noch bis 1969 lebte. Der Brief ist mir nicht recht klar, es scheint so, als beklage sich Freud darüber, dass die dissidente Gruppe mit der herrschenden Auffassung von Therapie nicht einverstanden sei und sich deshalb entferne. Dagegen wendet Freud ein, dass er zwar immer noch seine älteren Auffassungen vertrete, aber Uneinigkeit über den Wert der Psychoanalyse kein Grund für einen großen Streit sei. Kurz darauf erhält Freud das Memorandum. Über Brun schreibt er jetzt an Pfister: „Weder sein früheres Benehmen gegen uns, noch sein jetziges Vorgehen gegen die Internationale Psychoanalytische Vereinigung und die Nicht-Ärzte wird daraus verständlicher" (Freud/Pfister, 130). Aber, und jetzt muss ich etwas ausführlicher zitieren:

„Dagegen hat es mir leid getan zu erfahren, einen wie großen Anteil an seinem Ausbrechen die kritische Unzufriedenheit mit Ihren analytischen Praktiken und Ihrem therapeutischen Optimismus hat. Leid getan darum weil ich in diesen Punkten weitgehend auf seiner Seite bin und bei aller Sympathie für Ihre Person, aller Würdigung Ihrer Wirksamkeit, Ihre enthusiastischen verkürzten Analysen und Ihre Leichtigkeit in der Annahme von neuen Mitgliedern und Anhängern auch nicht gutheißen kann. Am liebsten wählte ich nicht zwischen Ihnen Beiden, behielte Beide mit Ihren Weichheiten und Schroffheiten und wünschte, dass Sie sich miteinander vertragen und füreinander ermäßigen."

Wie kommt es zu dieser so maßvollen Kritik? Wenn man die unbewussten Anteile Freuds einmal beiseite lässt und sich mit dem quellenmäßig Verifizierbaren begnügt, so sind zwei Gründe sicherlich plausibel:

1. Freud fürchtete sich schon längst *vor* dem Schweizer Konflikt vor einer Vorherrschaft der Ärzte. Das wird durch einen Brief an Ferenczi aus dem Jahre 1925 (Freud/Ferenczi Bd. III, 2, 49) deutlich, Freud wollte eine breite Bewegung und war sich darin mit dem Nicht-Arzt Pfister völlig einig. Pfisters breite Propaganda kam Freuds ehrgeizigen Phantasien sehr entgegen.

2. Ein weiterer Punkt dürfte wohl dort liegen, dass Freud in der therapeutischen Praxis theoretisch zwar sehr streng war, nicht aber in der Durchführung. Er schreibt gelegentlich recht offen, dass die Schriften zur Technik vor allem Leitlinien für Anfänger sein sollen. Aus den Berichten seiner Analysanden, zuletzt des Berners Ernst Blum wissen wir, wie viel Freiheit sich Freud herausnahm und manchmal ebenfalls sehr kurze Analysen machte, sogar auf Spaziergängen. Von daher konnte er Pfister nur halbherzig Vorwürfe machen.

Die Diskussion über die Spaltung in der Schweiz war bald zu Ende und wurde im Briefwechsel zwischen Pfister und Freud von der Kontroverse über Freuds Schrift „Die Zukunft einer Illusion" abgelöst. Die dissidente Gruppe löste sich 1938 mit dem Tod von Oberholzer auf und wurde nie Mitglied der IPV.

6. Die Zukunft einer Illusion

Zu den Merkwürdigkeiten der Beziehung zwischen Freud und Pfister gehörte, dass Freud Pfisters Pfarrersein durchaus respektierte, gelegentlich ihn zwar ein wenig neckte, aber nicht versuchte, ihn zum Atheisten zu bekehren, sondern dabei stehen blieb, die Religion selber zu hinterfragen. Andere Analytiker waren da viel offener. Am 22. März 1910 schrieb Ferenczi an Freud: „Pfister schrieb mir sehr ausführlich; ein sympathischer Mensch: Merkwürdigerweise glaubt er, dass ‚unser Freud die Theologie mit einer Methodik beschenkt hat, die für sie nicht weniger bedeutet als die Spektralanalyse für die Astronomie'. Er ahnt noch nicht, dass die zu Ende geführte analytische Auffassung mit der Theologie überhaupt aufräumt. Er wird noch darauf kommen" (Freud/Ferenczi Bd. I, 1, 232). Das habe ich bei Freud so nicht gefunden. Dieser kündigt Pfister am 16. Oktober 1927 seine neue Schrift über die „Illusion" mit folgenden Sätzen an:

„In den nächsten Wochen wird eine Broschüre von mir erscheinen, die viel mit Ihnen zu tun hat. Ich hätte sie nämlich längst schreiben wollen, aber mit Rücksicht auf Sie zurückgestellt, bis dann der Drang zu stark wurde. Sie behandelt – leicht zu erraten – meine durchaus ablehnende Einstellung zur Religion – in jeder Form und Verdünnung, und obwohl

Ihnen diese nicht neu sein kann, fürchtete ich doch, und fürchte es noch, dass Ihnen ein solch öffentliches Bekenntnis peinlich sein würde" (Freud/Pfister, 116).

Pfister reagiert auf diesen Brief, noch vor der Lektüre der Schrift, sehr grosszügig: „Ein geistesmächtiger Gegner der Religion nützt ihr sicherlich mehr als tausend nichtsnutzige Anhänger" (Freud/Pfister, 117). Das ist sicherlich richtig, lässt aber vielleicht auch ein Licht auf Pfister Einstellung zur Theologie seiner Gegenwart fallen, die von der beginnenden Dialektischen Theologie geprägt ist, mit der er wenig anfangen kann. Als er Freuds Schrift dann gelesen hat, reagiert er mit einem ebenso dankbaren wie auch kontroversen Gegenbrief, aus dem dann die Schrift erwächst „Die Illusion einer Zukunft". Für meine Einschätzung ist das eine der besten Schriften Pfisters, der überhaupt immer dann Profil gewinnt, wenn er eine gewisse Aggressivität entwickeln kann. Wenn ich versuche, die Tendenz dieser Gegenschrift zusammenzufassen, so stehen zwei Punkte im Vordergrund. Erstens: Rechtverstandene Theologie – d.h. liberale Theologie – ist keine Illusion, sondern die Realität der Liebe. Darin ist sie rechtverstandener Psychoanalyse ganz nahe. Zweitens: Freuds aufklärerischer Rationalismus gerät seinerseits in Gefahr, sich als das zu erweisen, was er an der Religion schmäht, nämlich als Illusion.
Auf den übrigen Inhalt dieser Schrift gehe ich hier nicht weiter ein, zumal das John Irwin 1973 ausführlich getan hat. Die Freundschaft zwischen Pfister und Freud wurde durch die Kontroverse eher noch vertieft.

7. Qualitätslose Triebe?

Pfisters Brief vom 16. November 1928 (Freud/Pfister, 134) nimmt ein Thema nochmals auf, das schon früher, vor allem im Brief 41 Freuds an Pfister angeklungen war. Hier hatte Pfister offensichtlich zunächst die Zerlegung der Libido in Partialtriebe bestritten, sich anscheinend aber später von Freud überzeugen lassen. Jetzt aber kommt er mit einer ähnlich gelagerten Frage zurück, die sich auf eine Bemerkung Freuds in den „Abhandlungen zur Sexualtheorie" bezieht (Freud GW V, 67, die Angabe in der Briefausgabe ist falsch). Dort hatte Freud anscheinend von qualitätslosen Trieben gesprochen, die erst durch ihre somatischen Quellen und Ziele ihre spezifischen Eigenschaften erhielten. Daran fügt er die Frage an, ob diese Eigenschaften „noch immer" unbewusst seien? Im folgenden Brief (Freud/Pfister, 136) schreibt Freud, dass ihm die Frage unverständlich sei, und er antwortet deshalb nicht. Freud versteht in seiner Antwort die Frage nicht und antwortet nicht. Aber mir scheint die Frage von Pfister in die Richtung zu gehen, dass er eher eine negative Antwort erhoffte. Dann wären die qualitätslosen Triebe allein die unbewussten und würden so helfen, „die organisierende Einheit des Individuums zu domizilieren". Darum geht es Pfister, und er richtet sich gegen die Gefahr, das Individuum mosaikartig zu verstehen. Anscheinend erhofft sich Pfister, die Einheit der Person auch als in der Trieborganisation begründet zu verstehen, während die Triebzerlegung erst ins Bewusste gehörte und damit sekundär wäre. Für einen Kantianer ist dieser Gedanke aber doch recht eigenartig und würde,

wenn meine Interpretation richtig ist, vielleicht einen Versuch darstellen, Freud
mit Kant zu versöhnen. Freud aber lässt sich auf diese Diskussion nicht ein. In
einer zweiten Frage weist er ihn sogar recht heftig zurück. Pfister hatte
ausprobiert, den Analysanden (ein weiterer Beleg, dass er diese also im Jahre 1928
schon längst hatte) schriftliche Zusammenfassungen der Deutungen zu diktieren,
damit sie sich diese richtig merken. Freud sagt mit aller Bestimmtheit, dass solche
Versuche „keinen technischen Wert haben".

Wie um das Maß des Widerspruchs gegen Pfister noch voll zu machen, fügt Freud
seinem Brief eine Schlussbemerkung an, die sehr berühmt geworden ist. Er fragt
Pfister, ob er das geheime Band zwischen der „Laienanalyse" und der „Illusion"
bemerkt habe. Mit der ersten Schrift habe er die Psychoanalyse vor den Ärzten,
mit der zweiten vor den Priestern schützen wollen. „Ich möchte sie einem Stand
übergeben, der noch nicht existiert, einem Stand von *welt*lichen Seelsorgern, die
Ärzte nicht zu sein brauchen und Priester nicht sein dürfen" (Freud/Pfister, 136).
Mit seiner glücklicherweise teilweise erhaltenen Antwort (Freud/Pfister, 137f.) ist
Pfister nun allerdings ganz in seinem Element. Analyse sei in der Tat eine weltliche Sache, in der nicht gepredigt werde. Pfister sagt sogar, er habe in „unzähligen
Fällen" nichts anderes getan. Auch der barmherzige Samariter habe keine Predigt
gehalten. Aber wenn ein Pfarrer nicht analysieren dürfe, weil ihn ethische Überlegungen leiten, dann dürfe überhaupt kein „ethisch tiefgrabender Mensch" analysieren. Und auch der Unglaube sei nicht etwa neutral, sondern „einfach negativer
Glaube". Psychoanalyse beseitige nicht Kunst, Philosophie und Religion, vielmehr
läutere sie. Auf diese, nach meiner Ansicht sehr bedenkenswerten Bemerkungen,
geht Freud nur ein, indem er abermals betont, dass die Psychoanalyse keinen Lebenssinn vermittle. Aber dass die Priester nicht Analytiker sein dürfen, das gelte
nur für die ferne Zukunft – eine Zukunft, so würde ich mit einem anderen berühmten Freud-Zitat sagen, in welcher der Intellekt herrscht. „In der Gegenwart",
so Freud, „sind mir ja auch die Ärzte recht, also warum nicht die Priester?"
(Freud/Pfister, 139).

Ein Jahr später ist Freuds Schrift „Das Unbehagen in der Kultur" erschienen und
wiederum ist Pfisters Reaktion erhalten (Freud/Pfister, 141f.). Pfister entschuldigt
sich für die so lange ausstehende Reaktion und meint, Freud habe dieses Zögern
auf Pfisters Unbehagen mit dem „Unbehagen" zurückgeführt. In der Tat sei das
der Fall, obwohl er zugibt, dass er das Buch auch mit sehr viel Freude gelesen
habe. Aber er störe sich an dem durchgehenden Pessimismus. Für ihn sei der Trieb
etwas „Progressivistisches", für Freud etwas Konservatives. Pfister sieht die Kultur
als Kulturprotestant voller Spannungen, in denen aber auch positive Strebungen zu
finden seien. Freuds Todestrieb sei kein eigentlicher Trieb, sondern das Nachlas-
sen des Lebenstriebes. In seiner Antwort bleibt Freud wiederum ganz auf seiner
Position. Der Todestrieb sei ihm „kein „Herzensbedürfnis" (Freud/Pfister, 144), er
erscheine nur als unvermeidliche Annahme aus biologischen wie aus psychologischen Gründen. Der Pessimismus sei ein Resultat dieser Erwägungen, der Optimismus hingegen eine (scil. nicht genügend begründete) Voraussetzung. Damit
schließt diese Debatte. Einen nächsten Hinweis auf seine Freudlektüre finden wir
im nächsten Brief Pfisters aus Berkeley, wo er an einem Vortrag arbeitet, den er in

New York halten wird: „Die Entstehung von Angst und Zwang in der israelitisch-christlichen Religionsgeschichte". Zum Thema des Sühnebedürfnisses erwähnt er, dass Freud es „prachtvoll herausgearbeitet" (Freud/Pfister, 146) habe, vermutlich eine Anspielung auf „Das ökonomische Problem des Masochismus" von 1924.

Noch eine letzte Schrift von Freud erwähnt Pfister ausführlich in einem Brief, der ebenfalls aus den USA abgesandt wird, „Das Ich und das Es". Pfister sagt, er habe sie vielleicht zum 10. Mal gelesen. Das ist einigermaßen verwunderlich, denn Pfister hatte mit den späten Theorien eher Mühe und hielt sich meist an die früheren Modelle. Noch erstaunlicher ist der Inhalt seines Lobes: Er schreibt, er habe „sich gefreut, wie Sie seit dieser Schrift sich den Gärten der Menschheit zuwandten, nachdem Sie zuvor mehr nur die Fundamente und Kloaken Ihrer Häuser untersucht hatten" (Freud/Pfister, 147). In etwas blumiger Sprache ist das ein Bekenntnis zur Ich-Psychologie, und tatsächlich erwähnte Pfister in seinem Brief vom 9. Februar 1929 (Freud/Pfister, 137) aus Zürich den führenden Ich-Psychologen Heinz Hartmann sehr anerkennend. Das ist deshalb nicht so verwunderlich, weil Ethik und überhaupt bewusste Werte in dieser Weiterentwicklung der Psychoanalyse gegenüber den unbewussten Phantasien viel stärker gewichtet werden. Und so ist denn auch der einzige Diskussionspunkt, den Pfister aus Freuds Schrift aufgreift, das Ich-Ideal. Freud sehe den Vorgang der Verinnerlichung des Ich-Ideals nur konservativ. Der Vater werde zum Ich-Ideal des Knaben, und damit komme es für Freud nur zu einer Abbildung des schon Vorgegebenen. Pfister stellt dem entgegen, dass der Knabe den *idealisierten* Vater verinnerliche, nicht wie dieser wirklich sei, sondern wie der Knabe ihn sich wünsche. Damit sei aber die Verinnerlichung des Ich-Ideales ein Beispiel dafür, „dass wir höhersteigen wollen" (Freud/Pfister, 148). Es ist leicht zu sehen, dass Pfister über das Ich-Ideal ähnlich denkt wie über den Trieb. Beides dient für ihn der Aufwärtsentwicklung des Menschen, um die es dem Kulturprotestanten Pfister immer geht. Und wenn das Ich-Ideal einmal hinterfragt werde, etwa durch eine Analyse, so bleiben seine wahrhaftigen Werte doch gültig. „Die Wiederherstellung dieses höchsten Sinnes führt zur Erlösung, Genesung." Man sieht deutlich, wie sehr Pfister in der Definition seiner Therapieziele von theologischen und philosophischen Voraussetzungen ausgeht, die Freud niemals in dieser Form mit ihm teilen würde. Mir scheint übrigens, dass Pfister mit diesen Argumenten zugleich dasjenige vorführt, von dem er spricht: er identifiziert sich mit dem hochidealisierten Freud, um gegen Freud stark zu sein, er tut das Gegenteil davon, den Teufel mit Beelzebul auszutreiben, er wehrt sich gegen Gott mit dem Obergott. Dieser Gott ist für Pfister identisch mit dem Gott Jesu in der Ausgestaltung durch den Kulturprotestantismus.

Freud antwortete darauf anscheinend nicht mehr. Im Mai 1931 hat er eine größere Operation hinter sich und hofft, „meinen alten, durch Gottes Gnade verjüngten, Freund, den Herrn Pfarrer bei mir zu sehen" (Freud/Pfister, 149), eine liebevoll ironische Anspielung auf Pfisters neuerliche Heirat. In einem Brief aus dem Jahre 1937 erwähnt Freud gegenüber Pfister eine in Arbeit befindliche Schrift: „Wiederum die Religion, auch für Sie nicht angenehm" (Freud/Pfister, 157). Es ist die Moses-Schrift, die Pfister aber möglicherweise zu Freuds Lebzeiten nicht mehr hat lesen können. In seinem späteren Buch „Das Christentum und die Angst" weist er Freuds Grundthese, die Identität des Gottes Echnatons mit dem „kriegerischen Nationalgott" des Moses, ziemlich harsch zurück (128, Anm. 35). Noch ein weiterer Punkt ist in diesem selben Buch auffällig. Freuds Schrift „Hemmung. Symptom, Angst", für die meisten heutigen Psychoanalytiker eine seiner wichtigsten Schriften überhaupt, erwähnt Pfister auf knapp 6 Zeilen (22). Der Eindruck drängt sich auf, dass Pfister sich mit dem Tode Freuds von diesem doch ein rechtes Stück weit getrennt hat und jetzt recht eigene Wege geht – der bewegende Kondolenzbrief an Freuds Frau erscheint dann wie ein Abschiedsgeschenk (Freud/Pfister, 158–161).

In allen ihren Stationen ist die Geschichte zwischen Freud und Pfister von Zuneigung und Ablehnung geprägt. Freud versucht Pfister auf den rechten Weg der Psychoanalyse zu führen, mit unendlicher Geduld, aber letztlich mit wenig Erfolg. Pfister wirbt bei Freud für die Werte eines aufgeklärten Christentums. Genauer, er wirbt nicht nur, sondern möchte Freud zeigen, dass er eigentlich diese Werte in seinem Werk, der Psychoanalyse, immer schon vertrete. Aber auch damit ist ihm bei Freud bis zum Schluss kein Erfolg beschieden.

Mit fast allen seinen Freunden hat sich Freud zerstritten. Mit Pfister blieb er verbunden, ebenso mit Lou Andreas-Salomé, die aber eine Frau war, Freud enorm bewunderte und zugleich seine Ideen kreativ weiter entwickelte. Und interessanterweise blieb er auch mit Ludwig Binswanger befreundet, obwohl dieser mit der Analyse sehr eigene Wege ging. Was ist der Grund? Freud und Pfister haben einander gut getan. Pfister hatte an ihm jemand, den er uneingeschränkt bewundern konnte, und Freud war, wie er oft schrieb, von der Liebenswürdigkeit Pfisters tief berührt. Aber ich vermute, dass noch etwas anderes hinzukommt. Adler, Jung, Rank, Ferenczi waren hochbegabte und profilierte Denker, die mit Freud durchaus konkurrieren konnten. Pfister war zwar ebenfalls ein scharfsinniger und vielseitig gebildeter Mann, aber er hatte gegenüber Freud in der Psychoanalyse nie eine wirkliche Gegenposition, vielmehr praktizierte er, so muss ich es wohl doch sagen, eine Trivialversion und dachte auch so. Damit wurde er Freud nie gefährlich, zumal er in seinem therapeutischen Aktionismus etwas tat, wogegen auch Freud nicht gefeit war. Dass Pfister überdies, ich sagte es schon, die ehrgeizige Seite Freuds voll unterstützte, war ein weiteres Band zwischen beiden.

Pfisters Verdienst für die heutige Pastoralpsychologie ist, dass er die richtigen Fragen aus einer psychologischen Perspektive schon zur Unzeit gestellt hat. Seine bisher nicht erwähnte Schrift „Das Wesen der Offenbarung" (1927) ist in dieser Hinsicht interessanter als fast alles, was er über Seelsorge geschrieben hat. Er hat die Defizite einer psychologisch nicht reflektierenden Theologie klar erkannt, wenn auch wohl nicht aufgelöst. Als „Vater der Seelsorgebewegung" ist er Historie, und man sollte ihn mit seiner speziellen und persongebundenen Form einer „analytischen Seelsorge" auch dort lassen. Seine enge Verbindung von Psychoanalyse und liberalem Kulturprotestantismus befrachtet die Analyse mit Werten, die sicherlich nicht schlecht sind, aber gerade von ihr her immer wieder hinterfragt statt einfach vorausgesetzt werden müssten.

Die Psychoanalyse als eine differenzierte therapeutische Technik ist kein unmittelbares Vorbild für die Seelsorge: Ich würde Theologen heutzutage eine Seelsorgetheorie und eine Praxis empfehlen, die differenziert und selektiv auf die Psychoanalyse Bezug nimmt. Es geht nicht darum, eine redimensionierte Analyse zu betreiben, sondern von der Psychoanalyse als Theorie und als Technik ein Licht auf das seelsorgerliche Gespräch fallen zu lassen. In analoger Weise wirkt auch die evangelische Botschaft ins Seelsorgegespräch ein, ohne dieses zur Predigt zu machen.

Entscheidend sind für mich aber nicht einzelne Inhalte der Psychoanalyse, ob diese nun traditionell freudianisch sind, der Tradition Melanie Kleins oder noch einer anderen Schule entstammen, sondern deren grundsätzlicher Ansatz bei der Subjektivität des Ratsuchenden. Dafür bleibt der individualistische Ansatz Freuds und natürlich auch Pfisters durchaus vorbildlich. Seelsorge ist für mich der Ort, an dem die Klage und die Not des Einzelnen gehört und aufgenommen wird. Sie kann auf diese Weise diesem Einzelnen das Gefühl geben, nicht allein zu sein, dass jemand ihn in seiner Angst annimmt und hält. Seelsorge richtet sich zunächst meist auf die Alltagssorgen, aber sie versucht, diese auch in einer neuen Dimensionen zu zeigen und damit dem Ratsuchenden ein wenig Klarheit zu verschaffen. Eine Seelsorge, die den individualistischen Ansatz der Psychoanalyse aufnimmt und dafür von Freud und auch von Pfister etwas lernen kann, braucht den Ratsuchenden nicht zu schnell mit seiner Umgebung zu versöhnen, sondern darf auch zulassen, dass er im Gegensatz zu ihr bleibt.

Literatur

Freud, Sigmund / Ferenczi, Sandor (1993–2005): Briefwechsel Bde I,1–III,2, hg. v. Eva Brabant / Ernst Falzeder / Patrizia Giampieri-Deutsch, Wien u.a.

– / Jung, Carl Gustav (1974): Briefwechsel, hg. v. William McGuire / Wolfgang Sauerländer, Frankfurt a.M.

– / Nachmansohn, Max (2006): Briefwechsel, in: Katalog der Auktion 6 vom 23./24. Februar 2006, Moirandat Company Basel, 86.

– / Pfister, Oskar (1965): Briefe 1909–1939, hg. v. Ernst Freud / Heinrich Meng, Frankfurt a.M.

Irwin, John E. G. (1973): Pfister und Freud: Die Wiederentdeckung eines Dialogs, in: WzM 25, 455–465.

Lee, David D. (2002): Oskar Pfister, in: Dictionnaire International de la Psychanalyse (Sous la Direction de Alain de Mijolla), Paris, 1214–1217.

Meerwein, Fritz (1979): Reflexionen zur Geschichte der Schweizerischen Gesellschaft für Psychoanalyse in der deutschen Schweiz. Bulletin der SGPsa. Nr. 9, 25–39.

Müller, Christian (2005): Der Briefwechsel zwischen Henri Ellenberger (1905–1993) und Oskar Pfister (1873–1956), in: ders., Abschied vom Irrenhaus, Bern, 115–144.

Pfister, Oskar (²1975): Das Christentum und die Angst, Olten.

Walser, Hans H. (1982): Psychoanalyse in der Schweiz, in: Kindlers Psychologie des 20. Jahrhunderts, Tiefenpsychologie Bd. 2, Lizenzausgabe Weinheim, Basel, 455–481.

„Deine Ehrfurcht und meine Liebe" – Oskar Pfister (1873–1956) und Albert Schweitzer (1875–1965)[1]

Isabelle Noth

„Verehrter lieber Herr Pfister

Tausend Dank für die Übersendung Ihrer beiden Schriften. Ich habe die Arbeit bei Seite gelegt und beide in einem Zuge gelesen. Sie können denken, wie sie mich als Theologen und als Arzt gefesselt haben. Bei ‚Ein neuer Zugang' ist mir erst klar geworden, wie Sie die Psychoanalyse in der Seelsorge verwendet wissen wollen und viele Bedenken, die ich früher hatte, sind dadurch zerstreut (...).
Noch eine Bitte. Seien Sie so gut mich von allem auf psychoanalytischem Gebiete Wichtigen auf dem Laufenden zu erhalten (...). "[2]

So beginnt der erste uns erhaltene Brief Albert Schweitzers an Oskar Pfister. Dass der berühmte Urwald-Doktor mit dem „merkwürdigen" Zürcher Pfarrer über Jahrzehnte hinweg korrespondierte, war vielen bisher unbekannt. Der Briefwechsel lag über fünfzig Jahre lang in den *Archives centrales Albert Schweitzer* in Günsbach im Elsaß brach. Vor kurzem ist er nun im Beck-Verlag in einem beträchtlichen Konvolut neben anderen Quellen veröffentlicht worden. Fast vierzig Schreiben sind nach heutigem Wissensstand erhalten geblieben; das erste, aus dem ich zitiert habe, datiert vom Oktober 1920 und das letzte vom Dezember 1947, eine undatierte Karte stammt vermutlich von 1951. Das heißt, der Briefwechsel erstreckt sich über einen Zeitraum von dreißig Jahren. In einem ebenso langen schriftlichen Austausch stand Oskar Pfister mit Sigmund Freud.
Ich beginne meinen Beitrag mit der Frage, welche biografischen Prägungen Pfister beim Aufbau seines Beziehungsnetzes mitbeeinflusst haben und zwar im Hinblick auf seine lebenslange Freundschaft mit Sigmund Freud **und** mit Albert Schweitzer. Ich führe dann zweitens in Pfisters Briefwechsel mit Schweitzer ein und schließe drittens mit deren Auseinandersetzung über Ehrfurcht und Liebe.

---

[1] Vortrag gehalten am 11. November 2006 auf der Tagung „Die Anfänge der theologischen Rezeption der Psychoanalyse in der Schweiz" an der Universität Bern. Der Vortragsstil wird im Wesentlichen beibehalten.

[2] Briefwechsel Albert Schweitzer und Oskar Pfister: Schweitzer an Pfister am 22.10.1920, in: Albert Schweitzer. Theologischer und philosophischer Briefwechsel 1900–1965, hg. v. Werner Zager, München 2006, 559–605, hier 560.

1. Biografische Aspekte

Mitte der 20er Jahre des vergangenen Jahrhunderts erhielt Oskar Pfister die ehrenvolle Anfrage, in einem Band über „Die Pädagogik der Gegenwart" eine Selbstdarstellung beizutragen. Pfister verfasste einen Schlüsseltext zu seinem Verständnis von Psychoanalyse und ihrer praktischen Anwendung und zum Verständnis seiner selbst. Denn dass sein Verständnis der Psychoanalyse nicht von seiner Person zu trennen sei, machte Pfister seinen LeserInnen gleich einleitend klar. Er tat dies, indem er die Quintessenz eines seiner früheren Aufsätze wiedergab. Es handelte sich um den Lieblingsaufsatz Albert Schweitzers, nämlich „Zur Psychologie des philosophischen Denkens" von 1923. Schweitzer schrieb Pfister, er hätte diese Schrift „*sofort gefressen! So etwas Packendes hast du überhaupt noch nicht geschrieben!*"[3] Pfister fasste den Hauptgedanken dieser Schrift in der Einleitung seiner Selbstdarstellung so zusammen:

„*... alle Philosophie, sie mag sich noch so objektiv gebärden, (trägt) den Charakter einer Selbstdarstellung ihres Urhebers ... Jeder Philosoph bringt, indem er seine Lehre darstellt, etwas von seiner geistigen Physiognomie zum Ausdruck. Das Ergebnis des Philosophierens ist zugleich in gewissem Sinne sein Subjekt, denn immer projiziert der Philosoph die Grundzüge seiner Individualität in die tiefsten Wesensgründe der Wirklichkeit*".[4]

Von Ferne klingt hier Albert Schweitzers Fazit seiner „Leben-Jesu-Forschung" von 1913 an, nämlich dass es keine objektive Darstellung des Lebens Jesu gibt, sondern nur persönlich bzw. zeitgeschichtlich gefärbte Jesusbilder.[5]
Der Titel, den Pfister für den ersten Abschnitt seiner Selbstdarstellung wählte, ist bezeichnend. Er lautet: „*Wie ich in die analytische Pädagogik hineinwuchs*" – also nicht etwa, wie er sie entdeckte, sie erfand, wie sie Produkt seiner geistigen Tätigkeit war, sondern wie er in sie „hineinwuchs", wie sie Frucht seiner biografischen Entwicklung, seines persönlichen Werdeganges war.
Gleich im nächsten Satz kommt Pfister auf seinen Vater zu sprechen. Dieser war auch schon Pfarrer. Am Bett eines an Diphtherie erkrankten Kindes, das mangels einer Operation später sterben musste, fasste dieser den Entschluss, „*Medizin zu*

---

[3] Schweitzer an Pfister am 18.1.1924, 582. In diesem Werk zeigt Pfister u.a. auf, inwiefern philosophische Lehren nicht bloß als intellektuelle, sondern mindestens ebenso sehr als affektive Äußerungen zu betrachten sind. Mancher Philosoph hänge „am Gängelbande seines Unbewußten" (81). Zu Schweitzers schon in seiner Kindheit von seiner Tante bemerkten und getadelten „Verschlingen der Bücher" vgl. dens. (1991 [1924]): Aus meiner Kindheit und Jugendzeit, München, 41f.

[4] Oskar Pfister (1927): Oskar Pfister, in: Die Pädagogik der Gegenwart in Selbstdarstellungen, Bd. 2, hg. v. Erich Hahn, Leipzig, 160–207, hier 161f. *[= SD]*.

[5] Vgl. Ulrich J.H. Körtner (2001): Konsequente Eschatologie. Jesusbild und Ehrfurcht vor dem Leben, in: Zeitschrift. Reformatio 3, 153–159, hier 154: „Überzeugend wies Schweitzer ... nach, dass alle Versuche des 18. und 19. Jahrhunderts, hinter dem Christusbild der kirchlichen Dogmatik den historischen Jesus freizulegen, gescheitert sind – und scheitern mussten. Noch jede vermeintlich objektive Darstellung des Lebens Jesu sagt mehr über das Jesusbild des jeweiligen Verfassers als über den tatsächlichen Jesus aus."

studieren, um Leibes- und Seelenarzt gleichzeitig sein zu können" (SD, 163). Doch bevor er dieses zweite Studium abschließen konnte, starb er. Oskar Pfister war gerade drei Jahre alt.

Indem Pfister seinen Beitrag so einleitet, teilt er indirekt mit, dass seine eigene Berufung, Menschen zu helfen und fächerübergreifend zu vermitteln, im unerfüllten Wunsch seines Vaters gründe bzw. zumindest in einem Zusammenhang mit diesem stehe. Pfister betont in seinen Schriften immer wieder, dass er sich selber einer Analyse unterzogen hätte. Art und Auswahl seiner Schilderungen sind Frucht seiner Beschäftigung mit sich selber. Im väterlichen Wunsch – so die Verstehensweise Pfisters – wurzle sein eigener unerschütterlicher Einsatz für Freuds Verbindung von Medizin und Psychologie bzw. seine eigene Synthese von Psychoanalyse und Theologie, nämlich in Gestalt der so genannten analytischen Seelsorge. Freud habe Pfister ermöglicht, den Wunsch seines Vaters, Medizin und Seelsorge zu verbinden, in modifizierter Form einzulösen.[6]

Und wie steht es nun mit Oskar Pfister und Albert Schweitzer? Schon Eckart Nase wies 1993 in seiner Dissertation auf die „tiefe innere Verwandtschaft der beiden Männer" hin (514). Woher rührte diese? Ich versuche, einige Gemeinsamkeiten aufzuzählen:

Beide erfuhren eine ähnliche religiöse Sozialisierung, beide waren Pfarrersöhne, beide studierten Theologie und Philosophie, auch in Berlin, der eine promovierte über die Religionsphilosophie Biedermanns, der andere über jene Kants, beide hatten eine Verbindung zum Herrnhuter-Dorf Königsfeld im Schwarzwald (vgl. Nase, 157 [Anm. 102]) – Pfister verbrachte dort einige Jahre nach dem Tod des Vaters, Schweitzer baute sich und seiner Familie im Luftkurort ein Haus –, beide lehnten die Universitätskarriere ab – Schweitzer verzichtete schriftlich auf die *Venia legendi*, Pfister lehnte mehrmals Lehrstuhl-Angebote ab –, beiden war ein lebendiger Glaube nur einer, der sich auch in der Tat äußert, beide setzten sich für die Mission ein – der eine wurde selber Missionar, der andere Vorsitzender einer Missionsgesellschaft –, beide verband die Liebe zur Musik (vgl. Nase, 160f.), beide verglichen ihr Leben am Ende ihrer Jahre mit einer „Symphonie".[7]

Zahlreiche Gemeinsamkeiten lassen verstehen, weshalb die beiden einander freundschaftlich verbunden waren, und doch fehlt in dieser Aufzählung vermutlich das Ausschlaggebende:

Albert Schweitzer war die lebendige Verkörperung dessen, was Pfisters Vater sich wünschte, ihm jedoch versagt blieb: Albert Schweitzer verwirklichte die Verbin-

---

[6]   Eckart Nase (Oskar Pfisters analytische Seelsorge. Theorie und Praxis des ersten Pastoralpsychologen, dargestellt an zwei Fallstudien. Berlin/New York 1993) erkennt gar einen „Zug, den väterlichen Lebensplan überbietend erfüllen zu wollen" (128). Zum Einfluss C.G. Jungs, der Pfister 1908 in die Psychoanalyse einwies und 1909 seinen Aufsatz über „Die Bedeutung des Vaters für das Schicksal des Einzelnen" veröffentlichte, vgl. ebd., 121 (Anm. 2). Nase zieht das Fazit: „Dem Vaterbild Pfisters liegt also kaum eine reale Beziehung zugrunde. Umso stärker und bestimmender müssen seine Phantasien gewesen sein. Umso intensiver muss die ‚recherche de la paternité' gewesen sein" (121).

[7]   Pfister an Schweitzer am 19.12.1947, 604 und Schweitzer in: 20. Rundbrief für den Freundeskreis von Albert Schweitzer (1962), 53, zitiert in: Harald Steffahn (1983): Albert Schweitzer, Reinbek bei Hamburg, 124. Vgl. Nase (1993), 161.

dung von Theologie und Medizin in Personalunion. Dies dürfte ihn für Pfister so ausgesprochen interessant gemacht haben, zumal Pfister selbst mit dem Gedanken gespielt hatte, Medizin zu studieren, wovon Freud ihm jedoch abriet.[8]

Wenn Pfister in Freud – so Eckart Nase – „endlich den väterlichen Widerpart und Freund gefunden hat (…), den er brauchte" (158), bzw. „eine Vatergestalt (…), die er mit guten Gründen maßlos bewundern konnte, mit der er sich aber auch (…) auseinandersetzen konnte" (159), so hat Pfister in dem Theologen und Mediziner Albert Schweitzer, in „Albertus Magnus evangelicus",[9] wie er ihn zuweilen nannte, einen Bruder und Freund gefunden, den er ebenfalls außerordentlich bewundern und mit dem er sich stark identifizieren konnte (vgl. Nase, 514). Dies widerspiegelt sich auch in ihrem Briefwechsel.

2. Ausgewählte Schwerpunkte des Briefwechsels

Vorbemerkung: Die Korrespondenz zwischen Pfister und Schweitzer umfasst der Beck-Edition zufolge 39 Briefe. Brief Nr. 21 vom 19. März 1924, verfasst „auf der Reede von Accra", erweckt erhebliche Zweifel, ob er zu Recht in diesem Band aufgenommen wurde. Es ist zwar ein Brief von Schweitzer, aber er kann m.E. kaum an Pfister gerichtet sein – eine Anrede fehlt, man hat Pfister als vermeintlichen Empfänger also erst nachträglich eruiert. Am 26. Mai 1922 besuchte Schweitzer Pfister in Zürich, und hier müssen die beiden einander das Du angetragen haben. Ab Brief Nr. 9 vom 6. Juli 1922 duzen sie einander ohne Ausnahme. In Brief Nr. 21 wird der Empfänger jedoch gesiezt; zudem wird er auf seine Tochter angesprochen – Pfister hatte keine eigene. Aus diesen Gründen denke ich, dass wir von 38 erhaltenen Briefen auszugehen haben.

Ich konzentriere mich nun auf ausgewählte Schwerpunkte des Briefwechsels und auf Unbekanntes und Auffälliges, wobei ich das Gewicht auf die Schlüsselbegegnung der beiden Männer vom 26. Mai 1922 lege. Ich lese Ihnen nochmals – etwas ausführlicher – den Beginn der Korrespondenz vor, nämlich den Anfang des ersten erhaltenen Briefes von Schweitzer an Pfister:

„Verehrter lieber Herr Pfister

Tausend Dank für die Übersendung Ihrer beiden Schriften. Ich habe die Arbeit bei Seite gelegt und beide in einem Zuge gelesen. Sie können denken, wie sie **mich als Theologen und als Arzt** *gefesselt haben. Bei „Ein neuer Zugang" ist mir erst klar geworden, wie Sie die Psychoanalyse in der Seelsorge verwendet wissen wollen und viele Bedenken, die ich früher hatte, sind dadurch zerstreut, dass ich nun sehe, welche Fälle Sie in Betracht ziehen. Hier muss ich sagen, dass Sie dann wirklich Macht über Geister haben, vor denen andere ohnmächtig stehen und freue mich, dass solche Macht den Menschen gegeben ist. Ich bewundere nicht nur Ihre Kenntnisse, sondern auch Ihre Gabe. (...)*
Noch eine Bitte. Seien Sie so gut mich von allem auf psychoanalytischem Gebiete Wichtigen auf dem Laufenden zu erhalten ..." (560; Hervorhebung IN).

---

[8] Vgl. Peter Gay ([5]2004): Freud. Eine Biographie für unsere Zeit, Frankfurt a.M., 218.

[9] Oskar Pfister (1955): Albert Schweitzer und die ökumenische Bewegung, in: Ehrfurcht vor dem Leben. Eine Freundesgabe zum Geburtstag von Albert Schweitzer, Bern, 205–219, hier 209.

2.1 Klagen

Schweitzer fühlt sich von Pfisters Schriften – es handelt sich um „Ein neuer Zugang zum alten Evangelium" (1918), das Vorläuferwerk seiner „Analytische(n) Seelsorge" von 1927, und um „Die Entwicklung des Apostels Paulus" (1920) – gleich zu Beginn sowohl als Theologe wie auch als Arzt gefesselt, und er bekundet sein großes Interesse für die Psychoanalyse, über die er gerne weiter informiert werden möchte.

Er selber steckt mitten in der Endredaktion seiner Kulturphilosophie und zeigt schon in seinem ersten Brief Ansätze jener Klage, der man in zunehmend variantenreicher Form in fast jedem Schreiben Schweitzers begegnen wird. Hören Sie ein paar Beispiele aus verschiedenen Briefen: „Ich arbeite furchtbar" (561), „bin sehr erschöpft" (562), „Zu müde weiter zu schreiben" (563), „arbeite über meine Kraft" (566), „grausige(r) Müdigkeit" (570), „Ich brauche so viele Nachsicht, da ich ja wohl die Seele, aber nicht das Leben eines normalen Menschen habe" (582), „ertrinke in der Arbeit" (595). So klingt es dreißig Jahre lang. Ganz anders Pfister. Ich lese Ihnen z.B. seine Reaktion in Brief Nr. 16 vom 3. Oktober 1922 vor: „Ich arbeite auch sehr viel. Ich weiß nicht einmal, wie viele Abhandlungen & Monographien ich gegenwärtig in der Presse habe. Aber ich bin fast nie müde, & wenn ich's bin, schlafe ich es meistens sofort weg" (577).

Schweitzer klagt: „In einem Sack schleife ich 4 Kilo unbeantworteter Briefe mit! ... Es ist keine Existenz mehr" (566), worauf Pfister, damit Schweitzer überbietend, antwortet: „Ich trage nicht nur 4 kg unbeantworteter Briefe, sondern hie & da Zentnerlasten mit mir herum ... aber ich rapple mich immer wieder auf und sage mir, dass es oft sittlicher ist, unhöflich zu sein, als seiner höheren Lebensaufgabe untreu zu werden" (567).

Die anhaltenden Klagen Schweitzers mobilisieren zuweilen Pfisters therapeutisches Mitgefühl. So schreibt er einmal: „Deine Müdigkeit schmerzt mich." Und fragt besorgt weiter: „Stecken wohl keine psychischen Verklemmungen dahinter?" (574)

Auch Schweitzers Schreibkrämpfe beschäftigen Pfister.[10] Am 8. Mai 1922 meint er, beim nächsten gemeinsamen Treffen „könnten wir auch von Ihrem Schreibkrampf reden, der natürlich mit speziellen Hemmungen zusammenhängt. Wenn es Sie interessiert, werden wir die Hauptdeterminanten ausgraben, aber dass sich die Sache sofort beseitigen lässt, kann ich nicht versprechen, obwohl ich öfters das Glück hatte, solche kleinen Bindungen in kurzer Zeit analytisch zu beseitigen" (569). Am 14. Mai 1925 – also fast genau drei Jahre später – klingt es schon viel selbstbewusster: „... den Schreibkrampf lässest Du mich wegbringen, wenn Du wieder in Zürich bist. Ich habe in dieser Spezialität viel Erfahrung. **Und einen so lieben, feinen, gescheiten Menschen zu analysieren, muss ja ein Hochgenuss sein. Und**

---

[10] Schon 1918 hielt Pfister just in jener Schrift, die Schweitzer in seinem ersten Brief an ihn lobend erwähnte, fest: „fast alle Schreib-, Wein- und Lachkrämpfe sind unterschwellig bedingt" (Ein neuer Zugang zum alten Evangelium. Mitteilungen über analytische Seelsorge an Nervösen, Gemütsleidenden und anderer seelisch Gebundenen, Gütersloh 1918, 94).

wenn der Krampf vorbei ist, spielst Du mir auf meiner Orgel (...) eine Bach-Fuge vor, gelt?" *(591; Hervorhebung IN)* Bei solchen Aussagen wird besser verständlich, weshalb es – wie Kaspar Weber in seiner „kurzgefassten Geschichte der Psychoanalyse in der deutschen Schweiz" festhält – schon wenige Jahre nach der 1919 erfolgten Gründung der *Schweizerischen Gesellschaft für Psychoanalyse* zu einem heftigen Konflikt kam, „dessen Anlass der Behandlungsstil" Pfisters war, nämlich seine „Kurzanalysen ohne Bearbeitung von Widerstand und Übertragung".[11] Genau zu dieser Zeit schrieb Pfister das vorhin Zitierte.

2.2 Mission

Die Korrespondenz zwischen Pfister und Schweitzer ist inhaltlich zuerst motiviert von ihrem gemeinsamen Einsatz für die Mission. Immer wieder wird von der *„Sache, die uns lieb ist",* geschrieben (567). Pfister war Mitglied des liberalen evangelisch-protestantischen Missionsvereins, dessen Schweizer Zweig sich später zur so genannten Schweizer Ostasien-Mission verselbständigte. Von 1937 bis 1946 war er gar ihr Zentralpräsident. In seinem Lebensrückblick anlässlich seines 80. Geburtstags im Jahre 1953 hielt er fest: *„Wie viele Sitzungen in der Schweiz und Deutschland ich (...) abhielt, wie viele hunderte von Briefen und dutzende von Briefordnern ich der Mission widmete, kann ich heute nicht mehr ausrechnen. Ich leistete die Arbeit gern, bis die neue schweizerische Vereinsleitung in schroffer und geradezu brutaler Weise das Band, das uns mit der deutschen Schwestersektion zur allgemeinen Befriedigung vereinigt hatte, in Tagen des Unglückes durchschnitt, worauf ich mich von der schweizerischen Mission, der ich ein Menschenalter treu und oft unter sehr schwierigen Verhältnissen seit 1897 gedient hatte, völlig zurückzog am 15. Mai 1946 (...) Dafür schloss ich mich enger an die Mission meines lieben Duzfreundes Albert Schweitzers an".*[12]
Die ersten Briefe Pfisters und Schweitzers der Jahre 1920/21 handeln von Interna, v.a. von der Bewältigung einer mit der Organisation des Vereins und der Position des Missionsdirektors zusammenhängenden Krise. Pfister sammelt Gelder für Schweitzer und möchte ihn fester an den Missionsverein binden, wirbt um ihn, will ihn in den Vorstand aufnehmen, doch ohne Erfolg.
Pfister thematisiert immer wieder die Frage nach Schweitzers Verhältnis zum Verein (vgl. 569). Von besonderem Interesse sind verschiedene zeitgeschichtliche Hinweise. Pfister kämpft für eine internationale Öffnung des Geschäftsausschusses, um nationalen Tendenzen Einhalt zu gebieten. Anfang 1922 schreibt er: *„Vom deutschen Zweig unsres allgemeinen Missionsvereins trennt uns immer empfindlicher die Stellung zur vorhandenen Kultur. Während wir Schweizer diese bitter beklagen, sind die Deutschen von der Herrlichkeit der „deutschen" Kultur über-*

---

[11] Kaspar Weber (2002): Kurzgefasste Geschichte der Psychoanalyse in der deutschen Schweiz, in: Bulletin der Blum-Zulliger-Stiftung Bern, Nr. 13, 87–90, hier 88.

[12] Oskar Pfister, Geburtstagsansprache zur Feier meines 80. Geburtstages (23. Februar 1953) auf Wunsch meiner lieben Ehefrau Martha Pfister-Urner aufgezeichnet, 51f. [handschriftliches Manuskript]. Ich danke E. Nase für die Gewährung der Einsichtnahme. Vgl. dazu Nase (1993), 443.

zeugt. Der gefangene Löwe liebt seinen Wärter, der ihn gefangen hält" (568). Von der Öffnung des Geschäftsausschusses in Richtung einer internationalen Vertretung verspricht sich Pfister eine Eindämmung dieses nationalistischen Denkens: *„Wenn uns dann noch einer Nationalmist in die Milch der Mission werfen will, sind wir rasch mit ihm fertig" (571).*

Wir erfahren weiter, dass Schweitzer mit dem Gedanken liebäugelt, ein zweites Spital in Kamerun zu erbauen, und dies seinem Freund anvertraut (vgl. 579).

Der Briefwechsel gibt insgesamt Aufschluss darüber, welche Bedeutung Pfister der Mission einräumt und wie sie ihn mit Schweitzer verbindet. So schreibt er diesem am 12. Juli 1922: *„Die Mission ist das Gebiet, wo die gräuliche Verweltlichung des Christentums am ehesten überwunden werden kann. ... Wir müssen in der Kirche überall kompromisseln und daher das Evangelium kompromittieren"* *(571).* Die Mission bildet für Pfister einen Kontrapunkt zu seinem Pfarralltag, einen Kontrapunkt zur volkskirchlichen Situation. Hier steht Pfister ganz in der Tradition des frühen Pietismus mit seiner Kirchenkritik und seiner Betonung eines lebendigen, tätigen Glaubens. Dass dieser Pfister und Schweitzer einigende Glaube zuweilen auch Züge kultureller und ethnischer Superioritätsgefühle nicht ganz ausschließt, sei hier nicht verschwiegen.[13]

2.3 Die Entstehungsbedingungen von Schweitzers autobiografischer Schrift *„Aus meiner Kindheit und Jugendzeit" (1924)*

Besonders aufschlussreich ist der Briefwechsel hinsichtlich der Entstehungsbedingungen von Schweitzers weltberühmter Erzählung „Aus meiner Kindheit und Jugendzeit" von 1924, die sich geradezu „einem ,psychoanalytischen Augenblick' verdankt."[14]

In seiner Autobiographie „Aus meinem Leben und Denken" von 1931 hielt Schweitzer folgendes fest: *„Daß ich über dem Packen (für den zweiten Afrika-Aufenthalt 1924 bis 1927) noch meine Kindheits- und Jugenderinnerungen niederschrieb, hängt mit einer Begegnung zusammen, die ich mit meinem Freunde Dr. O. Pfister, dem bekannten Zürcher Psychoanalytiker, hatte. Im Frühsommer 1923 (...) hatte ich zwei Stunden Aufenthalt in Zürich und kehrte bei ihm ein. Er tränkte mich und gab mir Gelegenheit, den müden Leib auszustrecken. Zugleich aber* **nötigte** *er mich, ihm Begebenheiten aus meiner Kindheit, wie sie mir gerade in den Sinn kämen, zu erzählen, zur Verwertung in einer Jugendzeitschrift. Später ließ er mir dann das, was er in jenen zwei Stunden nachstenographiert hatte, zukommen. Ich bat ihn, es nicht zu veröffentlichen, sondern es mir zur Vervollstän-*

---

[13]   So schreibt Schweitzer am 19.12.1924 an Pfister, er könne nur kurz reagieren: „Das wirst Du verstehen, wenn Du einmal in der Mordshitze (...) Arzt und Baumeister gewesen bist und in letztere Eigenschaft den Spaten geführt, auf dem Dach gesessen bist und mit den sich dumm und träg anstellenden, und sich auf jede Weise vor der Arbeit drückenden Negern herum gebrüllt hast" (588). Vgl. auch unter 3.

[14]   Peter Koller (1976): Todestrieb im Protestantismus. Eigentümlichkeiten protestantischen Lebens analysiert an Pfarrer-Autobiographien, Zürich, 135.

*digung zu überlassen. Kurz vor meiner Abfahrt nach Afrika (...), schrieb ich als
Schlusswort zum Erzählten Gedanken nieder, die mich im Rückblick auf meine
Jugend bewegten."*[15]

Dank des Briefwechsels zwischen Pfister und Schweitzer erfahren wir mehr über
die Umstände der Entstehung dieses Büchleins, das Generationen geprägt hat:
Schon in seinem Brief vom 8. Mai 1922 – also kurz vor ihrer Begegnung – verlieh
Pfister seiner Hoffnung Ausdruck, dass Schweitzer ihm *„recht viel von sich er-
zählen werde(n), damit ich der Jugend ein lebendiges Bild malen kann"* (568).
Schweitzer besuchte Pfister nicht erst „im Frühsommer 1923", sondern schon ein
Jahr zuvor, nämlich genau am 26. Mai 1922 (vgl. 571, Anm. 45) und erzählte und
diktierte ihm in Zürich seine Jugenderinnerungen. Am 12. Juli 1922 bedankte sich
Pfister bei ihm: *„Mir war es eine unendliche Freude, in Deinen Entwicklungsgang
blicken zu dürfen"* (571). Noch 1954 erwähnt Pfister in einem 2005 von Christian
Müller veröffentlichten Briefwechsel mit seinem früheren Analysanden Henri
Ellenberger, dass Schweitzer ihm *„sein Jugendbuch diktiert"* hätte.[16]

Pfister schickte Schweitzer die Umschrift am 15. August 1922 zum Redigieren zu
(vgl. 572). Statt sie nun korrigiert und um einen Schluss ergänzt an Pfister zurück
zu schicken, teilt ihm Schweitzer am 27. September mit, er schicke ihm nun nicht
wie ursprünglich vereinbart eine Überarbeitung seines Manuskriptes zu, *„sondern
etwas ganz Neues"* (575). Ihm sei u.a. bewusst geworden, *„ dass so Intimes eigentlich als Selbsterzähltes auftreten muss"* (575). Er entschuldigt sich bei Pfister für
dessen Mühe.

Was ist geschehen?

Es scheint, Schweitzer hätte eine Art Verfügungsgewalt über seine Kindheits- und
Jugenderinnerungen behalten wollen; er verwendete wohl Pfisters Aufzeichnun-
gen als Grundlage, doch formte er daraus – wie er selber schreibt – *„etwas ganz
Neues".*

Auf Schweitzers Entschuldigung erwidert Pfister großzügig: *„Meine ungenügende
Arbeit hat Dich zu einer vollwertigen veranlasst"* (576). Pfister listet verschiedene
Verbesserungsvorschläge auf, die Schweitzer jedoch samt und sonders nicht übernommen hat, wie ein Vergleich mit dem gedruckten Werk zeigt. Ob es absichtlich
oder aus Zeitmangel und Überforderung geschah, muss offen bleiben. Sicher jedoch ist, dass Schweitzer es Pfister nie vergessen hat und sich noch in einem Brief
am 30. Dezember 1923 bei ihm bedankt, dass er *„zum Anlass"* (579) wurde für das
Büchlein. Wieso wurde er nicht auch – wie urspünglich geplant – dessen Heraus-
geber?

Schweitzer schreibt in seiner Autobiographie, Oskar Pfister, „der bekannte Zürcher Psychoanalytiker" – nicht Pfarrer! –, hätte ihn *„genötigt"*, aus seiner Kindheit
zu erzählen – ein verräterischer Begriff. Wie wenn es ihm im Nachhinein nicht so
ganz wohl gewesen wäre, ändert Schweitzer das vereinbarte Vorgehen. Ob der

---

[15]   Schweitzer, Aus meiner Kindheit und Jugendzeit, 74. Hervorhebung IN. Auf das „verräterische"
        Wort „nötigen" wies schon Koller (1976, 137) hin.

[16]   Christian Müller (2005): Der Briefwechsel zwischen Henri Ellenberger (1905–1993) und Oskar
        Pfister (1873–1956), in: ders., Abschied vom Irrenhaus. Aufsätze zur Psychiatriegeschichte, Bern,
        115–143, hier 141. Die gewählte Transkription „diktierte" ist korrekt.

Grund im Schlussteil, den Schweitzer dem Büchlein anfügt und der aufhorchen lässt, angedeutet wird? Er schreibt: *„Ein Mensch soll nicht in das Wesen des andern eindringen wollen. **Andere zu analysieren** – es sei denn um geistig verwirrten Menschen wieder zurechtzuhelfen –, ist ein unvornehmes Benehmen. ... Auch die Seele hat ihre Hüllen, deren man sie nicht entkleiden soll. "*[17]

Schon Peter Koller (1976) und Eckart Nase (1993, 514) wiesen auf den Zusammenhang dieser Sätze und der deutlich an ein psychoanalytisches Setting erinnernden Szene hin, als Schweitzer auf Pfisters Couch lag und diesem von seiner Kindheit und Jugendzeit erzählte. Man gewinnt den Eindruck, diese Erfahrung sei Schweitzer zu nahe gekommen. Er setzt sich zur Wehr und grenzt sich ab, indem er das Projekt in die eigenen Hände nimmt, ohne jedoch Pfisters Beitrag verleugnen zu müssen. Pfister wiederum reagiert weder beleidigt noch kleinlich. Wohl deshalb blieb die Freundschaft erhalten.

Dass die Vorgänge rund um die Entstehung von Schweitzers Werk auch Pfister stark beschäftigten, zeigt sich darin, dass er noch in seinem Lebensrückblick anlässlich seines 80. Geburtstags relativ ausführlich über sie zu berichten weiß, wenn auch mit bezeichnenden Änderungen:

„Ich war 1921 in freundschaftliche Verbindung mit ihm [sc. Albert Schweitzer; IN] getreten, als er mir auf meine Bitte um Überlassung seines Buches ‚Zwischen Wasser und Urwald' für eine Jugendausgabe und persönliche biographische Notizen mit zwei mehrstündigen Diktaten auf meinem Sopha antwortete. Sein zweiter Bericht enthielt im Wesentlichen nur Ergänzungen und Korrekturen des ersten. Als ich meine Jugendbearbeitung den Sonntagsschullehrerinnen zu ihrer großen Befriedigung vorgelegt hatte, überraschte mich Schweitzer mit der Meldung: ‚Du, Pfister, wir haben da eine grosse Dummheit begangen; seine Selbstbeschreibung muss man selbst verfassen.' Ich stellte ihm natürlich meine stenographierten und umgeschriebenen Angaben zur Verfügung und war freudig überrascht, als Schweitzers Druckschrift im wesentlichen seine früheren prächtigen Mitteilungen wiedergaben. Wir blieben dann eine Anzahl Jahre in brieflicher Verbindung, wobei mich ermutigte, wie verständnisvoll der große Gelehrte und Mensch die unermessliche Wichtigkeit und Bedeutung der seelsorgerlichen Psychoanalyse, wie ich sie vertrat, einzuschätzen wusste" (52–54).

Während Schweitzer 1931 – also fast neun Jahre nach der Begegnung vom Mai 1922 – festhielt, es hätte sich um ein einmaliges zweistündiges Diktat auf dem Sofa gehandelt, erinnerte sich Pfister gut dreißig Jahre später an zwei mehrstündige Diktate. Während Schweitzer das Verfasste 1923 als „etwas ganz Neues" auffasste, erkannte Pfister darin weitgehend dasselbe wie das ihm zuvor Diktierte. Hatte Schweitzer das Bedürfnis, diese Begegnung und die ihr folgenden Ereignisse eher herunterzuspielen, während Pfister sie lieber hervorzuheben versuchte? Oder darf man in Pfisters Erinnerungslücken bzw. leichten, aber auffälligen Verschiebungen doch einen Hauch narzisstischen Gekränktseins erkennen?

Der 26. Mai 1922 war zweifellos eine Schlüsselbegegnung zwischen beiden Männern. Noch in seinem Beitrag zur Freundesgabe zu Schweitzers 80. Geburtstag im

---

[17]   Schweitzer, Aus meiner Kindheit und Jugendzeit, 74. Hervorhebung IN.

Jahre 1955 rekurriert Pfister – inzwischen selber 82-jährig – auf diese Szene und schreibt, dass Schweitzer ihm sein Werk „Aus meiner Kindheit und Jugendzeit" *„müde auf dem Sofa liegend, aber mit hinreißender Frische diktiert"* hätte.[18] Auch Schweitzer hat diese Begegnung nie vergessen und erwähnt sie sogar in seinem Kondolenzschreiben an Pfisters Frau im Jahre 1956: *„Ihm verdanke ich, dass ich meine Jugenderinnerungen schrieb. Ich kann das Büchlein ... nicht in die Hand nehmen, ohne an ihn zu denken."*[19]

3. Zwischen Ehrfurcht und Liebe

Im Frühling 1922 schritten Schweitzer und Pfister – wie schon erwähnt – zum vertraulichen Du über. Die Briefe werden nun persönlicher und der Stil forscher. Wie macht sich dies bemerkbar?

Schweitzer wendet sich an Pfister im Juli 1922, also kurz nach der intensiven, einschneidenden Begegnung vom Mai, um seine *„Kunst"* anzurufen. Er hätte in Günsbach eine ältere Dame, die an Depressionen und Suizidgedanken leide. *„Habe ... Empfinden, dass es Fall für Psychoanalyse sein könnte. ... Willst du Consultation geben?"* Auch eine Unterkunft *„etwa in christlicher Herberge"* soll Pfister vermitteln. *„Wäre dir sehr dankbar" (570).* Pfister reagiert abweisend mit dem Hinweis darauf, dass es sich um eine Altersmelancholie handeln könnte und dass er sich bei Suizidgefahr nicht traue zu analysieren – *„Auch Freud warnt" (571).* Schweitzer lässt nicht nach. Es sei keine Altersmelancholie, sondern eine *„hysterische, die auf Erlebnisse zurückgeht. Also bitte, versuche es! Gib mir an, wann die Leute kommen dürfen und wo sie für einen modesten Preis unterkriechen können. Suicid ausgeschlossen. Nehme alle Verantwortung auf mich. ... Tausend Dank."* Und am Schluss: *„Aber natürlich will ich dich nicht **nötigen**. Du bist vollständig frei" (572; Hervorhebung IN).* So klang das ja eingangs nicht! Offensichtlich hielt Schweitzer viel von Pfisters therapeutischen Fähigkeiten, auch wenn er sie nicht an sich selber erproben lassen wollte. Wir erfahren leider nicht, wie es im erwähnten Fall weitergegangen ist. Doch wiederum fällt das Wort „nötigen", wobei nun Schweitzer nicht das Opfer ist, sondern sich als möglichen Täter distanziert.

Aber nicht nur Schweitzers Ton verändert sich; es ist vor allem Pfister, der eine neue Tonart anschlägt. Zum ersten Mal äußert Pfister Kritik an einem Werk

---

[18] Pfister, Schweitzer und die ökumenische Bewegung, 212.

[19] Schweitzer an Martha Pfister-Urner am 17.8.1956 (605). Peter Koller sah in Schweitzers Verhalten eine Form der Abwehr und zwar weil er „in einer analytischen Haltung im weitesten Sinn jene totale und insofern direkt zerstörerische Verzehrungslust (ahnte), die gerade bei ihm selbst elementare Möglichkeit ist. Aus (persönlichen) realistischen Vernunftgründen versagt sich Schweitzer diese Totalität und bewahrt sich einen Raum, den zu hinterfragen und in den hineinzudringen er sich nicht gestattet" (a.a.O., 137f.). Diese Versagung „verunmöglicht ... Schweitzer offensichtlich die differenzierte Beurteilung der Psychoanalyse, die ja keineswegs in einer (totalen) voyeuristischen Schaulust in den andern dringen möchte" (a.a.O., 138). M.E. attribuiert Koller in dieser Beurteilung zu stark auf die Person Schweitzers und blendet die spezifische Situation und die Rolle Pfisters aus, der zuweilen gerade den von Koller beschriebenen „psychoanalytische(n) Takt" (138) vermissen ließ und sich deshalb auch heftiger Kritik ausgesetzt sah.

Schweitzers. In einem Brief vom 3. Oktober 1922 schreibt er: *„Methodisch bin ich (...) mit Deinem Buche über die Leben-Jesu-Forschung nicht einverstanden"* *(577)*. Ein Jahr später, am 3. Dezember 1923: *„Etwas wundert mich, wie bei Dir der Philosoph und der Arzt an einander vorbeigehen" (578)*. Schweitzer antwortet ihm am 30. Dezember: *„Ja, bei mir gehen der Philosoph und der Arzt nebeneinander her. Für Sociologie bin ich nicht zu brauchen. Ich kann nur Individualethik aufstellen" (580)*. Am 16. Januar 1924 wiederum reagiert Pfister: *„Dass Du heute nur Individualethik aufstellen kannst, glaube ich Dir nicht. Man kann keine Individualethik treiben, ohne immer in die Sozialethik gestossen zu werden (...)."* Und nun wird's persönlich: *„Vielleicht steckt auch hier eine Deiner Polarisationen."* Pfister bemüht zur Untermauerung seiner Aussage den berühmten Psychiater und Psychoanalytiker Hermann Rorschach (1884–1922). Dieser hätte ihm schon gesagt, er hätte *„bei seinen Deutungsversuchen nie einen solchen Erzrationalisten gesehen, wie Dich. Und dabei agierst Du das Christentum so grandios" (581)*. Pfister beginnt, Schweitzer – seitdem dieser auf seiner Couch gelegen ist – zu analysieren. Dass dies einem inneren Wunsch Pfisters entsprach, haben wir schon gehört: *„... einen so lieben, feinen, gescheiten Menschen zu analysieren, muss ja ein Hochgenuss sein" (s. oben 2.1)*.
Und wie reagiert Schweitzer?
Er ist äußerst zurückhaltend, zumindest in seinen Briefen. Pfister scheint dies zu merken und doppelt nach. Am 24. Juli 1924 schreibt er: *„Mir scheint noch immer, Du hast Deine Arbeit über Jesus da abgeschlossen, wo sie eigentlich beginnen sollte" (583)*. Und im selben Brief nach dem Motto „Mehr-desselben": *„... lass mich auch ein wenig an Deiner Kulturphilosophie herum kritikastern! Dein Moralprinzip der ‚Ehrfurcht vor dem Leben' kann mir's nicht recht. (...) Der Begriff des Lebens ist so abgegriffen & vage. (...) Wir müssen tausendfältig Leben vernichten, nicht nur Läuse, Bazillen, Giftschlangen, sondern vielleicht sogar unser eigenes wertes Leben. Allerdings geschieht es im Interesse eines höheren Lebens. Aber dies hast Du in Deinem formulierten Prinzip nicht gesagt. Auch ist mir der Ausdruck ‚Ehrfurcht' zu kantisch trocken, zu passiv & kontemplativ. Ich muss bekennen, dass mir das Grundgebot Jesu tausendmal tiefer, philosophisch richtiger & psychologisch-biologisch angemessener vorkommt, als Deine Formulierung; wenn das Wort Liebe schillert, so geschieht es nicht in höherem Masse, als der Begriff des Lebens & der Ehrfurcht. (...) Du lebst dieses Gebot in wundervoller Weise; aber ich glaube, Du bist viel zu polarisiert, Denken & Gefühl sind viel zu sehr auseinandergerissen, als dass Du Deine Gefühls- & Willensgrösse zum Objekt eines zutreffenden Studiums machen könntest" (584f.)*.
Und wieder bemüht er Hermann Rorschachs Aussage, er hätte noch nie einen solchen Erzrationalisten kennengelernt wie Albert Schweitzer. Pfister meint, er hätte Rorschach zugestimmt, doch gleichzeitig zu bedenken gegeben: *„Aber es gibt auch keinen so gewaltigen, liebeglühenden Erlebnis- & Tatmenschen wie Schweitzer; das Gefühl & der Wille, die er als Denker einfach nicht zu fassen weiss, rächen sich an ihm, indem sie ihn mit ungeheurer Wucht erfassen & treiben. Aber es ist eine göttliche Rache, die seine Erlösung, sein Sonntagsglück & seine weltgeschichtliche Bedeutung bewirkt" (585)*.

Pfister, der seinem Freund letztlich, ohne es direkt auszusprechen, vorhält, sich selber keiner Analyse zu unterziehen, ahnt wohl zu Recht, wie dieser seine Deutungen – und um mehr als solche kann es sich nicht handeln – aufnehmen wird und fügt seinen Sätzen in weiser Vorausschau folgendes hinzu: *„Ich finde es köstlich, Dir solche Sachen in den Urwald schreiben zu dürfen. Wenn ich irre, verlängerst Du in gütigem Lächeln die Linien Deines Mundes & denkst: ‚Kaffern gibt's nicht nur in Afrika'"* (585).

Pfister hört dennoch nicht auf, in jedem weiteren Brief Schweitzer zu bearbeiten: *„Als Missionsarzt bringst Du die Synthese von Intellekt & Herz, wie mir scheint, ganz wundervoll zustande, während Du in der Theologie die Gemütswerte meines Erachtens nicht ebenso scharf unter Deine Lupe bringst"* (592). Und nun zitiert er zum dritten Mal Hermann Rorschach mit derselben Äußerung über ihn als „Erzrationalisten" (592). Will er Schweitzer damit unbedingt zu einer Stellungnahme herausfordern, oder benötigt er einen Gewährsmann, weil er sich selber unsicher fühlt?

Ende Mai 1929 hielt Schweitzer in der Zürcher Gesellschaft freisinniger Theologen einen Vortrag über die Mystik des Paulus. Pfister lud ihn als Vorsitzenden der Gesellschaft dazu ein, bei ihm anschließend zu übernachten. In einem Brief vom 16. Mai 1929 versichert er ihm: *„Aber sei ganz ruhig, wenn Du mein Haus mit Deiner liebwerten Gegenwart weihst, so werde ich kein Wort verlauten lassen von dem Riss, der Deine Persönlichkeit durchzieht & Deinem wissenschaftlichen Schaffen diejenigen wundervollen Tatsachen entzieht, die Du als großer Tatmensch agierst"* (596). Er ahnt, dass er Schweitzer womöglich zu nahe tritt mit seinen Interpretationen. Nun, es kam gar nicht soweit. Schweitzer zog eine andere Übernachtungsmöglichkeit vor.

Noch in einem Brief vom 19. Dezember 1947 hält Pfister fest: *„Mir ist der Ausdruck ‚Liebe' sympathischer als die ‚Ehrfurcht vor dem Leben'. In letzterem Ausdruck liegt nichts von warmer Neigung, man muss sie erst hineinlegen. (...) Dein Bedenken (...), Liebe setze die durch die Ethik gesetzte Solidarität analog der sexuellen und parentalen Bindung, verstehe ich nicht. (...) das Wort sagt mir besser als ‚Ehrfurcht', worauf es ankommt. Ich wünsche nicht, dass man Ehrfurcht vor mir hat, aber geliebt werden möchte ich. Aber schließlich kommt es nicht so sehr auf das Wort an. Deine Ehrfurcht und meine Liebe konvergieren zu einander"* (603f.).

Vielleicht liegt ein Schlüssel zum Verständnis ihrer unterschiedlichen Vorlieben für die Begriffe „Ehrfurcht" und „Liebe" und von Schweitzers Zurückhaltung in einer Aussage, die in seinem von Pfister entlockten Büchlein begegnet. Hier gibt Schweitzer folgendes von sich preis:

„Das verschlossene Wesen hatte ich von meiner Mutter geerbt. Es war uns nicht gegeben, die Liebe, die wir füreinander hatten, in Worten auszudrücken" (Aus meiner Kindheit und Jugendzeit, 30).

An dieser Gabe, Liebe in Worten Ausdruck zu verleihen, hat es Pfister wahrlich nicht gemangelt und vermutlich hat ihn deshalb Schweitzers Zurückhaltung und auch seine – bei aller Freundlichkeit und Freundschaft gewahrte – Distanziertheit zuweilen provoziert.

In seiner Würdigung Schweitzers erwähnt er als 82-jähriger jedoch just jenes mahnende Urteil, das Schweitzer am Ende seiner Jugenderinnerungen – wohl im Nachgang zu seinem Erleben auf Pfisters Couch – fällte, und schreibt: *„Auch für die analytische Seelsorge bezeugte er mir größtes Interesse. Dabei betonte er mit Recht: ,Andere zu analysieren – es sei denn, um geistig verwirrten Menschen wieder zurechtzuhelfen – ist ein unvornehmes Beginnen.'"*[20]

Als schlüge die Altersweisheit zu Buche, schreibt Pfister in derselben Freundesgabe für Schweitzer zu dessen 80. Geburtstag über den Begriff „Ehrfurcht vor dem Leben":

„Man hat diese Formel der kantischen Trockenheit geziehen und die warmen Jesus-Worte von der Liebe dagegen ausgespielt. Ein Mißverständnis! Man muß den Heroldsruf ins Schweizerische übersetzen, d.h. sie als Herzengeständnis eines hochbegnadeten Heros der Liebe deuten. "[21]

Bis zum Schluss deutet Oskar Pfister Albert Schweitzer, sogar wenn er sich bezichtigt, ihn falsch verstanden zu haben.

Auch wenn sich dieser Heros der Liebe weder von Pfister noch von sonst jemandem analysieren lassen wollte, hielt er immer an ihm als an einem Freund fest. Der Austausch zwischen Oskar Pfister und Albert Schweitzer mag zweierlei veranschaulichen: Erstens, dass Pfisters „mit Vehemenz und Überschwang" betriebener Einsatz für die Psychoanalyse die eh schon zu überwindende „Angst" und „Abwehr" häufig gerade noch verstärkte,[22] dass Schweitzer aber – zweitens – zuviel Unabhängigkeit besaß, um sich davon bestimmen zu lassen. Im Rückblick auf Pfisters Tod tut Schweitzer genau das, was ihm nicht in die Wiege gelegt wurde, nämlich seine Liebe in Worten auszudrücken. So schreibt er der Witwe Pfisters kurz und bewegend zum Tod ihres Mannes: *„Ich hatte ihn lieb. (...) Er hat mir viel gegeben als Mensch und durch sein Wissen. Was Psychoanalyse ist, habe ich erst durch ihn, einen Meister in dem Fache kennen gelernt. "*[23]

---

[20] Pfister, Schweitzer und die ökumenische Bewegung, 213.
[21] Ebd., 216.
[22] Michael Klessmann (2004): Pastoralpsychologie. Ein Lehrbuch, Neukirchen-Vluyn, 96. Vgl. dazu das Memorandum oben S. 38.
[23] Wie Anm. 19.

Zur Funktion der Psychoanalyse
in der gegenwärtigen Pastoralpsychologie
Acht Thesen mit Erläuterungen[1]

Christoph Morgenthaler

Diese Tagung will nicht nur historische Hintergründe der aktuellen Diskussion zwischen Theologie und Psychoanalyse ausleuchten. Auch Gegenwart und Zukunft einer wissenschaftlichen Pastoralpsychologie sollen vor diesem Hintergrund Thema werden. Mir fällt der Part zu, diese Fragen nun direkter ins Spiel zu bringen. Ich muss mich in der kurzen Zeit, die mir zur Verfügung steht, mit einigen Mutmaßungen begnügen, die ich in Thesen zugespitzt habe und kurz kommentiere.

Wir haben uns anhand Pfisters ein Stück Geschichte der Pastoralpsychologie vergegenwärtigt. *Cui bono?* Wem soll dies nützen? Ist die Beschäftigung mit ihren Anfängen so etwas wie eine Alterserscheinung der nun doch etwas in die Jahre gekommenen Disziplin Pastoralpsychologie? Oder ist sie mehr? Ich versuche mit einer ersten These eine Antwort:

These 1
Eine Pastoralpsychologie, die Zukunft will, tut gut daran, ihre Vergangenheit nicht zu vergessen. Wer vergisst, könnte sich Potenzprobleme einhandeln.

Die Auseinandersetzung mit Pfister hat gezeigt, wie spannend diese Vergangenheit nicht nur als Vergangenheit ist. Viele Impulse, Denkfiguren und unbewusste Konstellationen im Gespräch zwischen Psychoanalyse und Seelsorge sind hier vorgebildet. Sie haben nicht nur die weitere Geschichte der Pastoralpsychologie beeinflusst, sondern sind in bestimmten Bereichen immer noch aktuell und nicht abgegolten. Eine Pastoralpsychologie, die Zukunft will, tut deshalb gut daran, sich auch mit ihrer Vergangenheit auseinander zu setzen.

Deshalb müsste nun eigentlich auch die weitere Geschichte der Rezeption der Psychoanalyse in der Seelsorge nachgezeichnet werden. Das sprengte allerdings unseren zeitlichen Rahmen. Trotzdem seien einige Schlaglichter auf diese Rezeption im deutschen Sprachbereich geworfen, um einen Bogen von der Vergangenheit in unsere Gegenwart zu schlagen.[2] Also: Es wäre zu erzählen vom Vergessen

---

[1]   Vortrag gehalten auf der Tagung „Die Anfänge der theologischen Rezeption der Psychoanalyse in der Schweiz" vom 11. November 2006 an der Universität Bern. Der Vortragsstil wird im Wesentlichen beibehalten.

[2]   Eine differenzierte Aufarbeitung der Geschichte der Rezeption der Psychoanalyse in Theologie und Seelsorge bleibt weiterhin ein uneingelöstes Desiderat; vgl. auch Hauschild 2000, 15f. Diese Fragestellung wird nun im Rahmen einer Habilitationsschrift von Isabelle Noth bearbeitet.

der Anfänge um und mit Pfister, von der Verunglimpfung und der Abwehr der
Psychoanalyse, dem „Widerstand" der Theologie von den 20er- bis in die 40er-
Jahre des letzten Jahrhunderts (vgl. Scharfenberg 1968, 20ff.). Es wäre zu berichten von den zaghaften Neuanfängen eines Gesprächs zwischen den Disziplinen,
das von einzelnen interessierten Psychoanalytikern/-innen (z.B. Arthur Kielholz
1947; Johanna Herzog-Dürck 1963) und Theologen angestoßen wurde (z.B.
Rössler 1961).[3] Der Aufbruch der Seelsorgebewegung im deutschen Sprachbereich der 70er-Jahre wäre zu beschreiben, bei dem Theologen mit psychoanalytischer Ausbildung (Scharfenberg 1972 [[5]1991], 1985 u.a.m., Thilo 1971 [[3]1986],
1975; Winkler 1984, 1992, 1996) an vorderster Front mitgewirkt haben. Es wären
die vielen interessanten Einzelbeiträge zu würdigen, die Psychoanalytiker und
psychoanalytisch ausgebildete Theologinnen und Theologen in den Folgejahren zu
einem vertieften, dynamischen Verständnis religiöser Phänomene in- und außerhalb von Theologie und Kirche geleistet haben. Ich nenne nur zwei Personen, die
heute anwesend sind: Dieter Seiler und seine Beiträge bis in die jüngsten Num-
mern der Zeitschrift „Wege zum Menschen", beispielsweise seine Auseinandersetzung mit den frühen Schicksalen des Glaubens (Seiler 1996) – der „fides infantium", wie sie bei Luther heißt – oder Harmut Raguse, der eine an der Praxis der
Analyse orientierte Hermeneutik biblischer Texte entwickelt hat, in der die Auf-
hellung der Dynamik von Übertragungsvorgängen im Leseprozess mit literatur-
wissenschaftlichen Konzepten der Rezeptionsästhetik verbunden wird (Raguse
1993, 1994). Es wäre auch an Ausbildungsmodelle der Psychoanalyse zu denken:
die Analyse, der sich viele Theologen und Theologinnen in diesen Jahrzehnten
unterzogen haben, die Balint-Gruppen für Theologen und Theologinnen, die nicht
nur Argelander (Argelander 1973) und andere in Deutschland, sondern Analytiker
wie Arthur Trenkel auch hier im allernächsten Umfeld angeboten haben. Es wäre
auch die Kontroverse um die Zukunft der Pastoralpsychologie in den 90er-Jahren
nachzuzeichnen – sie wurde mehrfach totgesagt und hat doch einigermaßen fröhlich weiter gelebt (vgl. dazu Winkler 1993; Schieder 1994; Hauschildt 1994) –
und in diesem Zusammenhang wäre auch das trockene Fazit Hauschildts zu erörtern, die Psychoanalyse habe endgültig ihre Dominanz im Bereich der Pastoralpsychologie verloren (Hauschildt 2000, 18). Es wären auch die Schatten auszu-
leuchten, die dieses dominante Paradigma in der Pastoralpsychologie geworfen
hat, wie dies beispielsweise Isolde Karle (Karle 1996) oder Uta Pohl-Patalong
(Pohl-Patalong 1996) in einer soziologisch inspirierten Kritik einer individualis-
tisch verengten Freud-Rezeption in der Pastoralpsychologie gemacht haben. Und
es wäre zu überlegen, was es für die Position der Psychoanalyse innerhalb der
Pastoralpsychologie bedeutet, wenn das psychoanalytische Modell in einer Über-
blicksarbeit von Doris Nauer (Nauer 2001) zu einem von 29 unterschiedlichen
pastoralpsychologischen Theorieansätzen in einem postmodern-plural gewordenen
Umfeld zusammenschnurrt. Sie verzeihen, wenn ich mit diesem schnöden „Name-

---

[3]   Bereitwilliger wurden die Konzepte C. G. Jungs aufgenommen, z.B. von Haendler 1966, 1971;
       hier in Bern denken wir auch an Schär 1950 mit seinen an Jung orientierten Überlegungen zu
       Jenseitsvorstellungen.

Dropping" achtzig Jahre Pastoralpsychologie durchfliege. Was ich damit sagen will: In dieser langen Debatte gibt es auch nach Pfister Vieles, was nicht abgegolten ist und zur Ressource einer Pastoralpsychologie werden kann, die zukunftsfähig bleiben will. Vieles, was bei Pfister angelegt war, wurde vertieft, kritisch weiterentwickelt und in unterschiedlichen Kontexten (Pfarramt und Klinik) präzisiert. Wer sich mit Psychoanalyse in der Pastoralpsychologie anlegt, möge es sich nicht zu einfach machen. Es handelt sich hier um einen differenzierten, theoriehaltigen und praxisrelevanten Diskurs, dem man mit Pauschalurteilen nicht beikommt. Im Rückblick wird auf alle Fälle deutlich:

These 2
Pastoralpsychologie ließ sich in ihrem Nachdenken über den Menschen und in ihrem konkreten seelsorglichen Handeln während Jahrzehnten von der Psychoanalyse beunruhigen, herausfordern und vorwärts bringen. Und sie hat dabei Vieles gelernt.

Dem lässt sich gleich eine weitere These nachschieben, die eine Schattenseite dieser Rezeption, die weit gehend Rezeption blieb, beleuchtet:

These 3
Pfister – Pastoralpsychologe „avant la lettre" – war der erste und letzte seiner Zunft, der den nicht unwichtigen Psychoanalytiker in Wien ein Weilchen besuchen und auch eine ganze Weile beschäftigen konnte. Psychoanalytisch orientierte Pastoralpsychologie ist in der Folge eine weit gehend innertheologisch relevante Erscheinung geblieben. Das kritische Interesse der Psychoanalyse an religiösen Phänomenen hat sich in diesen Jahren zwar gewandelt. Es blieb aber ein Interesse der Psychoanalyse an ihrer eigenen Auseinandersetzung mit Religion. Pastoralpsychologie als eine auch theologisch begründete Disziplin wurde innerhalb der psychoanalytischen Bewegung hingegen kaum wahrgenommen und hat zünftige Vertreterinnen und Vertreter der Psychoanalyse ihrerseits kaum beunruhigt und zu einer fundierten Auseinandersetzung provoziert.

Die Frage nach dem Stellenwert und der psychischen Bedingtheit von Religiosität und Religion hat Psychoanalyse auch in den Generationen nach Freud immer neu beschäftigt. Gerade in den letzten Jahren sind eine Reihe interessanter Beiträge zu einer psychoanalytisch fundierten Erforschung religiöser Phänomene erschienen, die zeigen, wie differenziert und kritisch-konstruktiv diese Auseinandersetzung geführt wird (Beit-Hallahmi 1996, Henseler 1995, Bassler 2000, Blass 2004). Diese Debatte schließt aber an genuin innerpsychoanalytische Positionen – zum Beispiel die Impulse Winnicotts und Kohuts – an, die aufgenommen und weiter entwickelt werden. Beiträge der Pastoralpsychologie hingegen zum Themenbereich individueller und kollektiver Religiosität werden kaum wahrgenommen. Eine breitere, gar monographische Auseinandersetzung mit dem Phänomen „Pastoralpsychologie" aus psychoanalytischer Feder ist mir aus den vergangenen Jahrzehnten nicht bekannt. Natürlich kam es im Einzelnen immer wieder zum wohlwollend-kritischen Gespräch zwischen Theologen und Psychoanalytikern. Doch blieben die Rollen dabei meist deutlich akzentuiert: Psychoanalytiker und Psychoanalytikerinnen waren die Lehrenden, Theologen und Theologinnen die Lernenden.[4] So blieb Pastoralpsychologie ein Mauerblümchen der psychoanalytischen Bewegung und weitete sich die Rezeption der Psychoanalyse in der Pastoralpsychologie selten zu einem wirklichen Dialog der Disziplinen.[5]

These 4
Die Wirkung der Psychoanalyse innerhalb der Entwicklung der deutschen Pastoralpsychologie kann kaum hoch genug eingeschätzt werden. Sie hat das theologische Nervenzentrum dieser Disziplin gereizt. Sie hat einen tiefen Einfluss auf Menschenbild und Gottesverständnis ausgeübt. Sie hat selbstreflexive und emanzipatorische Impulse innerhalb der Theologie verstärkt. Sie hat die Praxis der Seelsorge tief greifend verändert.

An Klessmanns 702-seitiger „Pastoralpsychologie" (Klessmann 2004) lässt sich Einfluss und Funktion der Psychoanalyse in der gegenwärtigen Pastoralpsychologie recht gut bestimmen. Bei ihm zeigt sich nicht nur, wie breit psychoanalytische Konzepte in der Pastoralpsychologie rezipiert wurden: Triebpsychologie, psychoanalytische Ich-Psychologie, Selbstpsychologie und Objektbeziehungspsychologie werden ausführlich dargestellt und auch Jung wird differenziert präsentiert. Klessmanns Darstellung zeigt, in wie vielen Anwendungsbereichen der Pastoralpsychologie psychoanalytische Konzepte und Methoden wichtig wurden: natürlich in der Seelsorge, aber auch im Blick auf ein dynamisch vertieftes Verständnis von Gottesdienst, Predigt und Liturgie, Kirche und Pfarrberuf, im Blick auch auf Grundthemen der Theologie wie Schuld und Vergebung, Angst und Glaube. Psychoanalyse wird aber ebenfalls auf grundlagentheoretischer Ebene wichtig: psychoanalytische Religionstheorien von Freud bis Winnicott und Ana-Maria Rizzuto werden aufgenommen und ihre Leistungsfähigkeit an der pastoralpsychologischen Kernsubstanz menschlicher Gottesbilder konkretisiert.

Freud und die Psychoanalyse sind also nicht nur längst zum „klassischen" Bestand pastoralpsychologischen Grundwissens geworden. Die Auseinandersetzung mit psychoanalytischer Religionskritik, die als eine Art „Fremdprofetie" verstanden wurde, hat Pastoralpsychologie selber mit einem christentums- und kirchenkritischen Stachel versehen und einen differenzierten Blick auch für zerstörerische, lebensbehindernde, dämonische Gottesbilder und Funktionen von Religiosität

---

[4]   Das Ausmaß, in dem Pastoralpsychologie auch von Seiten der Psychoanalyse wahrgenommen wird, ist wahrscheinlich auch regional unterschiedlich ausgeprägt. So zeigte das Gespräch an der Tagung, dass der Stellenwert der Psychoanalyse in der Seelsorge und Seelsorgeausbildung in Schweizer Kirchen wohl weniger hoch ist als in gewissen Deutschen Landeskirchen (z.B. der nordelbischen ev.-luth. Kirche). Dies dürfte auch die Außenwahrnehmung der Pastoralpsychologie beeinflussen.

[5]   Ansätze eines solchen Dialogs gab es immer wieder, vgl. z.B. Liebman/Capps 1997; Lüthi/Micksey 1991. Auch im Sammelband von Lüthi/Micksey erscheint Theologie, hier im Besonderen systematische Theologie, als jene Disziplin, die von Psychoanalyse vor allem zu lernen, aber wenig selber zu lehren hat.

möglich gemacht. Zugleich zeigte sich, dass bereits Freuds Religionskritik – genauer: sein Verhältnis zur Religion – keineswegs eindimensional ist und es in der psychoanalytischen Tradition viele Ansatzmöglichkeiten gibt, auch das kreative, lebensförderliche und utopische Potential religiöser Symbolisierungen und Ritualisierungen zu entdecken. Und natürlich haben psychoanalytische Konzepte seit Scharfenbergs programmatischem Werk „Seelsorge als Gespräch" (Scharfenberg 1970 [⁶1994]) tief beeinflusst, was heute als seelsorgliches Gespräch verstanden und gehandelt wird. Das führt zu meiner nächsten These:

These 5
Psychoanalyse ist in ihrer pastoralpsychologischen Rezeption geradezu in den Adelsrang einer konstruktiven Kraft der Weiterentwicklung von Religion und Kirche aufgestiegen. Was Pfister erhoffte, wurde von der Wirklichkeit überholt. Was Freud fürchtete ebenfalls. Der Psychoanalyse droht in dieser pastoralpsychologischen Umarmung der Atem auszugehen.

Aus den verheißungsvollen Anfängen der 70er-Jahre, mit ihrer Begeisterung für die neuen Möglichkeiten, die analytisches Denken auch in der Theologie eröffnete, mit ihrem Schwung und kritischen Stachel ist „courant normal" der Pastoralpsychologie geworden. Psychoanalyse ist in einem Ausmaß Teil unseres kulturellen Selbstverständnisses geworden, dass sie ihre herausfordernde Anstößigkeit auch innerhalb der Pastoralpsychologie zu verlieren droht. Damit verbunden ist nicht selten eine Banalisierung ihrer Konzepte, eine Immunisierung gegen ihre scharfen Fragen. Weshalb packt mich Freuds „Zukunft einer Illusion" immer noch in ihrer intellektuellen Unmittelbarkeit, bringt mich aber die hundert und erste Darstellung seiner Religionskritik im pastoralpsychologischen Hafen zum Gähnen? Könnte es sein, dass mit der eigentlich fruchtbaren pastoralpsychologischen Rezeption zugleich das wirklich Fremde, das Unbewusste, das Unerkennbare, Undurchsichtig-Opake, das es im analytischen Prozess assoziierend und deutend zu umspielen, und nicht begrifflich festzunageln gilt, manchmal etwas zu schnell zwischen Buchdeckeln abgelegt und in der konkreten kirchlichen Praxis bis zur Unkenntlichkeit verdünnt wird? Und ob dies alles der Psychoanalyse gerecht wird und der Pastoralpsychologie gut tut?
Die Position der Psychoanalyse innerhalb der Pastoralpsychologie ist noch aus anderen Gründen prekär geworden:

These 6
Psychoanalyse befindet sich längst nicht mehr allein auf weiter pastoralpsychologischer Flur. Es ist eine offene Frage, wie sie mit dieser Depotenzierung umgeht und mit dieser Vielfalt zurechtkommt. Der Blick zurück auf die Anfänge in Ehren – eigentlich wäre auch ein kritisch-konstruktives Gespräch mit Vertreterinnen anderer Konzeptionen angesagt. Hier schweigt der psychoanalytischen Pastoralpsychologie Höflichkeit – und nicht nur ihre.

Neben der Psychoanalyse sind in der Pastoralpsychologie rivalisierende psychotherapeutische Richtungen groß geworden. Im Bereich der praktischen Seelsorge-

Ausbildung von Pfarrerinnen und Pfarrern hat Gesprächspsychotherapie der Psychoanalyse seit den 70er-Jahren des letzten Jahrhunderts als Referenzdisziplin den Rang abgelaufen. Lösungsorientierte und systemische Ansätze sind in den letzten Jahren sowohl praktisch wie theoretisch wichtiger geworden (Bauer 2002; Morgenthaler 2004; Lohse 2003, 2006; Jakab 2006). Vermehrt wird die Wirklichkeit des Seelsorgegesprächs auch mit empirischen Methoden der Konversationsanalyse untersucht. Dabei zeigt sich: Alltagsseelsorge spielt sich nochmals ganz anders ab als die an therapeutischen Paradigmas stilisierte Wahrnehmung von Seelsorge es haben will: sie ist meist kleinräumige Aushandlung des Alltäglichen (Hauschildt 1996), Konversation (für die der Knigge womöglich aufschlussreicher ist als Freud, wie man dies zuspitzen könnte), geschieht „auf der Schwelle" und nicht im geschützten Gesprächsraum (Günther 2005). Im Raum der Pastoralpsychologie bildet sich ab, was auch ein Freud-Jahr nicht ganz verdecken kann: Psychoanalyse ist in manchen Bereichen in die Defensive geraten. Wie verhält sie sich in dieser ungemütlichen Lage, die ihr historisch ja nicht unbekannt ist? Zieht sie sich zurück in Zirkel und Sektionen? Erweist sie sich als pluralitätsfähig? Nimmt sie die Herausforderungen aktiv an?

Ähnliches sind innerhalb der Pastoralpsychologie natürlich auch Vertreterinnen und Vertreter anderer Richtungen gefragt: Auch sie glänzen nicht mit Versuchen, die Debatte mit anderen Richtungen der Pastoralpsychologie aufzunehmen. Bereits 1993 hat Winkler der Seelsorgebewegung ins Stammbuch geschrieben: „Die ordentliche, sparsame und eigenwillige deutsche Seelsorgebewegung spielt in unzeitgemäßer Weise ,heilige' Familie." (Winkler 1993, 440). In einer gemeinsamen Frontstellung gegen äußere Bedrohungen (wie kirchliche Anfeindungen und Sparzwänge) würden Grundkonflikte im Erkenntnisbereich abgespalten, die eigentlich aufbrechen müssten, wenn Pastoralpsychologinnen und Pastoralpsychologen sehr unterschiedlicher Herkunft unter einem notdürftig gezimmerten theologischen Dach zusammen kommen. Auch in den auf diese Selbstdiagnose folgenden Jahren hat sich daran nicht viel geändert. Gegen die praktisch-theologische Domestizierung der Psychoanalyse und gegen diesen Familienfrieden wäre eigentlich eine neue Theoriedebatte angesagt. Auch ich hüte diesen Burgfrieden, wenn ich mich heute nicht als militanter Vertreter einer systemischen Seelsorge zu erkennen gebe, sondern vor allem betone, was von der Psychoanalyse zu lernen ist.

Lassen Sie mich zum Verhältnis von Psychoanalyse und Pastoralpsychologie zurückkehren:

These 7
Das Veralten von Theologie und Psychoanalyse ist Kränkung und Chance. In einer Gesellschaft, in der sich Optionen vervielfältigen und Leben gleichzeitig auch eindimensionaler wird, verbindet Psychoanalyse und Theologie eine Ahnung und Arbeitshypothese: der Mensch wird nicht Mensch ohne „totaliter aliter", ohne Anderes und Fremdes, ohne das „ineffabile", das Unaussprechliche, und das wartende Schweigen, ohne das Nicht-mehr, das auf ein Noch-nicht verweist. Der Psychoanalyse ist dies in der Chiffre des Unbewussten und der Theologie in

der Chiffre der Transzendenz eingeschrieben – gegen jede Objektivierung des Menschen und gegen jede Eindimensionalität des Weltzugangs.

Es ist ja nicht nur die Psychoanalyse, der das Verdikt droht, ihre Theorie und Praxis veralte. Es ist auch die christliche Theologie, deren Theorie und Praxis ins gesellschaftliche Abseits zu geraten droht. Dies kränkt. Ob diese ungemütliche Lage auch eine Chance fürs Gespräch sein kann? Ich will nicht verharmlosen. Natürlich bin ich auch schon in den Hammer eines dezidierten psychoanalytischen „Njet!" gelaufen, das allem gilt, was nach katholischem Weihrauch und protestantischem Pfefferminztee riecht. Und doch: gerade im persönlichen Kontakt mit Psychoanalytikerinnen und Psychoanalytikern (und solchen, die es werden wollen) kommt mir als Theologen nicht selten etwas anderes entgegen: ein oft etwas spöttisches aber lebhaftes Interesse an den großen Fragen, die Theologie wach hält; ein Wissen um die Abgründigkeit und Hinterlistigkeit der menschlichen Seele, das offenbar den Disziplinen gemeinsam ist; die Lust auch am Text (die Veranstaltungen des psychoanalytischen Seminars, die ich lange besuchte, glichen nicht selten in verblüffend, fast verzweifelter Weise einem exegetischen Seminar: man beugte die Köpfe über die Urtexte und fragte sich, was wohl Freud an dieser oder jener Stelle eines seiner Texte gemeint haben mag); und in diesen Begegnungen glaubte ich eben auch wahrzunehmen, dass eine ähnliche (wenn in verschiedener Hinsicht auch ganz andere) Ahnung und Arbeitshypothese die Richtungen verbindet: der Mensch wird nicht Mensch ohne „totaliter aliter", der Mensch wird Mensch am Anderen und Fremden; der Mensch wird Mensch, wo er an Unaussprechliches stößt und einem wartenden Schweigen begegnet; der Mensch wird Mensch nach einem Nicht-mehr, das auf ein Noch-nicht verweist. Und dort, wo die Gottesvergiftung zum erträglichen Gott wird (wie in der Wandlung des Tilman Moser: von Moser 1981 zu Moser 2003), beschleicht vielleicht nicht nur den Psychoanalytiker, sondern auch den Theologen der leise Verdacht, so bekömmlich könnte die Sache der Religion auch unter neuen gesellschaftlichen Vorzeichen nicht sein.

Ich komme zum Schluss: Im Schatten psychologischer und theologischer Ahnväter – Freud, Pfister, Schweitzer – sind wir heute zusammen gekommen. Ich würde wetten, dass in den vergangenen zehn Jahren nie so viele Personen aus Psychoanalyse und Theologie hier in Bern in einem einzigen Raum zusammengepfercht saßen. Was sagt diese Konstellation, dieses Szene? In welcher Weise bildet sich hier Unbewusstes ab? Wer wagt eine Deutung? Ich riskiere einfach eine letzte These:

These 8
Die Beschäftigung mit der Begegnung Pfisters und Freuds bedeutet nicht nur ein Zurück zu Ursprungslegenden. Die „Ur-Szene", die sich in der Begegnung von Freud und Pfister abzeichnet, ist Vergangenheit mit Zukunft.

Eine solche Begegnung von Theologie und Psychoanalyse dient nicht nur der nostalgischen Versicherung, dass es zumindest interessante Anfänge gab. Ich denke, diese Begegnung Pfisters mit Freud und Freuds mit Pfister enthalte Exemplarisches auch für die Zukunft einer ernsthaften Auseinandersetzung der Pastoralpsychologie mit der Psychoanalyse: Diese Auseinandersetzung wird dann möglich, wenn einander Fremde Schritte aufeinander zu wagen (und ich behaupte nun einmal Theologie und Psychoanalyse seien sich auch nach einer fast hundertjährigen Geschichte immer noch fremd). Sie wird dann möglich, wenn psychoanalytische Konzepte und Arbeitsweisen nicht zu Hilfsmitteln einer Seelsorgelehre degradiert werden, sondern in ihrem eigenen, fremden Anspruch ernst genommen werden. Und sie setzt einen engagierten, kritischen Dialog zwischen leibhaftigen Repräsentanten der Psychoanalyse und Pastoralpsychologie voraus. Die Vergangenheit enthält auch die Keime einer produktiven pastoralpsychologischen Zukunft, die hoffentlich mehr wird als die Wiederkehr des Verdrängten.

Literatur

Argelander, Hermann (Hg.) (1973): Konkrete Seelsorge. Balint-Gruppen mit Theologen im Sigmund-Freud-Institut Frankfurt a.M./Stuttgart.

Bassler, Markus (Hg.) (2000): Psychoanalyse und Religion, Stuttgart/Berlin/Köln.

Beit-Hallahmi, Benjamin (1996): Psychoanalytic Studies of Religion. A Critical Assessment and Annotated Bibliography, Westport CT.

Blass, Rachel B. (2004): Beyond Illusion: Psychoanalysis and the Question of Religious Truth, in: IJP 85, 615–634.

Günther, Ralf (2005): Seelsorge auf der Schwelle. Eine linguistische Analyse von Seelsorgegesprächen im Gefängnis, Göttingen.

Haendler, Otto (1966): Zwischen Glaube und Unglaube, Göttingen.

– (hg. v. Scharfenberg, Joachim/Winkler, Klaus) (1971): Tiefenpsychologie, Theologie und Seelsorge. Ausgewählte Aufsätze, Göttingen.

Hauschildt, Eberhard (1994): Ist die Seelsorgebewegung am Ende?, in: WzM 46, 260–273.

– (1996): Alltagsseelsorge. Eine sozio-linguistische Analyse des pastoralen Geburtstagsbesuches, Göttingen.

– (2000): Zur Seelsorge zwischen Spezialisierung und Globalisierung. 10 Thesen mit Erläuterungen, in: Schneider-Harpprecht, Christoph (Hg.): Zukunftsperspektiven für Seelsorge und Beratung, Neukirchen-Vluyn, 12–18.

Henseler, Heinz (1995): Religion – Illusion? Eine psychoanalytische Deutung, Göttingen.

Jakab, Sándor (2006): Beziehungen erleben. Aspekte menschlicher Beziehungen aus der Sicht heilender systemischer Poimenik für Gemeindeseelsorge, Spezialseelsorge und Diakonie, Berlin.

Karle, Isolde (1996): Seelsorge in der Moderne. Eine Studie der psychoanalytisch orientierten Seelsorge, Neukirchen-Vluyn.

Klessmann, Michael (2004): Pastoralpsychologie. Ein Lehrbuch, Neukirchen-Vluyn.

Lohse, Timm H. (2003): Das Kurzgespräch in Seelsorge und Beratung. Eine methodische Anleitung, Göttingen.

– (2006): Das Trainingsbuch zum Kurzgespräch. Ein Werkbuch für die seelsorgliche Praxis, Göttingen.

Liebman Jacobs, Janet / Capps, Donald (Eds.) (1997): Religion, Society, and Psychoanalysis. Readings in Contemporary Theory, Boulder CO.

Morgenthaler, Christoph ([4]2005): Systemische Seelsorge. Impulse der Familien- und Systemtherapie für die kirchliche Praxis, Stuttgart/Berlin/Köln.

Moser, Tilmann (^{2}1981): Gottesvergiftung, Frankfurt a.M.

– (2003): Von der Gottesvergiftung zu einem erträglichen Gott. Psychoanalytische Überlegungen zur Religion, Stuttgart.

Nauer, Doris (2001): Seelsorgekonzepte im Widerstreit. Ein Kompendium, Stuttgart/Berlin/ Köln.

Pohl-Patalong, Uta (1996): Seelsorge zwischen Individuum und Gesellschaft. Elemente zu einer Neukonzeption der Seelsorgetheorie, Stuttgart/Berlin/Köln.

Raguse, Harmut (1994): Der Raum des Textes. Elemente einer transdisziplinären theologischen Hermeneutik, Stuttgart/Berlin/Köln.

– (1993): Psychoanalyse und biblische Interpretation. Eine Auseinandersetzung mit Eugen Drewermanns Auslegung der Johannes-Apokalypse, Stuttgart/Berlin/Köln.

Schär, Hans (1950): Erlösungsvorstellungen und ihre psychologischen Aspekte, Zürich.

Scharfenberg, Joachim (^{2}1970): Sigmund Freud und seine Religionskritik als Herausforderung für den christlichen Glauben, Göttingen.

– (1985): Einführung in die Pastoralpsychologie, Göttingen.

– (^{5}1991): Seelsorge als Gespräch. Zur Theorie und Praxis seelsorgerlicher Gesprächsführung, Göttingen [1. Aufl. = 1972].

Schieder, Rolf (1994): Seelsorge in der Postmoderne, in: WzM 46, 26–43.

Seiler, Dieter (1996): Frühe Schicksale des Glaubens. Überlegungen zur fides infantium, in: WzM 48, 70–95.

Thilo, Hans-Joachim (1974): Psyche und Wort. Aspekte ihrer Beziehungen in Seelsorge, Unterricht und Predigt, Göttingen.

– (1975): Beratende Seelsorge. Tiefenpsychologische Methodik dargestellt am Kasualgespräch, Göttingen.

Winkler, Klaus (1984): Die Zumutung im Konfliktfall. Luther als Seelsorger in heutiger Sicht, Hannover.

– (1992): Werden wie die Kinder? Christlicher Glaube und Regression, Mainz.

– (1993): Die Seelsorgebewegung. Selbstkritische Anmerkungen, in: WzM 45, 434–442.

– (^{2}2000): Seelsorge, Berlin/New York.

Sprachgewinn
Überlegungen im Anschluss an Joachim Scharfenberg

Anne M. Steinmeier

Sprache als Wirklichkeitsraum der Freiheit[1]

Beide – Seelsorge und Psychoanalyse – sind herausgefordert durch die Erfahrung, dass die Selbstverständlichkeit des eigenen Lebens aufbricht, der Boden bisheriger Lebensgewissheit ins Schwanken gerät und Menschen neu oder wieder nach sich selbst, nach Sinn und Bestimmung ihres Lebens fragen.

Dabei kann auch das wachsende Interesse an Religion nicht darüber hinwegtäuschen, dass viele Menschen die Botschaft des christlichen Glaubens für sich selbst als nicht mehr relevant erleben. Eine Beobachtung, die das theologische Denken herausfordert, im Horizont des Verhältnisses von Seelsorge und Psychoanalyse in eine innere Diskursivität beider Wissenschaften führt. Eine Beobachtung, die das „Wirklichkeitsverständnis beider Wissenschaften" als das „eigentliche Dialogthema"[2] bestimmt.

Es war der praktische Theologe Joachim Scharfenberg, der sich durch diesen Diskurs hat herausfordern lassen. Sein Seelsorgeverständnis als freies Gespräch, das sich in der Auseinandersetzung mit Sigmund Freud entwickelt hat, gründet in der Sensibilität für die Sprachlosigkeit einer verkündigenden Seelsorge, die mit ihrer inhaltlich und in der Liturgie des religiösen Rituals formal verpflichtenden Zielvorgabe die Wirklichkeit von Menschen verloren hatte. In einer ausdrücklich polemischen Weise, die etwas erahnen lässt von dem Aufbruch einer ganzen Generation von Seelsorgern, wandte Scharfenberg sich gegen die Seelsorge vor allem Asmussens und Thurneysens: Hier verkomme das lebendig-offene Gespräch zum bloßen Präludium, es werde zur Ausrichtung von etwas vorher Gewusstem und also Verfügbarem missbraucht.[3]

Damit war nicht nur ein praktisches Problem formuliert. Scharfenbergs Beunruhigung traf die Sache selbst. Was er wahrgenommen hat, war Semantik ohne Bedeutung. Sprache, die mit Worten ihren Inhalt, die gewiss machende Wahrheit, verfehlt: Der Mensch, „der in die Seelsorge kommt", kann, was ihn umtreibt, „,die Frage', die er mit seiner Existenz darstellt", nicht einmal „artikulieren und sie sich damit bewusst … machen."[4]

Dies ist in explizitem Bezug auf Paul Tillichs „theologische Methode der Korrela-

---

[1] Vgl. zum Folgenden: Anne M. Steinmeier, Wiedergeboren zur Freiheit. Skizzen eines Dialogs zwischen Theologie und Psychoanalyse, Göttingen 1998, 19ff.

[2] Ralph Ludwig, Erinnern und Hoffen. Die eschatologische Grundspannung als Paradigma im Verhältnis von Psychoanalyse und Seelsorge, Bethel 1992, 10.

[3] Vgl. Joachim Scharfenberg, Seelsorge als Gespräch. Zur Theorie und Praxis der seelsorgerlichen Gesprächsführung, 5. Aufl., Göttingen 1991, 15 u. 19.

[4] Scharfenberg, Seelsorge, 10.

tion" formuliert.[5] Aber deutlicher, als Scharfenberg es selbst ausgeführt hat, ist diese Begründung zu explizieren. Die „Methode der Korrelation", mit der Tillich die Aufgabe, existentielle Fragen und theologische Antworten in Beziehung zu setzen, wahrnimmt, setzt als methodische die „reale Korrelation", die reale Beziehung von Gott und Mensch voraus: „Die Gott-Mensch-Beziehung ist eine Korrelation." Darum bedeutet die „‚Begegnung zwischen Gott und dem Menschen' (Emil Brunner) ... etwas Reales für beide Seiten."[6] Nicht sekundär, als in sich vorgegebene Größen, werden Gott und Mensch aufeinander bezogen, sondern die „Überzeugungskraft und somit die Glaubwürdigkeit, der einsehbare Sinn" dessen, was theologisch als Antwort gegeben wird,[7] steht je neu zur Frage. Von daher bestimmt Tillich seine „Methode" als selbst eine „theologische Aussage", auf die sich einzulassen „Leidenschaft und Mut zum Wagnis" erfordert.[8] Theologische Erkenntnis wurzelt in der Teilhabe und trägt darum „das radikale Wagnis des Lebens in sich."[9]

Erst von hierher lässt sich von der Form des Gespräches her das theologische Proprium der Seelsorge begründen: In der „besonderen Struktur des Gespräches" ist zu finden, „was als das spezifisch Seelsorgerliche bezeichnet werden kann, weil das Gespräch befreien kann und zugleich diese Freiheit" – und das heißt für Scharfenberg ausdrücklich die Freiheit eines Christenmenschen – „einzuüben vermag."[10] Denn allein die Form des offenen Gesprächs ermöglicht das Sich-Einlassen auf die Wahrheit Gottes im Leben eines Menschen, die nicht als vorgegebene Botschaft für einen anderen zu wissen und bloß mitzuteilen ist, die vielmehr nur mit einem Menschen in ihrer je eigenen Sprache gefunden werden kann.

Scharfenberg hat sich also nicht von theologischem Inhalt verabschiedet, wie ihm von Anfang an bis in die jüngste Gegenwart vorgeworfen wurde und wird.[11] Seelsorge als Gespräch ist vielmehr Spurensuche von Gottes Anwesenheit im je kontingenten, lebendigen Leben von Menschen. Seelsorge als Gespräch ist das Wagnis der Begegnung, die ihre Erfahrung immer noch vor sich hat, den Weg erst kennen lernt, indem sie ihn geht. Was in der Situation nicht gefunden wird, bleibt bloßes Wort. Das schließt das Wagnis ein, sich auf einen Prozess einzulassen, in

---

[5]   Vgl. ebd.

[6]   Paul Tillich, Systematische Theologie I–II, Berlin, New York 1987, 75.

[7]   Traugott Koch, Gott: Die Macht des Seins im Mut zum Sein. Tillichs Gottesverständnis in seiner „Systematischen Theologie", in: Hermann Fischer (Hg.), Paul Tillich. Studien einer Theologie der Moderne, Frankfurt a.M. 1989, 169–206, hier 169. Dass ich hier die Zuspitzung der Theologie Tillichs sehe, habe ich in „Wiedergeboren zur Freiheit" zu begründen versucht (vgl. ebd., 69ff).

[8]   Tillich, Theologie I, 15.

[9]   Ebd., 127.

[10] Scharfenberg, Seelsorge, 10. Vgl. ebd., 25.

[11] Darum ist die in diesem Sinne verstandene „Frage" auch kein bloßes Bedürfnis, darum geht es nicht um die Reduktion auf bloße Probleme in methodischer Unterstützung narzisstischer Fixierungen, darum muss dieser Seelsorgekonzeption nicht erst wieder ein „spezifisch christliches Profil" gegenübergestellt werden, wie Isolde Karle urteilt (Isolde Karle, Seelsorge in der Moderne. Eine Kritik der psychoanalytisch orientierten Seelsorgelehre, Neukirchen-Vluyn 1996, 213f., im Anschluss an Reinhard Schmidt-Rost, Probleme der Professionalisierung der Seelsorge, in WzM 41 [1989], 31–42, hier 38).

dem auch der eigene Glaube, die eigene Hoffnung, die Lebendigkeit des Seelsorgers, der Seelsorgerin jeweils neu auf dem Spiel steht.

Für den die Freiheit einübenden Sprachweg wird für Scharfenberg das psychoanalytische Gesprächsmodell in einer diskursiven Lektüre mit der Sprachtheorie von Humboldts und des späten Wittgenstein zum „Paradigma für den nichtautoritären zwischenmenschlichen Umgang im Gespräch."[12]

Ein Blick in die Entwicklung seines Denkens zeigt, dass die Begegnung mit den Schriften Freuds Scharfenberg zunächst in eine radikalere Lesart des dialektischen Ansatzes der Seelsorge führt. Freuds Erkenntnis der unterschwelligen Dynamik von Übertragung und Gegenübertragung dient Scharfenberg in der Seelsorge zur Verschärfung des Blicks, dass sich die „ernste(n) Widerstände", die „die menschliche Subjektivität dem Handeln Gottes ... in den Weg legen kann", „nicht nur im bewussten Seelenleben ...", sondern unbewusst"[13] erheben können und man zu leichtfertig für das „Wirken des Heiligen Geistes" halten könnte, „was in Wahrheit sehr unheiliges menschliches Wünschen, Wollen und Begehren ist."[14] Doch die Lektüre Freuds lässt sich nicht instrumentalisieren. Die Widersprüche müssen den Gedanken nach vorne drängen. Mit der Wahrnehmung, dass das Wortgeschehen in der Seelsorge nicht selbstverständlich ist, wird im dialektischen Denken das Dialektische, die hermetische Abriegelung des theologischen Themas, aufgesprengt.[15]

Scharfenbergs eigentlich psychoanalytische Überlegungen setzen im Zentrum des hermeneutischen Prozesses an. Als ein „Spezialfall des wirkungsgeschichtlichen Bewusstseins"[16], des Bewusstseins der eigenen Voreingenommenheit, die, undurchschaut, „gegen die in der Überlieferung sprechende Sache taub macht",[17] interessiert Scharfenberg das „Problem der Verdrängung."[18] Der blinde Fleck wird sichtbar, die „Sperre gegen das Verstehen"[19] wird als im eigenen Inneren und dem Bewusstsein nicht unmittelbar zugänglich und verfügbar erkannt. Verdrängung bedeutet Verlust von Sprache.[20] Sprachverlust aber bedeutet Verlust von Wirklichkeit, weil den Verlust lebendig gelebter Zeit: Was aus dem „Zeitkontinuum ,herausgeschnitten'", „zum traumatisierenden ,kairos' geworden" ist und alles „Erleben und Empfinden" beherrscht, lässt einen Menschen unfrei, nur zwanghaft

---

[12] Scharfenberg, Seelsorge, 12.
[13] Joachim Scharfenberg, Übertragung und Gegenübertragung in der Seelsorge, in: Forschung und Erfahrung im Dienst der Seelsorge. Festgabe für Otto Haendler zum 70. Geburtstag, Göttingen 1961, 80–89, hier 81.
[14] Ebd., 80.
[15] Vgl. Joachim Scharfenberg, Verstehen und Verdrängung. Ein Beitrag zum Gespräch zwischen Psychoanalyse und Theologie, 1968, in: ders., Religion zwischen Wahn und Wirklichkeit. Gesammelte Beiträge zur Korrelation von Psychoanalyse und Theologie, Hamburg 1972, 136–150.
[16] Scharfenberg, ebd., 142.
[17] Hans Georg Gadamer, Wahrheit und Methode. Grundzüge einer philosophischen Hermeneutik, 2. Aufl., Tübingen 1965, 254, zit. in Scharfenberg, ebd., 141.
[18] Scharfenberg, ebd., 142.
[19] Ebd., 144.
[20] Vgl. Joachim Scharfenberg, Sprache, Geschichte und Überlieferung bei Sigmund Freud, in: ders., Religion, 116–127.

wiederholend, die nicht bewusste Vergangenheit „in Gegenwart und Zukunft" hineinprojizieren.[21]

Der Sprengstoff, der für Scharfenberg in dieser Erkenntnis liegt, ist: Die Aufhebung der Amnesien kann nicht objektiv geschehen, sie erschließt sich nur in Beziehung.[22] Damit wird angedeutet, was in der „Seelsorge als Gespräch" ausgeführt wird: Erkenntnis, die heilt, vollzieht sich im Ereignis von Sprache, die im Horizont des hermeneutischen Zirkels verstanden wird:[23] „Erkenntnis kommt nur zustande, indem der hermeneutische Zirkel sich in Gang setzt, der im Widerspiel von Übertragung und Gegenübertragung die gleichmäßig schwebende Aufmerksamkeit zur Deutung und die Deutung wieder zur gleichmäßig schwebenden Aufmerksamkeit werden lässt."[24] Durch die Zirkelstruktur der Sprache ist es allein möglich, dass „die objective Wahrheit aus der ganzen Kraft der subjectiven Individualität hervorgeht."[25] Das bedeutet für die menschliche Beziehung als den Ort, an dem sich der hermeneutische Zirkel konkretisiert: „Der Mensch versteht sich selbst nur, indem er die Verstehbarkeit seiner Worte an andern geprüft hat und indem an einen gewagten Versuch sich sofort ein neuer knüpft."[26] Das Wesen der Sprache liegt also darin, dass sie nicht schon vorgegebene Vorstellungen abbildet, sondern überhaupt erst Wirklichkeit strukturiert.

Das bedeutet für die „Seelsorge als Gespräch": Im Sprachereignis freiheitsetzender Beziehung vollzieht sich Heilung. In der Verortung von Wahrheitsfindung im Gespräch als dem alle Erlösungsphantasien für sich und einen anderen loslassenden Respekt vor dem anderen Leben, der Wirklichkeit von Begegnung und darin der Wirklichkeit Gottes, können sich „neue Lebens- und Lösungsmöglichkeiten",[27] „an die keiner der beiden Partner gedacht hatte",[28] unverfügbar erschließen. So wird die Freiheit eines Christenmenschen konkret.

Aber im Horizont der leitenden Frage des Sprachgewinns im Diskurs von Seelsorge und Psychoanalyse muss weitergehend gefragt werden – was bedeutet das inhaltlich?

Wenn Scharfenberg als Aufgabe der Seelsorge näherhin bestimmt, „die Übertragungserwartungen und Übertragungshoffnungen des Klienten im wahrsten Sinne zu enttäuschen, in eine auf Realität statt auf Wiederholungszwang gegründete Beziehung zu verwandeln",[29] so ist dies ganz im Freudschen Verstehenshorizont formuliert, hebt sich aber entschieden ab, wenn er diese Aufgabe präzisiert als Hinführung zu einer Bindung an Gott – eine Aufgabe, die er in ihrer Konkretion

---

[21] Ebd., 123f.

[22] Scharfenberg, Verstehen und Verdrängung, 148.

[23] Vgl. Scharfenberg, Seelsorge, 25ff. Scharfenberg bezieht sich vor allem auf Wilhelm von Humboldt, Über die Verschiedenheiten des menschlichen Sprachbaus, Werke in fünf Bänden, III, Schriften zur Sprachphilosophie, Darmstadt 1963 und Ludwig Wittgenstein, Schriften, Frankfurt a.M. 1963.

[24] Scharfenberg, Verstehen und Verdrängung, 148.

[25] V. Humboldt, Werke III, 226 und 20; zit. in Scharfenberg, Seelsorge, 27.

[26] V. Humboldt, ebd., 169 u. 139, zit. in: Scharfenberg, Verstehen und Verdrängung, 148.

[27] Scharfenberg, Seelsorge, 26.

[28] Ebd., 43.

[29] Ebd., 118.

als das eigentlich Schwierige beschreibt.[30] Bei aller überzeugenden und einleuchtenden Parallelität, die Scharfenberg hervorhebt, ist nicht darüber hinwegzusehen, dass Freud Religion als Illusion bestimmt, Erwachsenwerden als notwendiges Verlassen des Religiösen versteht. Warum wird dieser entscheidende Unterschied nicht zum Problem?

An der Darstellung der Parallelität des Sprachgeschehens bei Blumhardt und Freud – Scharfenberg nimmt hier Blumhardts Krankengeschichte der Gottliebin Dittus auf[31] – wird die Problematik in der Frage der Umdeutung des Symbols deutlich. Die Befreiung der Gottliebin wird Ereignis im sprachlichen Symbol des Jesus-Namens. „Die Formel, die für *Blumhardt* den ganzen Geister- und Dämonenspuk mit einem Schlage verschwinden ließ und – psychologisch gesprochen – die Kräfte der Ich-Integration zu mobilisieren vermochte, war der Ausruf ‚Jesus ist Sieger‘. Vielleicht könnte man diese Tatsache auch einmal als eine in der Tat ergreifende Auslegung der Formulierung von *C.G. Jung* heranziehen, die ihm immer wieder so verübelt wurde, Christus könne als ein Symbol des Selbst verstanden werden.“[32] Hier ist eine Neuformulierung des Symbols praktiziert, die sich in der Begründung ausdrücklich von Freud unterschieden wissen will: „Nicht die Verdrängung ruft die Notwendigkeit zur Symbolisierung hervor, sondern der Verzicht auf den Umgang mit Symbolen schafft die Verdrängung. Das Symbol ist nicht das Symptom einer Menschheitsneurose, sondern dann, wenn man die symbolische Kommunikation einstellt, droht die Neurose.“[33]

Von dieser Neufassung her ist verstehbar, wie Scharfenberg sich mit der Religionskritik Freuds auseinandersetzt: Was Freud als Illusion und damit als infantilisierend und also realitätsverschleiernd beschreibt, deutet Scharfenberg um als Ausdruck einer „Wirklichkeitsdifferenz“[34]: „Eine Theologie, die … der Hoffnung und dem ‚Schrei nach Veränderungen‘ Raum geben möchte, wird Freuds Analyse der religiösen Vorstellungen als ‚Illusionen‘ keineswegs empört zurückweisen müssen“, aber diese gerade nicht „mit Freud lediglich als ‚infantile Regressionen‘, sondern im Sinne von ‚utopischer Progression‘ verstehen wollen, als die spezifisch christlichen Impulse zur Weltveränderung, die freimachen wollen von der Vergangenheit und jenen Freiheitsraum anvisieren, den der Mensch nicht nur den

---

[30] Vgl. ebd., 76.

[31] Vgl. Joachim Scharfenberg, Zur Lehre von der Seelsorge. Bewusstwerdung und Heilung bei Johann Christoph Blumhardt, in: Scharfenberg, Religion, 150–172 und ders., Seelsorge, 36ff.

[32] Scharfenberg, Seelsorge, 39.

[33] Joachim Scharfenberg / Horst Kämpfer, Mit Symbolen leben. Soziologische, psychologische und religiöse Konfliktbearbeitung, Olten und Freiburg im Breisgau 1980, 67. Als „Grunderkenntnis“ (ebd., 157) „einer Theorie des religiösen Symbols“ wird formuliert: „Symbole können immer dann ‚wirken‘, d.h. im Sinne einer Konfliktbearbeitung tätig werden, wenn es zu einer Horizontverschmelzung zwischen dem Sinngebungssystem des überlieferten Symbols und dem der Alltagserfahrung kommt. … Entscheidend ist dabei die Bezugnahme auf den inneren Konflikt, der als das Scharnier anzusehen ist, durch das das zentrale Symbol eines Textes mit einer Alltagserfahrung verbunden werden kann“ (ebd., 158).

[34] Joachim Scharfenberg, Zum Religionsbegriff Sigmund Freuds, 1970, in: Eckart Nase / Joachim Scharfenberg (Hg.), Psychoanalyse und Religion, Darmstadt 1977, 296–310, hier 309.

Naturkräften und den Herrschaftsverhältnissen, sondern sich selber und seinen eigenen unbewussten Bindungen gegenüber erringen muss."[35] Aber was bedeutet das? Wenn hier nicht doch wieder eine Doppelwirklichkeit in Gestalt einer Verflüchtigung ins bloß Zukünftige aufgestellt werden soll, muss doch deutlich werden, inwiefern diese utopisch progressiven Symbole zum Selbst- und Erwachsenwerden führen.

Konkret in Bezug auf das Beispiel der Gottliebin formuliert, ist hier zu fragen, ob sie sich in dem Symbol ‚Jesus ist Sieger' wirklich selbst gefunden hat, also heil geworden ist oder ob sie nicht infantil in ein neues Abhängigkeitsverhältnis regrediert ist.

Wenn Freuds Herzschlag die Frage nach Wahrheit ist und er darum alles, was der wahrhaftigen Selbsterkenntnis des Menschen im Wege steht, aufzudecken sucht, wenn sein Ziel darin begriffen ist, „dass der Mensch als Subjekt die Unwahrheit, die Selbsttäuschung … seines je unmittelbaren – ‚falschen', illusionären – Bewusstseins durchschaut" und die seine „Lebensfähigkeit blockierenden ‚Widerstände' gegen diese Wahrheit überwindet"[36], dann genügt es theologisch nicht, Christus als Symbol des Selbst zu behaupten. Dann ist im Diskurs mit Freud auch nicht unvermittelt Jung zu zitieren.

Es genügt nicht, zugespitzt formuliert, religiöse „Illusionen" als Hoffnungssymbole in ihrer Wirklichkeitsdifferenz nach vornhin zu beschwören, wenn nicht zugleich erkennbar wird, wie sich in der erfahrenen Realität die behauptete religiöse Wirklichkeit zeigt. Diese Frage aber impliziert, dass das, was unter Realität zu verstehen ist, nicht vorgegeben und erst recht nicht als selbstverständlich immer schon vorauszusetzen ist.

Eros und Thanatos und die leise Stimme des Glaubens

Das führt noch einmal zu Freud zurück.[37] Mein Blick ist wesentlich durch Paul Ricœur geprägt. Freud im Kontext von Marx und Nietzsche interpretierend, hat er „die Reduktion der Illusionen nur (als) die Kehrseite eines positiven Befreiungsversuches …, einer Bejahung des Menschen als Menschen"[38] verstanden. In Konsequenz dieser Sicht hat er das theologische Denken herausgefordert: Wir seien „noch weit davon entfernt, uns die *Wahrheit* des Freudismus über die Religion angeeignet zu haben", denn der „Freudismus" habe „zwar den Glauben der Ungläubigen bereits gestärkt, jedoch kaum begonnen, den Glauben der Gläubigen zu

---

[35] Ebd. Vgl. vor allem Joachim Scharfenberg, Sigmund Freud und seine Religionskritik als Herausforderung für den christlichen Glauben, 4. Aufl., Göttingen 1976; und ders., Freud und die Religion, 1965, in: ders., Religion, 77–96.

[36] Traugott Koch, Freuds Entdeckung und ihre Bedeutung für eine gegenwärtige Theologie, in: Aron Ronald Bodenheimer (Hg.), Freuds Gegenwärtigkeit. Zwölf Essays, Stuttgart 1989, 284–310, hier 292.

[37] Vgl. ausführlich, Steinmeier, Wiedergeboren, 30ff.

[38] Paul Ricœur, Der Atheismus der Psychoanalyse Freuds, 1966, in: Nase / Scharfenberg, 206–218, hier 207.

läutern."[39] Seine Wahrnehmung des Realitätsverstehens Freuds weist Wege zur
Beantwortung dieser Herausforderung.[40]

So sehr auf der einen Seite Realität als der „Abriss einer Welt ohne Gott"[41] verstanden und erwachsen nur wird, wer durch den Umweg der „‚Trauer' um die
verlorenen, verbotenen und tröstenden Objekte"[42] zur bewusst resignierenden
Einsicht ins Notwendige und Unausweichliche, auf den einzig tragenden Boden
der „eigenen Kraft"[43] gelangt, so unüberhörbar wird dieses Wirklichkeitsverstehen
1920 in „Jenseits des Lustprinzips", jenem Essay, der den Todestrieb einführt, in
eine empfindliche Spannung gebracht. Ricœur zeigt eine entscheidende Wende am
tiefsten Punkt der Argumentation auf: In dem Augenblick nämlich, da Freud die
radikale Todestendenz des Lebens angesprochen hat, hält er inne: „Aber besinnen
wir uns, dem kann nicht so sein!"[44] Das Leben strebt dem Tod zu, aber gegen
Thanatos ist Eros lebendig.[45] In seiner Interpretation, dass die Psychoanalyse „uns
niemals vor nackte Kräfte" stellt, „sondern immer vor Kräfte auf der Suche nach
einem Sinn", wird die implizite Frage nach dem Subjekt explizit.[46] Indem das
Triebgeschehen in einem dieses übergreifenden Wirklichkeitsraum von Intersubjektivität erfasst wird, erscheint Eros über eine bloß trieb-dynamische Verdrängung von Thanatos hinaus als eine diesem möglich überlegene Kraft.[47]

Dieser Gedanke findet sich bei Freud in dem alten Mythos eines vormals andro-
gynen Leibes aus Platons Symposion angedeutet: Mit jenem Mythos des ehemals
ganzen Leibes, der männliches und weibliches Geschlecht in sich verbunden hatte,
bevor Zeus ihn durchschnitt „‚wie man die Quitten zum Einmachen durchschnei-
det'", lässt sich die Lebenssehnsucht des Eros erklären: „‚Weil nun das ganze
Wesen entzweigeschnitten war, trieb die Sehnsucht die beiden Hälften zusammen:
sie umschlangen sich mit den Händen, verflochten sich ineinander im *Verlangen
zusammenzuwachsen* …'."[48]

Damit aber gibt es im Denken Freuds ein „empfindliche(s) Gleichgewicht" – oder
einen „subtilen Konflikt?"[49] – zwischen dem „wesentlich kritische(n), gegen die
archaischen Objekte und Illusionen gerichtete(n) Thema" des Realitätsprinzips
und dem „wesentlich lyrischen, gegen den Todestrieb gerichteten Thema" des
Eros.[50]

Mit Ricœur lässt sich aus dieser Spannung der Gedanke eines geläuterten Glaubens entwickeln. In der „Mythik des Eros" – denn Eros könnte „ein anderer Name

---

[39] Ebd., 217.
[40] Vgl. Steinmeier, Wiedergeboren, 30ff.
[41] Paul Ricœur, Die Interpretation. Ein Versuch über Freud, Frankfurt a.M. 1969, 1974, 335.
[42] Ebd., 284.
[43] Vgl. Sigmund Freud, Die Zukunft einer Illusion, 1927, GW XIV, London 1991, 323–380, bes.
     373f.
[44] Sigmund Freud, Jenseits des Lustprinzips, 1920, GW XIII, London 1987, 1–69, hier 41.
[45] Vgl. ebd., 43.
[46] Paul Ricœur, Der Konflikt der Interpretationen, Bd. 2, Hermeneutik und Psychoanalyse, München
     1974, 94, vgl. ders., Interpretation, 503f.
[47] Vgl. Ricœur, Interpretation, 299.
[48] Freud, GW XIII, 62.
[49] Ricœur, Interpretation, 346.
[50] Ebd., 345f.

des johannitischen Gottes oder gar des deuteronomischen Gottes oder auch des Gottes Hoseas sein"[51] – ist „im affektiven Dynamismus des religiösen Glaubens" etwas gefunden, „womit sein Archaismus zu *überwinden* wäre."[52] „(W)arum sollte ‚unser Gott Logos', der keinen Trost bietet, dessen Stimme zwar schwach ist, sich aber dennoch Gehör zu verschaffen weiß – warum sollte er trotz dem ironischen Ton, den Freud hier anschlägt – nicht ein anderer Name für Eros sein, in der tiefen Einheit der Symbole des Lebens und des Lichts?" Nach Ricœur scheint Freud „ohne psychoanalytischen Grund die Möglichkeit auszuschließen, dass der Glaube an der Quelle des Eros teilhaben könnte und damit nicht die Tröstung der Kindheit in uns, sondern die Macht zu lieben betrifft, dass er darauf abzielt, dieser Macht zum Erwachsensein zu verhelfen, im Angesicht des Hasses in und außer uns – im Angesicht des Todes. Das einzige, was der Kritik Freuds entgehen kann, ist der Glaube als Kerygma der Liebe," die Kritik aber kann „helfen, das auszumachen, was dieses Kerygma der Liebe ausschließt: eine strafende Christologie und einen moralischen Gott – und was es impliziert: eine gewisse Übereinstimmung des tragischen Gottes von Hiob und des lyrischen Gottes von Johannes."[53]

In theologischer Weiterführung dieser Argumentation Ricœurs möchte ich dreierlei explizit noch einmal herausheben. Zum ersten, was Freud unter eigener Kraft versteht, ist nicht länger in monadischer Exklusivität des Ich, sondern im Horizont des Eros zu interpretieren. Wenn Eros das Prinzip der Realität verändert, dann kann das nicht geschehen, ohne dass die eigene Kraft in Beziehung erfasst wird. Gerade im Einlassen auf die eigene Kraft wird ein Mensch erfahren: Das Eigene ist nicht das Eigene allein. Von hierher ist zweitens eine Sehnsucht denkbar, die sich nicht mehr nur auf den Vater richtet, die nicht mehr nur infantil ist. Dann muss Bewusst-, Erwachsenwerden nicht den Verzicht auf den Wunsch bedeuten, sondern kann die Verwandlung des Wunsches in Hingabe eröffnen und sich die Kraft des Wunsches in Sinn erfüllen. Das gilt drittens gerade in Bezug auf das, was Freud als Standhalten gegenüber der „Härte des Lebens" beschreibt. Was hält stand, wenn der Vatergott im Himmel gestorben ist? Wenn ein Mensch erfährt, im Wesentlichen auf die eigene Kraft angewiesen zu sein? Hält nicht stand, was den Schmerz fühlen lässt – was den anderen nicht aufgibt, auch wenn er sich selber aufgeben will? Die Resignation als verständige Einsicht ins Notwendige gibt auf und verloren, was die erwachsene Sehnsucht, als die Kraft, die Gegensätze in der Hingabe und der Liebe zusammenzuhalten, niemals aufgibt: den Schmerz und das Leiden und damit die Hoffnung, dass nichts verloren geht.

Gegen den tragischen Gott des Hiob, den Ricœur heraushebt, sei darum an den leidenden, Gott gegen Gott anrufenden und kämpfenden Hiob erinnert. Wenn ich nun explizit bei der Gottesfrage angelangt bin, so ist sie doch gerade nicht etwas Hinzukommendes, noch eine eigene zusätzliche Dimension: Gerade die Kraft, der „Härte des Lebens" standzuhalten – ohne darin das Leben und den Sinn aufzugeben – ist als Kraft nur zu beschreiben, die in einem Menschen ist und in der

---

[51] Ebd., 548.
[52] Ebd., 546.
[53] Ebd., 548.

Gemeinsamkeit mit anderen erfahren wird und doch nicht in der Innerlichkeit und der Gemeinsamkeit aufgeht.

Ricœur fordert den „Verzicht auf den Vater"[54] im Zentrum des Glaubens. Aber der Weg vom „Phantasiebild des kastrierenden Vaters, den man töten muss, bis zum Symbol eines Vaters, der sein Leben aus Barmherzigkeit hingibt",[55] ist von Gott selbst gegangen. Es ist kein Gott mehr, der sich „mit den Attributen der ‚Vorsehung' umgibt, … sondern mich vielmehr den Gefahren eines Lebens aussetzt, das allein menschenwürdig genannt werden könnte."[56] Das Gottesbild, das Freuds Kritik anheim fällt, ist, was Hegel als „Abstraktion des göttlichen Wesens" bezeichnet hat, „das nicht als Selbst gesetzt ist."[57] Solches Gottesbild aber fällt der Kritik anheim, ohne je verletzbar zu sein. Standhält, was verletzbar ist – was die Stärke hat, sich auszusetzen, um die eigene Gefährdung weiß: Die Stimme eines so „geläuterten" Glaubens ist leise: Es ist die Stimme des Geistes in uns und unter uns,[58] hörbar in den Prozessen des eigenen Lebens und seiner Aneignung des Fremden, der Erfahrung des Geborenwerdens ins eigene Leben, in der Lebenskraft gegen den Tod, im Vertrauen, in der schöpferischen Erfahrung von Lebendigkeit.

In dieser Wahrnehmung Gottes im Menschlichen gründet die theologische Identität der Seelsorge, die – in Achtung der jeweils eigenen Sprachfelder – durch psychoanalytische Wahrnehmung Vertiefung erfährt, die aber in ihrer Deutung auch zum „Sprachgewinn" im Raum der Psychoanalyse beitragen kann. Das sei im Horizont gegenwärtiger, auch strittiger Diskussionen, angedeutet.

Fremde sind wir uns selbst und schöpferisches Verstehen

Menschen erzählen ihre Geschichte, und wenn sich Sprache (wieder)findet, dann zuerst über der Suche nach der eigenen Geschichte, die nicht aufhört, wenn etwas abbricht, sondern oftmals gerade dann eigens zum Thema wird. Und wenn es Zeit gibt, und das ist immer noch ein wesentliches Charakteristikum der Seelsorge, darin liegt ihre produktive Unzeitgemäßheit, wird Raum sein wahrzunehmen. Sich selbst in dem, was war und ist und vielleicht nicht wird. Und dann ist entscheidend, ob jemand hört und die Haltung einer inneren Freiheit hat, sich mit einem anderen Menschen in die Bewegung seiner Wege zu stellen. Eine Aufmerksamkeit, die eben nicht nur guter Wille ist, sondern vielfach eine besondere, eine pastoralpsychologische Kompetenz verlangt, weil der Weg nicht ist ohne die Dynamik, durch die hindurch Menschen in Übertragung und Gegenübertragung, in Inszenierungen des Alten Neues suchen.

Sprachgewinn kann zunächst ein Mehr von Beunruhigung sein. Schon in einem einzigen Gespräch kann viel aus der Tiefe zu Tage treten, Widerständiges und

---

[54] Ebd., 562.
[55] Ricœur, Hermeneutik, 315.
[56] Ebd., 305f.
[57] Georg Wilhelm Friedrich Hegel, Phänomenologie des Geistes, Frankfurt a.M. 1970, 546, zit. in Ricœur, Hermeneutik, 349.
[58] Vgl. Ricœur, Hermeneutik, 348 in Bezug auf Hegel, Phänomenologie, 62.

bedrohende Gegenkräfte, Ängste, längst vergessene Traurigkeit und tief verschütteter Schmerz vielleicht. Ein Mensch kann sich selbst als einem Fremden begegnen. Es ist schwer wahrzunehmen und für sich selbst anzunehmen und im Gespräch wahr werden zu lassen, was doch erst schöpferisch verändern kann: Dass ein Mensch gerade im Aufbruch eines Neuen – allem Wünschen und Wollen entgegen – eine Vergangenheit inszenieren, noch im besten Wollen sich selbst und was ihm wichtig ist, zerstören kann.

Hier konzentrieren sich Einsprüche, die Jürgen Ziemer so zusammenfasst: „Eine pastoralpsychologische Perspektive in der seelsorgerlichen Arbeit wird dann problematisch, wenn sie – gegen ihre Intention – dazu benutzt wird, strukturelle Probleme der modernen Gesellschaft zu individualisieren und auf psychische Wahrnehmungs- und Verarbeitungsdefizite zu reduzieren. Muss man nicht vielmehr davon ausgehen, dass viele individuelle Leiderfahrungen eher ‚psychische Folgeprobleme‘ gesellschaftlicher Fehlentwicklungen und sozialer Verwerfungen darstellen?"[59]

Es geht mir nicht um die undiskutable Berechtigung des Blicks auf die sozialen Bedingungen. Zur Frage steht vielmehr die mit diesem Blick z.T. verbundene Verabschiedung von einer psychoanalytisch gebildeten Wahrnehmung des Menschen. Eine Wahrnehmung, die am Ort der Seelsorge mit entscheidet, ob Religion zum Frieden beiträgt oder nicht. „Menschen, die nichts von sich wissen," schreibt Christa Wolf, „sind die sichersten Objekte für Demagogie und Massenwahn."[60] Durch Erinnerungsarbeit erst werden „tödliche Vereinfachungen" abgebaut und erschließen sich „Möglichkeiten, … auf menschliche Weise zu existieren."[61]

Die Literaturwissenschaftlerin und Psychoanalytikerin Julia Kristeva schreibt: „Auf befremdliche Weise ist der Fremde in uns selbst: Er ist die verborgene Seite unserer Identität, der Raum, der unsere Bleibe zunichte macht, die Zeit, in der das Einverständnis und die Sympathie zugrunde gehen. … (A)ngesichts einer ökonomischen und politischen Integration des gesamten Planeten" stellt sich die „immer noch und vielleicht immer wieder utopische Frage …: Können wir innerlich, subjektiv mit den anderen, können wir *die anderen (er)leben?*"[62] Die Wahrnehmung des Selbst und das Aushalten dieser Wahrnehmung ist nicht weniger als auch ein Reifen in dieser Frage. Eine Frage, aus der zugleich mit Scharfenberg eine „Theologie der Schuld" entwickelt werden kann, „die nicht mehr länger im Zeichen der Über-Ich-Strukturen, sondern im Zeichen der Ich-Funktionen steht"[63] und die im Horizont der kulturellen Herausforderungen von Religion von wesentlicher Bedeutung ist.

Am Ort der Seelsorge fordert dies ein Verstehen heraus, das selbst eine versöh-

[59] Jürgen Ziemer, Seelsorgelehre, Göttingen 2000, 105.
[60] Christa Wolf (1987), Die Dimension des Autors. Essays und Aufsätze, Reden und Gespräche 1959–1985, Bd. 1, Frankfurt a.M. 1990, 78.
[61] Christa Wolf (1987), Die Dimension des Autors. Essays und Aufsätze, Reden und Gespräche 1959–1985, Bd. 2, Frankfurt a.M. 1990, 503.
[62] Julia Kristeva, Fremde sind wir uns selbst, Frankfurt a.M. 1988, 11.
[63] Joachim Scharfenberg, Jenseits des Schuldprinzips? Ein theologischer Versuch, in: ders., Religion, 189–208, hier 205.

nende Kraft in sich trägt, weil das Verborgene ans Licht kommen und in der Begegnung aufgenommen werden kann, aber nicht auf sie beschränkt bleibt. Ein Verstehen, das schöpferisch ist, weil nach und nach für einen Menschen selbst, also auch außerhalb und unabhängig von dieser Begegnung, ein Raum sich erschließen kann, in dem ein Selbsterkennen möglich wird und einer für sich selbst sein fremdes Eigenes aneignen kann.

„Wo Es war, soll Ich werden."[64] hat Freud gefordert. Aber das „Ich" wird nicht, ohne dass durch Verlust hindurch neue Bilder, Gestalten, Symbole werden, antwortet Ricœur.[65] Das entspricht Scharfenbergs Einwand gegen Freud, dass nicht die Verdrängung die Notwendigkeit zur Symbolisierung provoziere, sondern der Verzicht auf den Umgang mit Symbolen Verdrängung schaffe. Ricœur lehrt, dass der Sinnprozess nicht einlinig, sondern nur als Bewegung zu fassen ist, in der Menschen sich immer schon vorfinden und in der sie zugleich neu auf den Weg gesetzt werden. „(E)in und dieselben Symbole (sind) Träger zweier Vektoren ...: auf der einen Seite wiederholen sie unsere Kindheit in allen ihren Richtungen ... Auf der anderen Seite erforschen sie unser Erwachsenenleben ..., wahrhaft regressiv-progressiv" bilden sie Identität in „Reminiszenz" und „Antizipation", in „Archaismus" und „Prophezeiung."[66] Die Sprache des Symbols ist das Ende der Illusion, Leben ohne Ambivalenz vereindeutigen zu können.

Darin liegt die Würde des Menschen, aber darin liegt auch seine Verletzbarkeit. Und eben in dieser Spannung, die nicht aufzulösen ist, liegt die Schwierigkeit und die Chance der Rede von Gott.

Erbunrecht und Stellvertretung

Aber was heißt das für die Erfahrung von Unrecht? Hier greifen die Einwände, nicht zu individualisieren, was gesellschaftlich zu begründen ist, am stärksten. Am Ort des Gesprächs aber kann diese Kritik in das Gegenteil dessen umschlagen, was sie berechtigt intendiert. Sie könnte in Entscheidendem sprachlos bleiben: in der Beantwortung der Frage, wie ein Mensch zu dem, was ihm an Unrecht geschehen ist, ein Selbstverhältnis finden kann, wie er nicht resignativ-depressiv oder aggressiv-zynisch verhärtet, sich als Opfer im System verflüchtigen muss, ungetröstet und festgehalten in der Erzählung seines Lebens. Hier ist bedenkenswert, was Gaetano Benedetti aus seinen Erforschungen der Schizophrenie in den Dialog von Medizin und Seelsorge eingetragen wissen will. In dieser „Randmöglichkeit, die ... das Dasein der Schwächeren betrifft,"[67] erkennt Benedetti „die grundsätzliche Konflikthaftigkeit der menschlichen Existenz, die in dieser Weise ihre radikalste Gestalt zeigt: die Unfähigkeit einzelner, in einer Welt der gegen-

---

[64]   Sigmund Freud, Neue Folge der Vorlesungen zur Einführung in die Psychoanalyse, 1944, GW
       XV, London 1990, 86.
[65]   Vgl. Ricœur, Hermeneutik, 206.
[66]   Ricœur, Interpretation, 507f.
[67]   Gaetano Benedetti, Psychotherapie und Seelsosrge, in: Volker Läpple / Joachim Scharfenberg,
       Psychotherapie und Seelsorge, Darmstadt 1977, 327–340, hier 330.

seitigen sozialen Verständigung zu leben bei gleichzeitiger, unausweichlicher Notwendigkeit, sich in einer sozialen Welt als Mitmensch zu verwirklichen."[68] Benedetti sucht das Gespräch mit der Seelsorge dort, wo der Therapeut mit „Nöten konfrontiert wird, die in der Seelsorge geläufig sind: Werte, Schuldgefühle, lebensgeschichtliche Ängste, Selbstverwirklichung."[69] Wenn das Anhören eines Menschen bis an den Ort führt, an dem er sagt, wie er „zur Welt und zum Menschen" steht, wie er sein Leben erlebt und in Wahrheit versteht, kommt zur Sprache, wie es war, in der Kindheit und im späteren Leben, und dann ist manchmal die Klage nicht mehr nur paranoisch verzerrt, sondern „trifft etwas Wahres" und zeigt, „wie dieser Mensch in wesentlichen Situationen des Lebens missverstanden wurde."[70] In Anlehnung des Begriffs der Erbsünde spricht Benedetti vom „Erbunrecht" als jener Wirklichkeit, in der ein Mensch Opfer ist.[71] Eine Wirklichkeit, die aber nicht nur im Tragen der Schuld der Ahnen, „in der Verstrickung der Eltern"[72], sondern in all den Ungerechtigkeiten besteht, die täglich geschehen. Freiheit wächst nur schmerzlich im Annehmen der eigenen Vergangenheit und der Anerkennung der Gefangenschaft in ihr. Erst wenn ein Mensch sich als durch seine Geschichte so und nicht anders gewordenes Individuum bejahen kann, das heißt für Benedetti auch seine Krankheit nicht als nur pathologisch, sondern zugleich als verzerrten, aber doch wahren Anfang von etwas Eigenem, als Versuch, die eigene Existenz zu verwirklichen, verstehen und würdigen kann, wird ein Raum für Neues entstehen. Diese „neue, ernste Freiheit"[73] aber wird nicht nur durch jene Aufmerksamkeit, wie sie in der Gegenübertragung möglich ist, sondern kann zugleich die unabgeschwächte Verbindlichkeit einer direkten Auseinandersetzung fordern, in der „dann nicht ‚darüber', sondern ‚aus dem heraus' gesprochen"[74] wird. Das schließt die kundige Bereitschaft ein, Bitterkeit und Aggressivität eine Zeitlang zu ertragen, eine Haltung, die die „duale Beziehung, die Zugehörigkeit, das Vertrauen stärkt."[75] Benedetti deutet diese Haltung als Stellvertretung. Eine Deutung, die sich im Horizont der Wahrnehmung des im Kreuz begründeten Zusammenhangs von „allem mit allem", den Scharfenberg betont hat, lesen lässt.[76] Ein Zusammenhang, der Differenzen nicht übergeht, sondern ihnen ihren sprachlichen Ort gibt. Aber, fragt Scharfenberg, „(w)enn es stimmt, dass die an die Ränder unserer Gesellschaft gedrängten ‚Patienten', die Leidenden, sich ... etwas bewahrt haben, was den anderen Menschen in ihrer ‚normalen Verrücktheit' verloren gegangen ist – Was heißt das, anthropologisch gesehen? ... (W)o ist der" – über kontingente Praxis hinausweisende – „systematische Ort solcher Solidaritätsbeweise in der theologischen Anthropologie? ... Können wir als Pastoralpsychologen vielleicht tatsächlich ein Paradigma zur Verfügung stellen, das es der theo-

---

[68] Ebd., 329f.
[69] Ebd., 334.
[70] Ebd., 335.
[71] Vgl. ebd., 336.
[72] Ebd., 335.
[73] Ebd., 339.
[74] Ebd., 338.
[75] Ebd., 337.
[76] Vgl. Joachim Scharfenberg, Einführung in die Pastoralpsychologie, 2. Aufl., Göttingen 1990, 223.

logischen Forschung ermöglicht, ihre Horizonte zu erweitern?"[77] Eine Spur auf
der Suche nach diesem anthropologischen Ort ist vielleicht im „Sprachgewinn"
einer „dritten Realität" zu finden.

Im Zwischenreich des Träumens

Für diese Frage sind Erkenntnisse des schöpferischen Unbewussten wegweisend,
wie sie in besonderer Weise von Benedetti und Thomas H. Ogden vorgetragen
werden. In Benedettis im graphischen Dialog[78] erkannten gemeinsamen Kreativität zweier Unbewusster ist ein grundlegendes anthropologisches Potential erkannt,
das die Erkenntnisse von Kommunikation in der dualen Beziehung wesentlich
erweitert.
Ohne dass Ich-Grenzen aufgehoben werden, kann ein Unbewusstes ein anderes
berühren, ansprechen, aktivieren. In dieser „Migration unbewusster Gedanken und
Phantasien"[79] entsteht eine „dritte Realität", ein so genanntes Übergangssubjekt,
das von beiden Beteiligten, in einem Netz von beidseitigen Projektionen und
Introjektionen, gemeinsam gefunden und geschaffen ist und deshalb beiden zuge-
hört, in beiden, auf verschiedene Weise, vorübergehend wirksam ist. Dieses dritte
Subjekt kann sich fließend verändern. So können Übergangsbilder als Schwellen-
bilder den Prozess einer neuen Gestalt von Leben einleiten und darin die Bildung
des Selbst unterstützen. Eine Kommunikation, die auch in der Seelsorge in Situationen des Übergangs fruchtbar und hilfreich werden kann. In Bezug auf die Frage
des anthropologischen Ortes der Solidarität im interdisziplinären Diskurs ist der
homo absconditus wesentlich: In dieser Hoffnungsdimension, die Benedetti nicht
nur immanent-subjektiv versteht, sondern als unzerstörbare „posttragische" Sprache der Transzendenz achtet, ist der Prozess des Erkanntwerdens in den Werde-
möglichkeiten eines Menschen begründet. Aus dieser Solidarität eines unverfüga-
ren Geheimnisses erwächst die kreative Integration des Vergangenen. Viel mehr
als Erinnerung, vor allem als „ein Urteil, das über sie gefällt wird", erschließt die
imaginative Begegnung mit der Vergangenheit „eine einzigartige Möglichkeit, ihr
ein zweites Mal nahe zu kommen, heute, in der Gegenwart, um in ihr eine Rich-
tungsänderung zu bewirken, zu der die Vernunft allein nicht fähig wäre," um aus
manchen „unentwirrbaren Knoten, aus den Schatten, den Flecken und den unge-
lenken Entwürfen von heute die Gestalten, die Bewegungen, die Hoffnungen von
morgen herauszuholen und zu formen."[80]
In diesen Diskurs führen auch die „Gespräche im Zwischenreich des Träumens"

---

[77] Ebd., 205.
[78] Vgl. Anne M. Steinmeier, Bilder, in: Klaus Eulenberger / Lutz Friedrichs / Ulrike Wagner-Rau
      (Hg.), Gott ins Spiel bringen. Handbuch zum Neuen Evangelischen Pastorale, Gütersloh 2007,
      124–130.
[79] Bernd Rachel (Hg.), Die Kunst des Hoffens. Begegnung mit Gaetano Benedetti, Göttingen 2000,
      109.
[80] Ebd., 157f.

von Thomas H. Ogden.[81] Lebendigsein im „Zwischenreich des Träumens" ist „nicht nur eine Kunst ..., sondern das Lebensblut *aller* Kunst."[82] In diesem zwischen Unbewusstem und Vorbewusstem verorteten „Grenzbereich"[83] liegt ein psychisches Kraftfeld, in dem Impulse „zur symbolischen Repräsentation ... nicht nur durch das unablässige Bestreben nach unbewusstem und bewusstem Ausdruck entsteh(en), sondern auch durch das Phänomen, ‚dass das Bewusste nirgends dem Unbewussten entläuft, überall ihm entgegenläuft.'"[84] Das erschließt im Raum der offenen Beziehung die Möglichkeit eines schöpferischen Erkanntwerdens zum Beispiel im „Dritten" eines Gedichts. Aber der „Eindruck von einem Wesenskern, den wir durch ein Gedicht – sofern es ein gutes ist – erlangen, ist nicht schon da (‚im' Leser oder ‚im' Gedicht) und wartet nur darauf, ins Licht gerückt zu werden, sondern wird jedes Mal" – unverfügbar – „neu geschaffen", nicht nur im Medium der Worte des Gedichts, sondern zugleich „im Medium der Worte eines anderen Menschen." Wir werden „auf eine Weise gekannt, wie wir uns bisher selbst nicht kannten; wir waren nicht so völlig wir selbst, wie wir es werden, indem wir ein Gedicht erleben und indem das Gedicht uns erlebt."[85] So kann sich im Diskurs mit der Psychoanalyse ein neues Nachdenken über das Verhältnis von Seelsorge und Liturgie eröffnen. Vielleicht können biblische Texte, Psalmen, Erzählungen, Gebete in ihrer Sprachkraft neu entdeckt werden, wenn sie nicht als „schon da", nur darauf wartend, „ins Licht gerückt" zu werden, „verkündigt" werden. Vielleicht können sie in den offenen Raum eintreten und „neu geschaffen" werden, beide Beteiligte auf eine neue Weise lesend.[86] Vielleicht kann sich im Horizont der Kunst als „Quelle der Beunruhigung"[87] der Diskurs von Psychoanalyse und Seelsorge fortschreiben und sich so in neuer Annäherung an jenen gemeinsamen Sprachgewinn versuchen, von dem Freud einst wusste, als er schrieb, „dass unsere Gegnerschaft nur eine einstweilige ..., keine unversöhnliche"[88] sein werde.

---

[81] Thomas H. Ogden, Gespräche im Zwischenreich des Träumens. Der analytische Dritte in Träumen, Dichtung und analytischer Literatur, Gießen 2004.

[82] Ebd., 19.

[83] Vgl. ebd., 14.

[84] Ebd., 15 im Anschluss an Lou Andreas-Salomé, Brief an Freud, 9. April 1916, in: Ernst Pfeiffer (Hg.), Sigmund Freud – Lou Andreas-Salomé. Briefwechsel, 2. überarbeitete Aufl., Frankfurt a.M. 1980, 47.

[85] Ogden, Gespräche, 151.

[86] Vgl. Anne M. Steinmeier, Poesie der Seele. Zur Kunst der Seelsorge in Gespräch und Liturgie, in: WzM 60 (2008), im Druck.

[87] Ogden, Gespräche, 18f.

[88] Sigmund Freud, Die Zukunft einer Illusion, 1927, GW XIV, London 1991, 323–380, hier 377.

Symbol und Glaube

Dieter Seiler

1. Diese Arbeit widme ich einer Gruppe von Pastoralpsychologen, deren Mittelpunkt Joachim Scharfenberg in Kiel war, in der ich für mich entscheidende Einsichten zum Begriff des religiösen Symbols[1] gewinnen konnte.

2. Eine mathematische Formel, die menschliche Hand, ein Rennwagen, ein Paar Schnabelschuhe, eine Münze, eine Krone, eine Bestattungsfeier, die Lähmung menschlicher Extremitäten, ein religiöses Glaubensbekenntnis, eine Blume, eine Nationalfahne, ein Gedicht, ein Magengeschwür, ein Verkehrsschild, ein Gewitter, eine Sonnenfinsternis und der Aufsatz, den Sie soeben lesen: Alle diese Objekte und beliebig viele andere können neben ihrem einfachen Vorhanden-sein zu *Symbolen* werden, indem sie von Menschen „gedeutet" werden.

3. In das von mir willkürlich erzeugte Durcheinander von bedeutungsvollen Objekten lässt sich eine erste Ordnung bringen, wenn wir ihnen den Erkenntnisvorgang bzw. die Wissenschaft zuordnen, innerhalb dessen sie als Symbol auftreten und bezeichnet werden. So ist uns im Kontext der Psychoanalyse das Verstehen einer hysterischen Lähmung als Erinnerungssymbol aus Freuds früher Abhandlung über die Hysterie vertraut.[2] Der Schriftsteller beschreibt ein Gewitter als bedeutungsvolle biographische Erschütterung seines Protagonisten weit über die materielle Erscheinung und deren Folgen hinaus. Wir erleben Erdbeben nicht nur als Erschütterungen der Erde, sie lassen uns ganz andere Zusammenhänge assoziieren. Die tiefe Angst, die zuinnerst zugreift, überträgt sich auf ein ganzes Feld erschütternder Erfahrungen. Der Linguist, der Mathematiker, der Kommunikationstheoretiker, der Kunsttheoretiker, der Sozialpsychologe und der Theologe – sie alle verfügen je über einen symbolischen Kosmos, und nicht nur das, sie zeigen darüber hinaus einen je eigenen manchmal auch reflektierten theoretischen Gebrauch des Begriffes „Symbol".

4. Der Begriff des Symbols scheint problematisch, insofern alles und jedes zum Symbol erklärt werden kann,[3] und das am Ende nichts mehr besagt als die banale Redensart „Das ist eben symbolisch zu verstehen" oder „Das ist *nur symbolisch*".
Die folgenden Überlegungen beruhen auf der Ansicht, dass man Begriffe nicht einfach abschalten oder ersetzen kann. Sinnvoller ist es, sie in ihrer begrenzten Reichweite zu präzisieren.

---

[1]   Vgl. Joachim Scharfenberg, Einführung in die Pastoralpsychologie, Göttingen 1985; ders. / Horst Kämpfer, Mit Symbolen leben, Olten 1980.

[2]   Sigmund Freud, Studien über Hysterie, GW I: Über den psychischen Mechanismus hysterischer Phänomene (vorläufige Mitteilung), 1893.

[3]   Siehe die Kritik am Begriff Symbol bei Wilfried Engemann, Personen, Zeichen und das Evangelium, Leipzig 2003; Umberto Eco, Einführung in die Semiotik, München 1972.

5. In jedem der angeführten Bereiche ist „Symbol" ein metatheoretischer Begriff, d.h. er befasst sich mit der Frage: Was ist das, womit wir uns da beschäftigen? Gewiss muss diese Frage nicht gestellt werden, sie kann Kreativität sogar behindern. Und doch wird sie legitim gestellt: Der Künstler wird zum Kunsttheoretiker, wenn er bedenkt: Ich schaffe ein Symbol. Der Theologe fragt: Womit beschäftige ich mich in meines Wissenschaft? Der Analytiker, der die konflikthafte Erinnerung eines Patienten mit deren somatischer Darstellung verknüpft, entdeckt deren Symbolcharakter. Freud reflektiert die unbewusste Verknüpfung eines Symptoms mit einem verborgenen Sinn mit dem Begriff Symbol.[4] Ich sehe deshalb den Begriff des Symbols als möglichen Bestandteil jeweiliger Metatheorie.[5] Wenn es auch unmöglich scheint, eine alle Erfahrung und Wissenschaft übergreifende Definition des Symbolischen festzulegen, so kann es doch Sinn haben, den Berührungspunkt zweier solcher Wissenschaftssysteme mit diesem Wort zu markieren, um miteinander ins Gespräch zu kommen. Sie begegnen sich an der jeweiligen Grenze.[6] Ansatzweise soll dies hier zwischen Psychoanalyse und Theologie geschehen.

6. Wenn der Begriff des Symbols in seiner Vieldeutigkeit häufig problematisch und verbraucht sein mag, so ist der Prozess der *Symbolisierung* zwar ebenfalls nicht auf eine Wissenschaft beschränkt, jedoch präziser und einer Verständigung dienlicher. Um die Psychoanalytikerin Hanna Segal zu zitieren: „Symbolbildung entscheidet über die Kommunikationsfähigkeit, da jede Kommunikation mit Hilfe von Symbolen durchgeführt wird".[7] „Die Fähigkeit, mit sich selbst zu kommunizieren, indem man Symbole benutzt, stellt, glaube ich, die Grundlage für das verbale Denken dar – und dieses ist die Fähigkeit zur Kommunikation-mit-sich-selbst durch Wörter."[8]

7. Eine kurze Rückschau: Symbol in der Psychoanalyse
Der Begriff hat in der psychoanalytischen Theorie Veränderungen erfahren. Freud[9] bezeichnete solche körperliche symptomatische Äußerungen eines Subjekts als Symbol, auf die ein Erlebnisinhalt „verschoben" wird, der an seinem Ursprungsort nicht geduldet werden kann. Es handelt sich um ein „Erinnerungssymbol", wenn eine somatische Lähmung als Darstellung einer psychischen Hemmung benützt wird. Die Beziehung zwischen der Darstellung und dem Dargestellten ist dabei nicht zufällig, vielmehr eignet der Darstellung im Symbol ein Hinweischarakter, der zum latenten unbewussten Inhalt führen und den der be-

---

[4]   Freud, GW I, 149.

[5]   So kann Lorenzer seine Beschäftigung mit dem Symbolbegriff „Vorbereitung zu einer Metatheorie der Psychoanalyse nennen. Alfred Lorenzer, Sprachzerstörung und Rekonstruktion, Vorarbeiten zu einer Metatheorie der Psychoanalyse, Frankfurt 1973. Ders., Kritik des psychoanalytischen Symbolbegriffes, Frankfurt, 1970, 12ff.

[6]   Einen ähnlichen Grenzbegriff in unserer Wissenschaft stellen Worte wie „Rolle" oder „ Identität" dar.

[7]   Hanna Segal, Bemerkungen zur Symbolbildung in: Elizabeth Bott Spillius, Melanie Klein heute Bd. 1, Wien 1990, 213.

[8]   Ebd. 214.

[9]   Studien zur Hysterie 1893; s. Literatur Anm. 2.

handelnde Analytiker erraten kann, indem er zusammen mit dem Patienten dessen Erinnerungsspuren verfolgt. Wesentliche Elemente dieses Symbolverständnisses sind: Die *Darstellung* im Symptom, die *Verschiebung* als Arbeitsweise des Unbewussten und damit die mehrfache Determinierung des Symptoms als Symbol durch *Verdichtung,* sowie die mögliche Überführung in Sprache und Austausch, d.h. in *Deutung.*

Freud trennte sich von seinem Weggenossen Carl Gustav Jung nicht zuletzt an der Verschiedenheit ihres Symbolverständnisses. Es ging dabei um die Frage, wie sich der feste Bestand von Symbolen und Bedeutungen in der menschlichen Kulturgeschichte zum privaten Symbol verhält. Jung hatte mit seiner Lehre von den Archetypen einen Weg beschritten, auf dem ihm Freud nicht folgen konnte. Das Problem blieb bestehen. Dies hat Alfred Lorenzer in seinen oben zitierten Schriften aufgegriffen. Einer konservativen Beharrung auf dem frühesten Ort, dem des Symptoms verdrängter Erlebnisinhalte als Erinnerungssymbol, wie es Ernest Jones[10] vorschlug, stellte er die Weiterentwicklung bereits bei Freud gegenüber und verband dies noch mit seiner Erweiterung der Theorie, die dem privaten Symbol des einzelnen Menschen die Welt der Symbole in der Kultur gegenüberstellte.

8. Dies war der psychoanalytische Einsatzpunkt der „Kieler" Pastoralpsychologie. Der Psychoanalytiker und Theologe Joachim Scharfenberg wurde als ordentlicher Professor für Praktische Theologie an die theologische Fakultät berufen. Er fand Schüler und Kollegen und entwickelte eine für Theologen fruchtbare Theorie des Symbols und des pastoralen Umgangs mit ihm. Als Analytiker war er dem von Freud entdeckten Unbewussten verpflichtet. Mit der Religionskritik Freuds hatte er sich auseinandergesetzt[11] und seine psychoanalytische Praxis weitergeführt. Als Theologe war er der Welt der öffentlichen Symbole verpflichtet, die er erst bei Lorenzer berücksichtigt fand.[12] Ferner gab es im Bereich der Theologie eine umfangreiche Beschäftigung mit dem Begriff des Symbols.

9. Der Begriff reicht im Bereich der Theologie weit zurück bis in die Ursprünge der Dogmenbildung. Die Lehre der Alten Kirche bezeichnete die gottesdienstlichen Geräte als Symbole, da sie eine andere Wirklichkeit repräsentierten. Der Kirchenlehrer Dionysius Areopagita schrieb eine *theologia symbolikè,* insofern die

---

[10] Ernest Jones, Die Theorie der Symbolik, in: Int. Zs. f. ärztl. Psychoanalyse 5 (1919), 244, zit. bei Lorenzer, Kritik, 39ff.

[11] Joachim Scharfenberg, Sigmund Freud und seine Religionskritik, Göttingen 1968.

[12] „Wir können also sagen, dass das Symbolfeld auf der einen Seite durch das Klischee begrenzt wird, das Unbewusstheit andeutet, und auf der anderen Seite durch das Zeichen, durch das der Sinn auf einen eindeutigen Begriffsinhalt festgelegt wird, der sich nicht mehr mit Gefühlen und Konflikten in Verbindung zu setzen vermag." Scharfenberg, Pastoralpsychologie, 87. In einer Art natürlicher Theologie schreibt er dem Symbol eine quasi religiöse Qualität zu, wenn er vermutet, „dass jedes lebendige Symbol, das die Gefühle von Angehörigen einer Symbolgemeinschaft an sich zu binden vermag, und das damit über die private Bedeutung hinaus mit der Ursprungsgeschichte einer solchen Gemeinschaft verbindet, das *Unbedingte repräsentiert* (kurs. DS) und eine Identität schafft, als ein religiöses Symbol bezeichnet werden kann." Der Ausdruck „das Unbedingte" verweist auf die Nähe Scharfenbergs zur Theologie Paul Tillichs und dessen Formulierung: Gott als das uns unbedingt Angehende. Paul Tillich, Systematische Theologie I–III, Stuttgart 1956–1966, hier: I, 18f.

Liturgie des Gottesdienstes auf eine sie tragende andere Wirklichkeit verwies. Der Begriff des Symbols konnte als Grenzbegriff zur Philosophie hin fungieren, da er platonisch/neuplatonisch auf eine Wirklichkeit hinter der Wirklichkeit hindeutete. In den ersten Konzilien wurden Lehrmeinungen als Symbole formuliert, die für alle verbindlich sein sollten.

10. Im 19. und 20. Jahrhundert wurde in der protestantischen wie in der katholischen Theologie der Begriff des Symbols wieder aufgegriffen. Religion wurde zum Gegenstand anthropologischer empirischer Wissenschaft und diese drang in die Theologie ein. Wieder bot sich das Symbol als Grenzbegriff an, nun zu den „Humanwissenschaften". Es war auf der protestantischen Seite vor allem Paul Tillich, der sich des Begriffs des Symbols bediente und eine eigene theologische Bestimmung und Methodik dieses Begriffes ausarbeitete. Auf andere Weise forderte im katholischen Bereich Romano Guardini, der Mensch müsse wieder symbolfähig werden (s.u. Nr.16).

11. Mit dieser Skizze ist die geistige Landschaft angedeutet, in welche Joachim Scharfenberg in den Jahren ab 1970 eintrat, Jahre, die politisch hochbrisant waren. Es gelang ihm, auch die politisch exponierten Vertreter der theologischen Studentenschaft anzusprechen und an seinem Programm zu beteiligen. Zentrale Begriffe seiner neuen Seelsorgelehre auf psychoanalytischer Basis waren und sind: Konflikt, Ambivalenz, Symbol und Deutung. Alle vier Begriffe haben je ein Korrelat in Psychoanalyse und Theologie des Christentums. Die Psychoanalyse Freuds lehrt, monistische und ontologische Konzepte des Seelenlebens aufzugeben und dieses als ständige Balance bzw. Dysbalance widerstrebender Tendenzen zu erkennen. Leben vollzieht sich in der Spannung von Polaritäten und Konflikten. Auch die Theologie kennt dieses Phänomen, auch sie sieht den Menschen in einem fundamentalen Konflikt. Freud will in der Analyse dem Patienten dazu verhelfen, statt einer neurotischen Lösung durch Verdrängung einen besseren Ausgang zu finden. Seelsorge im Verständnis Scharfenbergs will dem Menschen dazu verhelfen, seine Not, seine Widersprüche, seine Wünsche, Ängste und Hoffnungen kennen zu lernen, sie also in Worte zu fassen und zu verstehen. Symbole können überwältigende innere Erfahrung zulassen und aufheben im Doppelsinn des Aufhebens. Sie können unbekannte oder unbeachtete Elemente von Erfahrung zum Ausdruck bringen. Durch die Deutung mittels überlieferten Symbolen kann Ambivalenz verstanden und integriert werden. Das Symbol bedarf der Deutung.[13]

12. Einordnung und Weiterführung. Leser oder Leserinnen seien erinnert an die Umbrüche der Theologie jener Zeit. Nach den Jahren der äußeren und inneren Zerstörung durch den Nationalsozialismus und den Krieg ging es darum, Verlorenes wieder zu finden, das theologische Selbst in der beschädigten geistigen Umwelt zu rekonstruieren oder erst zu bilden. Theologie war zunächst Rekonstruktion und bestand im Wesentlichen aus Exegese, Systematik und Geschichte der Kirche. Die entsprechenden wissenschaftlichen Werkzeuge fand man wie immer in Textwissenschaft, Philosophie und historisch kritischer Geschichtswissenschaft. An-

---

[13] *Accedat verbum ad elementum* (Augustin), zitiert bei Scharfenberg, Pastoralpsychologie, 82.

ders in den USA, wo Paul Tillich seine neue Theologie gegenüber einer früheren mit der Methode der Korrelation und dem Begriff des Symbols und seiner Deutung veröffentlichte. Die Resonanz war in West- wie in Ostdeutschland, anders als in den USA, schwach, oft ablehnend. Gemäß seiner Theologie der Offenbarung lehnte Karl Barth den Begriff des Symbols schroff ab. Anders die Gruppe um und nach Rudolf Bultmann, die mit dem Programm „Glauben und Verstehen" und der Einführung des Selbstverständnisses eine Möglichkeit der Verständigung eröffnet hatte, durch die die Theologie in neue hermeneutische und empirische Bereiche vordringen konnte. Das Erfahrungsdefizit der Religion wurde erkennbar.

13. Die Aporien und Probleme traten in der Praxis auf, sowohl in der Predigt, als auch im jetzt erst in den Blick geratenen Gemeindeaufbau,[14] und ganz besonders in der eigentlich noch nicht existierenden Seelsorge. Es fehlte eine Praxistheorie, die den Pfarrern[15] Werkzeuge für Verstehen und Handeln vermittelt hätte. Dies ist nicht erstaunlich, denn Deutschland hatte durch mehr als 20 Jahre den Anschluss an Wissenschaft und Kunst verloren. Theologie und Kirche wurden in der Öffentlichkeit zwar wieder relevant, aber die einzelnen Pfarrer litten oft unter Gefühlen von Ungenügen und Misslingen, wenn sie ihre Botschaft in Verkündigung und Seelsorge „an den Mann"[16] zu bringen versuchten.

An dieser Bruchstelle vollzog sich der Paradigmenwechsel. Die Reform des theologischen Studiums wurde von der Basis her gefordert. Die Forderung hieß: Einbeziehung der Humanwissenschaften. Praktische Theologie bekam hohe Relevanz. Symboltheorie war einer der Bausteine, der einer Gruppe von Theologen als Brücke zu mehreren Humanwissenschaften diente.[17] Soziologische, sozialpsychologische[18] und tiefenpsychologische[19] Schulen dienten als Referenzwissenschaften. 1980 hatte Joachim Scharfenberg zusammen mit Horst Kämpfer seine Symboltheorie, 1985 seine Einführung in die Pastoralpsychologie veröffentlicht. Etwa zehn Jahre später erschienen vier verwandte und doch ganz eigenständige und voneinander unterschiedene Werke, die das Symbol zum zentralen Begriff ihrer praktischen Theologie machten: Gert Hartmann,[20] Martin Weimer,[21] Heribert Wahl[22] und Hartmut Raguse[23] fanden und beschrieben die Relevanz des Begriffs in ihrer Weise.

---

[14] Dieter Seiler, Gemeindeaufbau am Stadtrand, in: Nachrichten der Evang.-Luth. Kirche in Bayern, 1967, 22. Jg. Nr. 12, 196ff.

[15] Pfarrerinnen gab es zu jener Zeit noch nicht. Frauen blieben nach dem Studium auf Lebenszeit „Vikarinnen".

[16] So der praktische Theologe Eduard Thurneysen, Die Lehre von der Seelsorge, Göttingen 1957.

[17] Andere Praktische Theologien mieden den Begriff, auch psychoanalytische, wie die des Freundes und Kollegen von Scharfenberg: Klaus Winkler und Andere.

[18] Z.B. Karl Wilhelm Dahm, Beruf Pfarrer. Empirische Aspekte, München 1971.

[19] Am Symbolbegriff C.G. Jungs orientierte Pastoralpsychologie.

[20] Gert Hartmann, Lebensdeutung, Göttingen 1993.

[21] Martin Weimer, Psychoanalytische Tugenden, Pastoralpsychologie in Seelsorge und Beratung, Göttingen 2001.

[22] Heribert Wahl, Glaube und symbolische Erfahrung. Eine praktisch-theologische Symboltheorie, Freiburg/Basel/Wien 1994.

[23] Hartmut Raguse, Der Raum des Textes. Elemente einer transdisziplinären theologischen Hermeneutik, Stuttgart/Berlin/Köln 1994.

14. *Lebensdeutung*. Gert Hartmann schließt unmittelbar an Scharfenbergs praktische Theologie an. Sein Programm heißt: Lebensdeutung durch Symbole. Es geht dabei um die existentiellen Höhepunkte, um Krisen und Übergänge des Lebens, aber auch um dessen alltägliche und nur scheinbar eindimensionale Wirklichkeit. Bei allem, was ihn mit seinem Freund und Lehrer Scharfenberg verbindet, ist der primäre Ort seiner Praxis weder der Diskurs an der Hochschule noch die psychoanalytische Praxis, sondern der Erfahrungsbereich praktizierender Pfarrerinnen und Pfarrer und ihrer Gemeinden. Nicht mehr das Symbol an sich, sondern die glaubenweckende, weil deutende Kraft der christlichen Symbole ist sein Thema. Symbole sind nicht zu glaubende Wahrheiten, sondern lebendige Schlüssel zur Selbsterfahrung. In vielen Berichten und Beispielen bezieht Hartmann den Leser ein und schafft auch beim Lesen *Selbsterfahrung*. Damit gelingt es ihm, die hermeneutische Wende der Theologie in den Vollzug zu bringen. Und so klientenzentriert Hartmann gelernt hat, Seelsorge auszuüben, so beginnt der Prozess doch beim Theologen, bei ihm selbst. Diese Zumutung hat Hartmann konsequent in seine Praxis der Ausbildung junger Pfarrer und Pfarrerinnen und auch gegenüber sich selbst umgesetzt.

15. Das Symbol vertritt das *Abwesende*. Martin Weimer.
Wenn Hartmann Gedanken seines Lehrers Scharfenberg in die pastorale Praxis transferiert und weiterführt, so macht sich Weimer eine Fortführung der psychoanalytischen Theorie für Pastoralpsychologen zur Aufgabe. Im Anschluss an Freud und Lacan, den er für Pastoralpsychologie erschließt, macht Weimer deutlich, dass es des Symbols bedarf, weil die Sache, die es bezeichnet bzw. das Objekt, das es darstellt, *abwesend* ist. Das Symbol ist ein *Zeichen* für das Abwesende, ermöglich aber so die Beziehung in Abwesenheit. Man könnte fortfahren: Die Geburt des Monotheismus, die so eng mit der Errichtung des Bilderverbotes verbunden ist, schafft nicht nur die (anschaulichen und handhabbaren) Götterbilder ab, sondern sie bedeutet die Einsicht, dass die Gottheit abwesend ist. Nietzsche hat dies im „Tod Gottes" formuliert. Das Symbol vertritt das Abwesende. Die Internalisierung der Mutter in die innere Welt bedarf nicht nur die Erfahrung ihrer Anwesenheit sondern gerade des Vorgangs der Symbolisierung in der inneren Welt in ihrer Abwesenheit. Der *deus revelatus* ist das Symbol, das den abwesenden Gott vertritt. In der inneren Welt, um diesen abgekürzten Begriff zu gebrauchen, ist die Beziehung zum Abwesenden erlebbar, aber erst im Tod kommt sie an ihr Ziel. Weimer gibt uns hier einen eminent seelsorgerlichen Hinweis. Er erinnert an eine Arbeit eines anderen Kieler Pastoralpsychologen, Werner Kühnholz, in der dieser das Neue Testament als Vollzug eines Trauerprozesses versteht.[24]

---

[24] Werner Kühnholz, Das Neue Testament – Dokument eines Trauerprozesses?, in: WzM 27 (1975), 385–404.

16. *„Symbolische Erfahrung"*. Das Symbol als Symbol verstehen. Heribert Wahl.

Mit diesem Motto, einem veränderten Zitat von Paul Ricoeur, soll die Intention des großen Werkes von Wahl angedeutet werden: „Der heutige Mensch gerät mit dem Symbol in Verlegenheit. In einer Hinsicht kann nur er das Symbol als Symbol erkennen, weil nur er den Punkt erreicht hat, wo Symbol und objektive Realität sich trennen; diese „Krise", diese Wegscheide, wo Symbol und Realität auseinander gehen, kann den Verlust der symbolischen Dimension bedeuten: Weil die Zeit des Symbols nicht diachronisch angegeben und der Ort des Symbols nicht geometrisch vermessen werden kann."[25]

In freundschaftlicher, aber differenzierter Nachbarschaft zu Scharfenberg als Theologe und praktizierender Psychoanalytiker und in ähnlicher Richtung wie Hartmann, nämlich zu einer Handlungstheorie für (katholische) Kirchenpraxis, geht er über beide hinaus. Wahl sieht Grund und Vollzug des Symbolgebrauchs in frühen Erfahrungen des Kleinkindes. Er geht (wie überhaupt die neuere Psychoanalyse weitgehend) den Weg über die ödipale Konstellation und die klassische Lehre von den Trieben und Triebschicksalen zurück in die präödipale Entwicklung, wie sie vor allem in der englischen Psychoanalyse, beginnend mit Melanie Klein erforscht wurde. Es ist die prä*objektale* Welt zwischen Mutter und Kind, wo die Dyade, noch nicht zu selbständigen Objekten differenziert, eine Einheit bildet, ein Erleben, in welchem das Objekt noch ein „virtuelles Objekt" ist und das Selbst ebenso ein virtuelles Selbst, das sich als Selbst nur im Spiegel des realen Objekts erlebt und von diesem ungetrennt erlebt. Heinz Kohut und nach ihm seine Schule sprechen vom „Selbstobjekt", das erst über die realen Erfahrungen mit dem Objekt zu einem Selbst wird. Dies geht zwar zurück auf die früheste Zeit des Lebens, bleibt aber wie jede andere „Phase" als Dimension des Erlebens bestehen, sei es in der regressiven Sehnsucht der Wiedervereinigung, sei es in ständig differenzierter werdender Kommunion und Kommunikation mit dem Objekt, das als Anderes zunehmend erkennbar wird und mit dem Selbst ein Drittes teilt.[26] Hier sieht Wahl die „Matrix" für spätere Symbolerfahrung. Das Selbst erlebt im Symbol sowohl sich selbst als auch das Andere als Anderes.

Damit geht Wahl auch über Kohut hinaus und erarbeitet ein kritisches Instrument für das Erleben und den Gebrauch und von Symbolen. Das Symbol erlischt, wenn es das Andere verliert und zu einer regressiv-dyadischen Beziehung mutiert. Das heißt, wenn der Glaube nur noch aus Beziehung besteht und keine strukturierende inhaltliche Struktur besitzt. Es erlischt aber ebenso, wenn das Andere dominiert und das Beziehungsobjekt verschwindet. Es wird dann zur abstrakten Lehre. Dem Symbol stellt Wahl das Diabol gegenüber, wenn an die Stelle von emotionaler Wahrheit in der Erfahrung eine die Wirklichkeit halluzinatorisch entstellende Lüge tritt.

---

[25]   „In einer Hinsicht kann zwar nur er (erg. Der heutige Mensch; DS) den Mythos als Mythos erkennen, weil nur er den Punkt erreicht hat, wo Geschichte und Mythos sich trennen; diese „Krise", diese Wegscheide, wo Mythos und Geschichte auseinander gehen, kann den Verlust der mythischen Dimension bedeuten". Paul Ricoeur, Symbolik des Bösen, Freiburg/München 1971, 185f. In diesem Zusammenhang spricht Ricoeur poetisch metaphorisch vom Riss und der Naht, 187.

[26]   Diese grobe Skizze der z.T. divergierenden „Sprachspiele" psychoanalytischer Gruppen kann nur andeuten, wie breit Wahls Untersuchung angelegt ist.

In der Tradition der neueren katholischen Theologie lässt sich Wahls Konzept mit Romano Guardini verknüpfen, wenn in einer „anthropologischen Wende der katholischen Theologie" Guardini programmatisch formulieren kann: „Der Mensch muss wieder symbolfähig werden." Er ist „das Subjekt religiöser Erfahrung."[27] Von diesem Ausgangspunkt aus bildet sich die „Symboldidaktik", wie sie auf katholischer Seite von Hubertus Halbfas, auf evangelischer von Peter Biehl vertreten wurde und wird. Wahl unterscheidet sich jedoch deutlich von solchen, auf philosophische Symbolkonzepte zurückgehenden, pädagogisierenden Entwürfen. Sie verbleiben im äußeren Raum der Tradition. Das von Guardini geforderte „Subjekt religiöser Erfahrung" bleibt ein Postulat, da nicht geklärt wird, was „symbolische Erfahrung" ist und heißt. Erst wenn deutlich ist, dass es sich bei Symbolisierung um den *inneren, den psychischen Raum* handelt, dem die äußeren Symbole zugeordnet werden, treffen der innere Prozess und die äußere Repräsentation des Symbols zusammen.

Zu Beginn des Lebens bildet die Mutter als „Primärobjekt" den Raum, der das Erleben des Säuglings aufnimmt. Sie pflegt und stillt, sie er-*trägt,* über-*nimmt* und *hält* aus die Schmerzen und Ängste des kleinen Kindes, die bei diesem als unerträgliche körperliche Not auftreten. Es ist also ein Zulassen der Projektion und der Identifikation, das die Mutter stellvertretend für die noch nicht gestaltete Psyche des Kindes vollzieht. Auch sie leidet, jedoch kann sie darüber denken, handeln, und doch, entgegen dem Erleben des Kindes vertrauen. Das Ergebnis dieser inneren Arbeit kann sie dem Kind in erträglicher Weise zurückgeben. Im Laufe der Zeit kann das Kind schrittweise diese Funktion selbst übernehmen. Wahl erkennt in dieser elementaren Funktion eine Nähe zur symbolischen Erfahrung: In Bildern, Worten, Geschichten, Riten kann das erlebende Subjekt sich wieder finden und mit diesen in Austausch treten. Dies kann eine Erfahrung bildende Kommunikation mit therapeutischer Funktion ermöglichen. Die symbolische Funktion kann sich wie in der frühen Kindheit dem Erleben entgegenstellen, eine Erfahrung gegen die Erfahrung schaffen.

Es ist davon auszugehen, dass sich im *inneren Raum* im Laufe der Entwicklung Strukturen bilden, die aus der *äußeren Welt* abgeleitet werden.[28] Zugleich aber geht es um das Erleben der Außenwelt als solcher und der Trennung von der inneren. Dieser Vorgang hat Zwischenstufen. Erste sinnliche Erfahrungen von „ich" und „außen" sind Töne, die das Kind selbst fabriziert, zugleich aber mit seinen Hörnerven von außen wahrnimmt. Auch die Mutter ist zu einem Teil noch mit dem sich erst bildenden Selbst verbunden, kann aber zunehmend als etwas Anderes, als „außen" wahrgenommen werden. Erste äußere Objekte sind z.B. Tücher und andere weiche Gegenstände. Sie werden als Teil vom Selbst erlebt, zugleich aber auch schon als Anderes. Sie bilden einen Erfahrungsbereich, der mit dem Begriff „Übergangsraum" einen großen Bereich menschlichen Erlebens abdeckt. Sie wer-

---

[27] Zitiert bei Wahl, 37.
[28] Donald W. Winnicott, The Maturational Processes and the Fascilitating Environment, London 1965, dt.: Reifungsprozesse und fördernde Umwelt, München 1974, 236; ders., Playing and Reality, London 1971, dt.: Vom Spiel zur Kreativität, Stuttgart 1985, 10ff.

den innerlich *erschaffen*, gebildet, sind aber gleichzeitig Objekte sinnlicher Außenwahrnehmung. Wie nahe dieser Bereich jenem der Symbole steht, wird deutlich in Winnicotts Beschreibung: Das Objekt war vorher da, um von Subjekt erschaffen zu werden. Es wird geschaffen, nicht gefunden. Symbole sind zwar außen bereits vorhanden, in der Gestalt von Bildern, Worten, Geschichten, Riten, in der Erfahrung werden sie aber erst real, wenn sie vom Subjekt *vorgefunden und erschaffen* werden.[29] Hier liegt Luthers kühne Formulierung nahe: *fides creatrix.* Der Glaube glaubt nicht an die Symbole und deren absolute Wahrheit. Er schafft die Symbole, die bereits vorher da waren, um erschaffen zu werden.

17. *Symbolisierung.* Hartmut Raguse.

Raguse lehrt Neues Testament an der theologischen Fakultät in Basel und arbeitet als praktizierender Psychoanalytiker. Zwar spricht auch Raguse über das Symbol, sein besonderes Interesse richtet sich aber auf den in seiner Praxis und Lehre zentralen Vorgang der *Symbolisierung,* also des in der frühesten Zeit des Individuums beginnenden Aufbau eines inneren psychischen Raumes.

Es geht dabei um Konzepte der frühesten psychischen Entwicklung des Menschen, wie sie von und nach Melanie Klein von Autoren wie D. Winnicott, T.H. Ogden, W.R. Bion und anderen Theoretikern der Objektbeziehungen rekonstruiert wird. Wie bei Freud und Jones richtet sich der Blick ganz auf die innere Welt des Menschen, das Symbol ist also eine seelische Bildung, die zunächst ganz unbeeinflusst ist von Symbolen in der äußeren Welt. Anders aber als bei Jones, ist das Symbol für Raguse nicht ein der Pathologie zuzurechnendes Symptom, sondern ein für den Aufbau der Psyche notwendiges Strukturelement. Es stammt aus Beziehungserfahrung zwischen Mutter und Kleinkind vom ersten Lebenstag an und ist für Struktur und Dynamik der inneren Objektwelt des Menschen unentbehrlich.

Raguse entwirft im Anschluss an Ogden eine dreistufige, eine „dreistellige" Entwicklungstheorie der Symbolisierung, von der frühesten Einheit zur Zweiheit und Dreiheit:

Die Einheit ist das noch nicht geschiedene früheste „Quasi-Selbst mit einer Grenze, jenseits derer anscheinend nichts ist".[30] Die Zweiheit ist die beginnende Unterscheidung von Selbst und Anderem, von innen und außen, wie sie Winnicott und mit ihm Ogden im *Übergangs*objekt erkennen: Da ist etwas, das nicht ich bin und doch ich bin. „An der Schwelle von Einheit und Getrenntheit findet oder erschafft das Kind das Übergangsobjekt. Es symbolisiert Einheit in der Zweiheit und Zweiheit in der Einheit."[31] So überwindet es die Trennung. Das Übergangsobjekt als Schöpfung einer *Bedeutung* lässt das Kind zur Dreiheit, zu einem Dritten gelangen, indem es *symbolisiert*, also Gedanken bildet.

Der eindrucksvoll geschilderte dreistellige Prozess der Symbolisierung führt konzeptuell zur Bildung von Vorstellungen und von Gedanken, bleibt also in der Innenwelt des Subjektes. Damit ist noch nicht der Austausch über Symbole mit

---

[29]   „Das Kleinkind erschafft das Objekt, aber das Objekt war bereits vorher da, um geschaffen und
        besetzt zu werden." Winnicott, Vom Spiel zur Kreativität, 104.
[30]   Raguse, 188f.
[31]   Ebd., 189.

anderen Subjekten im Blick. Lorenzers Kritik am psychoanalytischen Symbolbegriff wird auch für Raguse Ausgangspunkt für den Übergang zu Theorien der
allgemeinen philosophischen Symboltheorie,[32] zumal er als Theologe, besonders
als Neutestamentler mit Objekten zu tun hat, die als Symbole bezeichnet werden
können, mit *Texten*. Nun tritt zwischen den Analytiker und den Theologen aber
nicht ein Philosoph, sondern ein moderner Textwissenschaftler. Den Terminus
Symbol vermeidet er, vielleicht wegen dessen Unschärfe, vielleicht auch wegen
des Missbrauchs und der Pathologien, die mit einem Symbolgebrauch verbunden
sein können. An dessen Stelle tritt der Text[33] und mit ihm eine dritte Bezugsgröße
in Raguses Konzept. Am Werk von C.S. Pierce wird eine dreistellige Semiotik
entwickelt mit den drei Elementen *Zeichenträger* („das materielle Substrat, das
auf etwas anderes verweist"), *Objekt* („eben dieses andere, auf das verwiesen
wird"). Das dritte nennt Pierce den *Interpretanten*. Einleuchtend verbindet Raguse
die literaturwissenschaftliche Dreiheit mit der dreistelligen Entwicklung beim
Kleinkind. Auf einer darüberliegenden Ebene verbindet er dann den Theologen
und den Analytiker mit dem Semiologen und gewinnt von da aus einen („dreistelligen") reflektierten Umgang mit Texten, besonders mit biblischen. Das Selbe
mutet er auch seinen Lesern und Leserinnen zu, was ein faszinierendes Lernen bedeutet, das hier nur angedeutet werden kann.

18. Abschluss und Fokus
Überlieferte Symbole sind nicht Bildungen bewusster Kommunikation, sie sind
vielmehr Produkte des Zusammenspiels aus bewussten, vorbewussten und unbewussten psychischen Bildungen und deshalb zum Teil bewusstseinsfähig und
kommunizierbar. In ihrem Gebrauch schwingen immer alle Ebenen der Psyche
mit. Von daher rührt ihr Bedeutungsreichtum.

19. Der Begriff der „Deutung" bedarf deshalb einer Klärung, um nicht eine neue
Ontologie feststehender Bedeutungen zu begründen: Deutung ist immer spezifisch
und individuell. Mehr noch: Die Deutung kann nicht von einem Anderen gegeben
werden, sondern nur vom Subjekt selbst. Dies gilt nicht nur für den Erkenntnisprozess im psychoanalytischen Rahmen, sondern ebenso im Gebrauch von Symbolen, also für den religiösen Glauben. Schlicht gesagt: Was ein Symbol „bedeutet", kann mir nie ein Anderer sagen, kann es allenfalls mir versuchsweise
„zusprechen". Luthers geniale Weiterführung von Augustins Bedeutungslehre
antwortet auf die Frage: „Was ist das?" „Ich glaube, dass *mich* Gott geschaffen
hat."[34] Es gilt nicht, an Symbole zu glauben, sondern Symbolen Glauben zu

---

[32] Ebd., 213ff.
[33] Hier berührt sich Raguses Konzept mit jenem des Praktischen Theologen Wilfried Engemann, der
     ebenfalls Konzepte der Semiotik auf das Verständnis und die Produktion von Texten anwendet,
     wenn er die religiöse Tradition von Symbolen als einen nicht abschliessbaren Prozess, als Semiose
     versteht und die jeweilige Interpretation als schöpferischen Akt der Erzeugung eines Textes, der
     seinerseits wieder zur Quelle eines neuen Textes werden kann. Wilfried Engemann, 188ff, cf.
     Anm. 3.
[34] Martin Luther: Der Kleine Katechismus.

schenken (oder zu verweigern!) im Hinblick auf ihre Bedeutung für mich. Weil die *acts of faith* (W.R. Bion) einer Sprache bedürfen, gibt es Symbole.

20. Auf diese Weise kommen Glaubensakt und Glaubensinhalt (*fides qua creditur* und *fides quae creditur*[35]) zusammen. Im angemessenen Symbolgebrauch wird das Zerreißen[36] beider Teile des Ganzen aufgehoben, denn jeweils das Eine ist notwendig auf das Andere angewiesen, um nicht illusorisch zu werden. Die „reine" *Lehre* und die *Hingabe des Glaubens* bedürfen einander, um nicht obsolet zu werden. Dies hat zur Folge, dass Symbole keinen festen Bedeutungsumfang haben. Sie eröffnen ein Multiversum.[37] Die Hand greift, streichelt, hält fest, tötet, schenkt und nimmt weg, grüßt und stößt, mahnt, füttert, schlägt, tastet, spürt, arbeitet, zeigt, verbirgt, bemächtigt sich, managt usw.

21. Das Symbol vertritt das *Abwesende*. Damit wird jeder Fundamentalismus als (äußerst gefährliche) Täuschung erkennbar, denn der Fundamentalismus macht das Abwesende zum Anwesenden und Handhabbaren, er verschweigt also die Differenz. Dass solcher Fundamentalismus in der Zeit einer weitgehenden Digitalisierung der Erkenntnis in großem Maß stattfindet, ist kein Widerspruch, sondern ein zwingender Zusammenhang. Was in Wahrheit Glaube ist, wird als Wissen dargestellt. Glaube bezieht sich auf Symbole, sie sind seine Sprache. Wäre das Abwesende anwesend, bedürfte es keiner Symbole. Das Symbol macht das, was es darstellt, abwesend, und so erst kann es eine wirkliche Beziehung repräsentieren. Das Objekt hat sich vom Subjekt getrennt,[38] es hat sich in das Symbol eingezeichnet, die Beziehung zu ihm kann deshalb bleiben, ja als Beziehung erst eigentlich entstehen. Wohl könnte man von einer Gegenwart des Abwesenden im Symbol sprechen, wenn dies nicht wieder dinghaft und greifbar verstanden würde.

22. Der andere Irrtum besteht darin, das Abwesende als das Nicht Seiende zu verstehen, also zu meinen, dass das, was das Symbol vorgibt zu vertreten oder darzustellen, gar nicht existiere. Dies wäre aber lediglich die Gegenthese zum Fundamentalismus. Die – zugegeben – nicht reflektierte Haltung vieler Zeitgenossinnen und Zeitgenossen könnte dann als eine Verweigerung gegenüber beiden im Kern identischen Haltungen zum verdinglichten Symbol verstanden werden.[39] Da aber die analoge Hermeneutik weitgehend unbekannt ist, erscheint das eine, der Fundamentalismus, als „gläubig", das Andere (die Verweigerung gegenüber dem

---

[35] Glaubensakt (*fides qua creditur*) und Glaubensinhalt (*fides quae creditur*) werden in der kirchlichen Lehre unterschieden, meist um ein bloßes Für-wahr-halten von Glaubenssätzen auszuschließen. „Der Glaube glaubt nicht an Glaubernssätze, sondern an Gott. Er ist nicht ein ‚Glaube, dass …', sondern ein Vertrauen. In diesem Sinne hat die *fides qua creditur* einen Vorrang vor der *fides quae creditur*." Heinrich Ott, Apologetik des Glaubens Darmstadt 1994, 47.

[36] Bereits die Rede vom Glaubens*akt* und dem Glaubens*inhalt* zerreißt, was eines ist. Dies gilt von Beziehungen ganz allgemein.

[37] Gordon Lawrence in: Free Association Nr. 22, part two, London 1991, 259ff., bes. 282: „a multiverse of meanings can coexist."

[38] Dies als symbolisierte Erfahrung der „Himmelfahrt" Christi, Apg. 1, 4ff.

[39] Nach wie vor werden Kirchen besichtigt, Kirchenmusik frequentiert, auch von Menschen, die der verbalen Verkündigung nichts abgewinnen können. Gebet und ein theistisches Gottesverständnis sind weit verbreitet.

Fundamentalismus) als „ungläubig", eine Definition, die gerade dem Fundamentalismus eigen ist. Die Verdinglichung bedeutet zugleich auch eine Verzweckung und Funktionalisierung des Symbolischen und damit auch des Religiösen. Eine Verweigerung gegenüber beidem ist dem also angemessen. In der Tat muss von einer weiten Verbreitung einer Unkenntnis vom Symbol und seiner Wirklichkeit gesprochen werden, dies aber nicht zuletzt wegen der Unfähigkeit der religiösen Institutionen, sich von fundamentalistischen Positionen zu trennen und symbolische Erfahrung als solche in ihrer Wirklichkeit zu verstehen und darzustellen.

23. Das Symbol vertritt das Abwesende, aber es stiftet gleichzeitig die Möglichkeit einer *Relation* zu diesem, die die ganze Subjektivität erfasst und einschließt, ja, so möchte man radikalisieren, diese erst stiftet und ermöglicht.[40] Denn auch die reale Anwesenheit eines Objektes hebt die Differenz zum Anderen nicht auf. Es ist trotz der eindeutigen Sinneswahrnehmung eben nicht in seiner vollen Realität für das Subjekt anwesend und verfügbar, sondern gewissermaßen selbst das Symbol seiner Anwesenheit. Jede Kommunikation verläuft über das Symbolische, mag man das bedauern oder nicht.

24. Das *Abwesende* erscheint im Symbol. Klang dies bisher einschränkend, bedauernd, so kann nun erst, wenn die Abwesenheit des Objektes und seine Eigenständigkeit erkannt und angenommen ist, das Objekt in seiner Zugewandtheit erscheinen und somit das Subjekt sich in seiner Eigenstständigkeit konstituieren. Nicht ohne Sinn wird im Symbolischen vom „Erscheinen" gesprochen. Damit wird das Objekt zum Subjekt seines Erscheinens, seiner Offenbarung[41] und das Subjekt zum Objekt der Zugewandtheit des Objektes. Mit Luther möchte man sagen: „Dies mag ein Wechsel sein!"

25. Realitätsprüfung wird damit nicht obsolet, sondern geradezu erforderlich. Sie richtet sich im Bereich des Symbolischen nicht auf das (abwesende) Objekt und sein Vorhandensein, sondern auf die Art und Weise der Beziehung zwischen ihm und dem Subjekt und zwischen dem Subjekt und dem Objekt, wie es im Symbol *erscheint*.

26. Mit der Anerkennung der Abwesenheit wird auch die für Christen zentrale Aussage der Auferstehung Jesu[42] zu einer klaren symbolischen Aussage: Die religiöse Erfahrung der Ersten wie aller Anderen nach dem Tod Jesu lässt sich als *neue* Beziehung verstehen. Im Abschied erkennen wir seine Herkunft. Aus der historischen, anfassbaren Gestalt[43] ist über die Erfahrung der Abwesenheit die symbolische geworden.[44]

---

[40] Z.B. Hebr. 11,1: Vertrauen auf das, was man nicht sehen kann.
[41] Z.B. Tit. 2,11: Es ist erschienen die *charis tou theou.*
[42] 1Kor. 15,12ff.
[43] „Was wir gehört haben, was wir mit unseren Augen gesehen haben, was wir betrachtet haben und unsere Hände betastet haben ..." 1Joh. 1,1.
[44] Deshalb wird vom „Christus des Glaubens" gesprochen, der vom historischen Jesus unterschieden wird.

27. Das Symbolische kann sich gestisch, mimisch, szenisch, narrativ, im Ansprechen aller Sinne, der nach außen wie der nach innen gerichteten, ausdrücken und selbstverständlich auch im Wort und im Denken des Glaubens realisieren. Dies ist möglich, wenn der Glaube es lernt, auf die Anwesenheit zu verzichten und sich dem Abwesenden zu stellen. Durch diese Abschiedserfahrung muss die Christenheit hindurchgehen, wenn der Glaube[45] glaubwürdig sein soll. Reste rigide festzuhalten behindert diesen Prozess.

---

[45] Es bedarf also nach der Erarbeitung eines Verständnisses des Symbolischen einer neuen Bestimmung von „glauben", um auch hier aus der Abwertung in der Rede von „nur Glaube" gegenüber dem Wissen herauszufinden.

Religionskritik und Glaube in der Seelsorge

Ulrike Wagner-Rau

1. Neues Interesse an Religion – auch in der Seelsorge

Kennzeichen einer pastoralpsychologisch orientierten Seelsorge ist der produktive Dialog zwischen Theologie und Psychotherapie. Aus diesem Dialog sind für die Theorie und die Praxis der Seelsorge wesentliche Impulse erwachsen. Das gilt im Blick auf die Professionalisierung der Methodik der seelsorgerlichen Beziehung. Aber auch im Bereich konzeptioneller Fragen haben Seelsorgetheorie und -praxis durch die Rezeption psychotherapeutischer Theorien viel hinzugewonnen und ihren Horizont erweitert.

Auch wenn es nötig ist, die je eigenen Zugänge zur Wirklichkeit von Psychologie und Theologie klar zu differenzieren,[1] gibt es zwischen ihnen gemeinsame Frage-richtungen und Themen. In beiden spielen die Auseinandersetzung mit der Er-schütterung von Lebensgewissheit und der Versuch, auf diese Erschütterung heil-same Antworten zu finden, eine zentrale Rolle. Beide Sichtweisen beschäftigen sich auf je ihre Weise mit dem, was Menschen im Innersten bewegt und zu spezi-fischen Handlungsweisen treibt. Beide wissen um die grundlegende Bedeutung von Beziehung und Angewiesenheit für den Menschen. Beide gehen davon aus, dass das Gefühl eine wesentliche Grundierung der menschlichen Existenz ist, die Denken und Handeln beeinflusst. Verletzlichkeit und Leiden, Destruktivität und Schuld, Gefährdungen und Begründungen von Identität und Lebenssinn sind ebenso psychotherapeutische wie religiöse Themen.

Mit den Stichworten „Religionskritik" und „Glaube" sind Themenbereiche aufge-rufen, in denen der Dialog zwischen Theologie und Psychotherapie besonders spannungsreich, aber – durch Bearbeitung des Konfliktes – auch besonders ertrag-reich für die Seelsorge ist. Oberflächlich könnte man sie als einen sich ausschlie-ßenden Widerspruch betrachten, wenn man z.B. behauptet: Religionskritik unter-gräbt den Glauben. Oder umgekehrt: Glaube ist als Widerfahrnis von Evidenz jeglicher Religionskritik entzogen. Aber bei genauerem Hinsehen halten diese Behauptungen nicht stand. Denn die Herausforderung der Religionskritik, die Maximen und unbewussten Motive seelsorgerlichen Handelns einer radikalen Selbstkritik zu unterwerfen, kann zu einer Vertiefung des Glaubens führen, sobald man sich nämlich mit der Frage auseinandersetzt, inwiefern der Glaube einer blo-ßen Abwehr der Angst dient oder aber fähig zur Konfrontation und zum Umgang mit Angst macht. Und die Auseinandersetzung mit den verschiedenen Erschei-nungsformen des religiösen Selbstverständnisses und der religiösen Praxis zeigt, dass aus dem Glauben der Menschen konstruktive wie destruktive Kräfte erwach-

---

[1]   Vgl. Hartmut Raguse (1999): Grenzübertritte zwischen Seelsorge und Psychoanalyse, in: WzM 51, 462–474.

sen, deren Unterscheidung für die religiöse Praxis selbst und besonders für die seelsorgerliche Situation unverzichtbar ist.[2]

In den letzten Jahren hat im Blick auf die Bedeutung der Religion eine Verschiebung der wissenschaftlichen Perspektive stattgefunden: Die Säkularisierungsthese, die von einer zunehmenden Bedeutungslosigkeit religiösen Selbstverständnisses in den modernen Industriegesellschaften ausgeht, hat ihre Dominanz verloren, weil – vor allem, wenn man über die mittel- und westeuropäischen Gesellschaften hinaus die Entwicklungen in anderen Regionen der Erde zur Kenntnis nimmt – die nach wie vor starke, vielleicht sogar wachsende Bedeutung der Religion für das Selbstverständnis und die Lebensgestaltung der Individuen nicht zu übersehen ist. Auch die öffentliche Bedeutung der Religionsgemeinschaften, ihr in vielen Fällen konstruktiver Einfluss auf die politische Willensbildung der Zivilgesellschaft jenseits theokratischer Machtansprüche, wird neu thematisiert.[3] Nicht zuletzt fordert das weltweite Erstarken fundamentalistischer Bewegungen und die erschreckende Gewaltbereitschaft radikaler Randgruppen in diesen Bewegungen die Aufmerksamkeit der Forschung für die Frage nach den destruktiven Potentialen religiöser Orientierungen.

Auch in der psychotherapeutischen Diskussion ist ein entsprechender Perspektivenwechsel wahrzunehmen. Nach Jahrzehnten einer Dominanz religionskritischer bzw. religionsdistanzierter Haltungen wird erneut die Auseinandersetzung mit der Religion, ja: mit dem Glauben,[4] gesucht und Religion als potentiell produktive Kraft der menschlichen Kultur und Seele wiederentdeckt.[5] Die empirische Forschung, die der Bedeutung religiöser Haltungen und der ihnen entsprechenden Praxis für die psychische Situation der Menschen nachgeht, erhält neue Impulse.[6]

In der Seelsorgedebatte spiegelt sich das aktuelle Interesse an Religion als eine produktive Wiederbelebung des immer schon eigenen Themas. In den 70er und 80er Jahren hat die polemische Auseinandersetzung zwischen pastoralpsychologischer und kerygmatischer Seelsorge durch einseitige Zuschreibungen einen konstruktiven Diskurs zur Bedeutung des religiösen Selbstverständnisses der Seelsorge in vieler Hinsicht blockiert, denn der Streit um die angemessene theologische Profilierung der Seelsorge war das *Schibboleth*, an dem sich die Konflikte entzündeten. Mittlerweile haben sich die Spielräume der Seelsorge erweitert und sind vielfältiger geworden. Der Umgang mit Elementen der christlichen Tradition in der seelsorgerlichen Praxis ist nicht nur wieder selbstverständlicher, sondern

[2]   Vgl. Dieter Seiler (2007): Religion, Gesund oder krank?, in: WzM 59, 381–394.
[3]   Vgl. dazu die Debatte in: Hans Joas/Klaus Wiegandt (Hg.) (2007): Säkularisierung und die Weltreligionen, Frankfurt a.M.
[4]   Vgl. exemplarisch Alf Gerlach/Anne-Marie Schlösser/Anne Springer (Hg.) (2004): Psychoanalyse des Glaubens, Gießen, der die Vorträge des Jahreskongresses der Deutschen Gesellschaft für Psychoanalyse, Psychotherapie, Psychosomatik und Tiefenpsychologie (DGPT) dokumentiert.
[5]   Signifikant, wenn auch im Einzelnen nicht durchgehend überzeugend, ist für die Entwicklung insgesamt die Veränderung der Position bei Tilman Moser (2003):Von der Gottesvergiftung zu einem erträglichen Gott. Psychoanalytische Überlegungen, Stuttgart.
[6]   Vgl. Leslie J. Francis/Jeff Astley (ed.) (2001): Psychological Perspectives on Prayer, Gracewing.

auch phantasievoller und kreativer geworden. Seelsorge wird akzentuiert als eine *religiöse* Praxis reflektiert.[7]

Für Theologie und Kirche überhaupt und die Seelsorge im Besonderen besteht nun die Versuchung, die positive Aufmerksamkeit für die Themen der Religion als eine zu einfache Bestätigung der eigenen Daseinsberechtigung und Praxis zu lesen. Das aber wäre eine problematische Wendung, die hinter wesentliche Einsichten der Pastoralpsychologie zurückfällt. Denn es ist gerade die Auseinandersetzung zwischen Theologie und Psychotherapie, die für die spezifischen Probleme sensibilisiert, mit denen religiöse Kommunikation im Kontext einer individualisierten und pluralisierten Gesellschaft zu rechnen hat. Die außerordentlich unterschiedlichen lebensgeschichtlichen und kulturellen Voraussetzungen erschweren den Austausch über religiöse Themen. Im Horizont einer zwar an Religion wieder erkennbar interessierten, gleichwohl aber in ebendieser Hinsicht unbestimmten bzw. pluralen gesellschaftlichen Öffentlichkeit ist es eben nicht ohne weiteres möglich, sich über religiöse Fragen zu verständigen bzw. gar in eine gemeinsame religiöse Praxis einzutreten. Und die Sehnsucht nach Religion bedeutet noch nicht, dass es leicht ist, religiös zu kommunizieren. Gerade weil Religion gegenwärtig ein gesellschaftlich virulentes Thema ist, ist es wichtig, seelsorgerlich nicht unreflektiert zu agieren, sondern neben der Einübung und Wertschätzung religiöser Überzeugungen und Lebenspraxis kritisch und selbstkritisch zu bleiben.

Insofern möchte ich hier die Auseinandersetzung über Religionskritik und Glauben in der Pastoralpsychologie an exemplarischen Themen und Positionen nachzeichnen mit dem Ziel, ihre Erträge für die Seelsorge heute festzuhalten wie auch sie weiter zu führen. Dabei werde ich mich besonders auf die psychoanalytisch orientierte Pastoralpsychologie konzentrieren. Religionskritik wie Glaube sind in der pastoralpsychologischen Diskussion durchgehend ein Thema gewesen. Immer ging es nicht nur darum – wie nicht selten unterstellt –, den christlichen Glauben und seine Sozial- und Praxisformen kritisch zu hinterfragen, sondern ebenso darum, im Dialog mit psychologischen und psychotherapeutischen Ansätzen das Verständnis des Glaubens zu erweitern.

2. Pastoralpsychologische Rezeption psychoanalytischer Religionskritik

Die Religionskritik Sigmund Freuds stellte zunächst eine massive Blockade des Gesprächs zwischen der jungen Psychoanalyse und der Theologie dar. Ein produktiver Dialog mit Freud, der bis zu seinem Lebensende eine „durchaus ablehnende Einstellung zur Religion in jeder Form und Verdünnung"[8] pflegte, erschien aufgrund unüberbrückbarer weltanschaulicher Gegensätze nur in Ausnahmefällen möglich.[9] Die nationalsozialistische Unterdrückung der Psychoanalyse verhinderte

---

[7] Vgl. dazu Klaus Eulenberger/Lutz Friedrichs/Ulrike Wagner-Rau (Hg.) (2007): Gott ins Spiel bringen. Handbuch zum Neuen Evangelischen Pastorale, Gütersloh.

[8] Sigmund Freud/Oskar Pfister: Briefe 1909–1939, Frankfurt 1963, 116.

[9] Allein der Züricher Pfarrer Oskar Pfister schätzte schon früh die Psychoanalyse, die ihm eine hilfreiche Methodik für die Seelsorge in den Nöten seiner Gemeindeglieder anbot. Allerdings wird

ihrerseits eine weitergehende theologische Rezeption der Schriften Freuds in Deutschland über viele Jahre. Es ist das große Verdienst des Praktischen Theologen und Psychoanalytikers Joachim Scharfenberg, durch seine differenzierte Auseinandersetzung mit den religionskritischen Schriften Freuds den Weg für ein neues Verständnis der Bedeutung der Psychoanalyse für die Seelsorge, ja, auch für die theologische Hermeneutik überhaupt gebahnt zu haben.[10] Scharfenberg zeigt das anhaltende Interesse Freuds an der Religion, das ihn zu immer neuen Versuchen getrieben hat, die Bedeutung religiöser Phänomene in Psyche und Kultur der Menschheit zu verstehen. Nicht nur radikale Kritik der Religion lasse sich in Freuds Überlegungen finden, sondern ebenso Faszination und das Bemühen, in die Bedeutung der Religion und ihrer Erfahrungswelt einzudringen.[11] Entsprechend sei das Verhältnis Freuds zur Religion passend nur durch den von ihm selbst an zentraler Stelle seines Werkes benutzten Begriff der Ambivalenz zu beschreiben.[12] Im Nachzeichnen der verschiedenen Stadien der Religionskritik Freuds zeigt Scharfenberg auf, was er als die auch für die theologische Rezeption der Psychoanalyse entscheidende Qualität dieses Zugangs zu religiösen Phänomenen ansieht: Mit dem Konzept des Unbewussten nämlich werde eine veränderte und erweiterte Verstehenssituation geschaffen. Texte und die Überlieferung überhaupt könnten auf neue Weise erschlossen werden. Religiöse Phänomene müssten nicht mehr einfach „als schlechthinnig berührende und überwältigende und damit unfrei machende Gefühle hingenommen [werden], sondern [könnten] auf ihre unbewußte Motivation [hin] befragt [werden], ohne dass der ursprüngliche Eindruck dadurch eine Abschwächung erfahren müßte"[13]. Von dieser neuen Verstehenssituation her entstünden theologische Herausforderungen, denen man sich in der Gegenwart widmen müsse. Weder könne man weiterhin die Unzugänglichkeit bestimmter Glaubensphänomene als Ausdruck ihres göttlichen Ursprungs ansehen noch – anders herum – alles, was zunächst unverständlich erscheine, für überflüssig und unsinnig erklären.[14]

Aus den verschiedenen Stadien der Auseinandersetzung Freuds mit der Religion leitet Scharfenberg unterschiedliche Impulse für die christliche Theologie und für die kirchliche Praxis ab:

– Die Analogie, die Freud zwischen den Zwangsritualen der Neurose und der religiösen Praxis herstellt, begreift Scharfenberg als Herausforderung, kritisch zu

---

man dem Urteil Klessmanns zustimmen können, dass der in mancher Hinsicht unkritische Überschwang, mit dem Pfister die Psychoanalyse vertrat, eher abschreckend als gewinnend auf seine theologischen Kollegen gewirkt haben mag. Vgl. Michael Klessmann (2004): Pastoralpsychologie. Ein Lehrbuch, Neukirchen, 96.

[10]   Vgl. Joachim Scharfenberg (³1971): Sigmund Freud und seine Religionskritik als Herausforderung für den christlichen Glauben, Göttingen; ders. (1972): Religion zwischen Wahn und Wirklichkeit. Gesammelte Beiträge zur Korrelation von Psychoanalyse und Theologie, Hamburg.

[11]   Scharfenberg verweist auf die Begegnung Freuds mit der Mose-Statue des Michelangelo in Rom im Jahr 1912, die er als eine Schlüsselszene für sein Verhältnis zur Religion versteht. Vgl. ebd. 98f.

[12]   Ebd., 78.

[13]   Ebd., 100.

[14]   Vgl. ebd.

unterscheiden, an welche Stellen und in welchen Zusammenhängen die christliche Religionspraxis sich von ihrem theologischen Sinn, dem Heil der Menschen zu dienen, entfernt hat und stattdessen zu einem autoritären Zwangsritual erstarrt ist, das weniger befreiende als neurotisierende Auswirkungen auf die Menschen hat.[15] Wie man sich ein solches Zwangsritual konkret vorstellen kann, macht er in seinem Buch „Seelsorge als Gespräch" an einem oft zitierten Beispiel deutlich:[16] Ein Frau, die ihn als Krankenhausseelsorger aufgrund eines kleinen Diebstahls um die Einzelbeichte gebeten hat, kommt schon am nächsten Tag wieder, weil ihre Schuldgefühle unvermindert anhalten. Im Gespräch zeigt sich, dass sie bereits oft vergeblich die Vergebung im Beichtritual empfangen hat, weil offenkundig der unbewusste Konflikt, der sich in den übermäßigen Schuldgefühlen der Frau manifestiert, einer rituellen Bearbeitung nicht zugänglich ist.

Diese ritualkritische Szene ist allerdings nur eine Seite der Haltung Scharfenbergs gegenüber dem rituellen und symbolischen Handeln. Ein wesentlicher Teil seiner Arbeit galt vielmehr einer psychoanalytisch aufgeklärten Rückgewinnung eines positiven Verständnisses des religiösen Symbols und Rituals.[17] Entsprechend finden sich viele Beispiele in seinem Werk, die seine Überzeugung deutlich machen, dass rituelles Handeln heilsam wirken und eine wesentliche Bedeutung für die konstruktive Bearbeitung von Ambivalenzkonflikten der menschlichen Psyche haben kann. Entscheidend aber ist es, dass die Auseinandersetzung mit der religionskritischen Perspektive Freuds Scharfenberg dazu führt, die Bedeutung des religiösen Rituals jeweils im Zusammenhang der lebensgeschichtlichen Hintergründe und des Beziehungsgeschehens im Vollzug selbst zu suchen. Seiner pastoralpsychologischen Beurteilung der Phänomene geht es nicht um eine Bewertung von Symbol oder Ritual an sich, sondern ihr Wert wird in Abhängigkeit vom je unterschiedlichen Gebrauch in verschiedenen kommunikativen Kontexten wahrgenommen und beurteilt. Die kritischen Anfragen, die Scharfenberg formuliert hat, beziehen sich auf solche Situationen, in denen die Möglichkeit und der Mehrwert des symbolischen Spiels verloren gegangen bzw. der semantische Spielraum eingefroren ist, der eine konstruktive individuelle Aneignung eines Symbols überhaupt erst ermöglicht.[18]

Auch für die heutige Seelsorge ist eine solche kritische Bewusstheit im Gebrauch von Symbolen und Ritualen in der Seelsorge unverzichtbar. Gerade weil das Ritual gesellschaftlich und wissenschaftlich in Zeiten individualisierter Biographien, in denen viele Menschen zu „Formsuchern" werden, eine große Bedeutung hat, ist die Frage der Psychoanalyse nach Zwängen und Unfreiheiten im Ritualgebrauch festzuhalten, und eben deshalb sind die lebensgeschichtlichen und kom-

---

[15]   Vgl. ebd., 101 ff.
[16]   Vgl. Joachim Scharfenberg (1972): Seelsorge als Gespräch, Göttingen, 22.
[17]   Vgl. dazu bes. Joachim Scharfenberg/Horst Kämpfer (1980): Mit Symbolen leben, Olten; Joachim Scharfenberg (1985): Einführung in die Pastoralpsychologie, Göttingen.
[18]   Entsprechende Differenzierungen finden sich in Alfred Lorenzers Unterscheidung von Symbol und Symptom bzw. in semiotischer Perspektive in der Fortentwicklung der zweistelligen zur dreistelligen Semiotik. Vgl. dazu auch Hartmut Raguse (1994): Der Raum des Textes, Stuttgart. Ausdrücklicher auf die Seelsorgepraxis bezogen vgl. ders., Texte. Theoretische Zugänge, in: Eulenberger u.a. (2007), 75–82.

munikativen Verstrickungen der jeweils beteiligten Menschen nicht außer Acht zu lassen. Zur Wertschätzung ritueller Praxis in der Seelsorge gehört die ritualkritische Perspektive unbedingt dazu.

– Ähnlich differenziert sucht Scharfenberg die Auseinandersetzung mit Freuds Charakterisierung der Religion als einer Illusion, d.h. als einer Erfüllung infantiler Menschheitswünsche. Es gab, so führt er aus, den Anknüpfungspunkt für diese Einschätzung nicht nur in der realen Religionspraxis zur Zeit Freuds. Auch in der Gegenwart zeige sich nach wie vor die Tendenz, einem infantilen, unerwachsenen Glaubensleben zu verfallen. Bereits 1965 stellt Scharfenberg fest, dass man zunächst in den USA, aber ähnlich erwartbar auch bei uns „so etwas wie eine religiöse Erweckung … erlebe. Eine Erweckung allerdings, in der es nicht um die Wahrheitsfrage oder um die Entscheidung des Menschen geht, sondern um eine Religiosität als Selbstzweck, ‚die ganz formal, harmlos und irgendwie gesund' sei, mit anderen Worten um eine Religiosität, deren Unterhaltungswert … erkannt wurde, eine Religion als Konsumgut."[19] Zeitlebens hat Scharfenberg dafür plädiert, dass es darum gehe, eine „erwachsene" Form der Religiosität zu fördern, die Schrecken und Ängste nicht verdrängen müsse, sondern bearbeiten könne, und die auch in den Gemeinden präsent sei.

Aus heutiger Sicht ist die konstruktive Kraft regressiver Prozesse positiver zu würdigen – nicht zuletzt von Seiten der feministischen Theologie ist Scharfenberg hier Einseitigkeit vorgehalten worden. Für die Seelsorgerin bzw. den Seelsorger bleibt die Herausforderung jedoch bestehen, das regressive Potential religiöser Praxis bewusst zu gestalten und die eigenen Glaubensüberzeugungen auf ihre Realitätstauglichkeit hin zu befragen.

Die pastoralpsychologische Freud-Rezeption zeichnet sich durch eine doppelte Perspektivität aus: Zunächst fragt sie nach der Berechtigung der Kritiken, die Freud im Blick auf das religiöse Leben vorbringt, und zeigt, in welcher Hinsicht diese Kritik tatsächlich Anhaltspunkte in der Wirklichkeit der religiösen Praxis hat, die auch in theologischer Perspektive problematisch sind. Sodann aber nutzt sie die Überlegungen Freuds als hermeneutische Impulse, die ein vertieftes Verständnis des Glaubenslebens ermöglichen bzw. – wie Scharfenberg es nennt – als „Fremdprophetie". Diese doppelte Blickrichtung von Religionskritik und Religionshermeneutik hat sich bis in die Gegenwart als produktiv für die pastoralpsychologische Praktische Theologie und Seelsorge erwiesen.

3. Glaube und Intersubjektivität – religionshermeneutische Impulse

Die Selbstverständlichkeit, mit der frühere Generationen in Europa in den christlichen Glauben hineingewachsen sind, ist verschwunden. Der lange Prozess der Subjektivierung und Individualisierung des religiösen Selbstverständnisses der Neuzeit ist in der zweiten Hälfte des 20. Jahrhunderts zu einem allgemeinen Phänomen geworden. Religiöse Identität entsteht für viele Menschen nicht durch die

---

[19]   Ebd., 94.

mehr oder weniger intensive christliche Sozialisation, sondern sie wächst – auf der Basis gesuchter oder zufälliger Berührungen mit Repräsentanten oder Themen des Glaubens – durch Identifikation und Entscheidung. Die Wurzeln religiöser Identität – das zeigen z.B. die Kirchenmitgliedschaftsuntersuchungen der EKD – liegen nach wie vor oft in der Religiosität der Kindheitsfamilie.[20] Insgesamt aber sind ein christliches Selbstverständnis und Basiskenntnisse der christlichen Lehre und Religionspraxis nicht mehr durchgehend vorhanden. Das Gelingen religiöser Kommunikation ist angewiesen darauf, dass die christliche Tradition in Verbindung treten kann zur individuellen Alltagserfahrung, dass subjektives Erleben als Glaubenserfahrung evident wird bzw. sich plausibel als Glaubenserfahrung deuten lässt.

Eben dieser Zusammenhang ist es, der die Pastoralpsychologie von ihren Anfängen her nach einem umfassenderen Verständnis menschlicher Subjektivität und Beziehung in der Seelsorge fragen ließ. Die inspirierende Forderung des Gründervaters der amerikanischen Clinical Pastoral Education, Anton Theophilus Boisen, die Theologiestudierenden müssten in ihrer Ausbildung nicht nur lernen, die Texte der Tradition zu lesen und zu verstehen, sondern ebenso die „living human documents", antwortet auf die Herausforderung, theologisches Wissen mit Lebens- und Beziehungserfahrungen des Alltags in Verbindung zu bringen.[21]

Aus ähnlichen Motiven suchte bereits der praktische Theologe Otto Haendler (1890–1981) durch den Dialog mit der Analytischen Psychologie Carl Gustav Jungs nach einer subjektiven Vertiefung theologischer Aussagen und einer Erweiterung des Verständnisses biblischer Symbole. Es ging ihm darum, die unbewusste Seite religiöser Phänomene in die Theologie und die pastorale Praxis zu integrieren.[22] Haendlers Impulse wirkten über seine Schüler Joachim Scharfenberg, Klaus Winkler und Ernst Rüdiger Kiesow auf die Entwicklung der Pastoralpsychologie in der zweiten Hälfte des 20. Jahrhunderts ein.[23]

Das intensive Studium der psychischen Bedingungen des Menschseins – des theoretischen Studiums wie auch der praktischen Ausbildung in Selbsterfahrung, Beratung und Supervision –, das die pastoralpsychologische Seelsorge betrieb, diente also nicht allein der methodischen Professionalisierung des seelsorgerlichen Gesprächs. Vielmehr ging es immer auch darum, im Gespräch mit verschiedenen psychologischen Theorien das Verständnis des christlichen Glaubens so zu erweitern, dass seine Bedeutung für die existentiellen Lebensthemen deutlicher

---

[20]   Vgl. Rüdiger Scholz (2006): Kontinuität und Krise – stabile Strukturen und gravierende Einschnitte nach 30 Jahren, in: Wolfgang Huber/Johannes Friedrich/Peter Steinacker (Hg.): Kirche in der Vielfalt der Lebensbezüge. Die vierte EKD-Erhebung über Kirchenmitgliedschaft, Gütersloh, 51–88, hier: 66–68.

[21]   Vgl. Charles E. Hall (1992): Head and Heart. The Story of the Clinical Pastoral Education Movement, Journal of Pastoral Care Publications.

[22]   Vgl. Kerstin Voigt (1993): Otto Haendler – Leben und Werk, Frankfurt a.M.

[23]   Dabei wäre es eine interessante Frage, wodurch Scharfenberg und Winkler dazu motiviert wurden, sich – anders als ihr Lehrer – von der Analytischen Psychologie Jungs ab- und der Psychoanalyse Freuds und seiner Schule zuzuwenden. Vermutlich spielten dabei die positiven Äußerungen Jungs zum Nationalsozialismus eine Rolle, durch die die Psychologie Jungs im Nachkriegsdeutschland diskreditiert war.

erkennbar würde. Dabei stand – entgegen mancher anders lautenden Polemik – nicht in Frage, *dass* biblischer Bezug und christliche Lebenspraxis eine wesentliche Rolle im Selbstverständnis der Seelsorge spielen, wohl aber wurde darum gerungen, *wie* dieser Bezug durch den kritischen Dialog mit Human- und Sozialwissenschaften differenzierter zu beschreiben und zu verstehen sowie zeitgemäßer zu praktizieren sei.

Eine besondere Bedeutung gewann dabei die Auseinandersetzung mit der ganzen Breite der Symboltheorie, die sich im 20. Jahrhundert in Philosophie, Psychologie und Soziologie entwickelt hatte. Sie führte dazu, dass die einseitig symbolkritische Haltung Freuds abgelöst wurde von der Einsicht, dass symbolische Kommunikation ein unverzichtbares Moment menschlicher Kommunikation überhaupt darstellt.[24] Die pastoralpsychologische Rezeption der Symboltheorie hat es ermöglicht, den spezifischen Charakter religiöser Kommunikation als eines Symbolspiels zu verstehen, dessen kreativer Spielraum davon lebt, dass Bedeutungen nicht in Eindeutigkeit erstarren, sondern variabel und veränderbar bleiben. Zugleich wurde die Fähigkeit entwickelt, Symbole auf die ihnen zugrunde liegenden Erfahrungen und Szenen hin zu lesen, etwa im Aaronitischen Segen die Anknüpfung an die vom Beginn des Lebens an wesentliche Erfahrung des freundlich zugewandten Angesichtes zu entdecken.[25] Damit ergaben sich auch in der seelsorgerlichen Kommunikation neue Möglichkeiten der Verknüpfung von Lebens- und Glaubensfragen.

Ebenfalls konstruktiv wirkte sich die pastoralpsychologische Rezeption philosophisch-literaturwissenschaftlicher Theorien aus, die das Verständnis von Texten als einen Kommunikationsvorgang konzeptualisieren, als einen variablen Prozess der Interaktion zwischen Text und Rezipienten.[26]

Die vielfältigen Anstöße, die aus diesen umfangreichen Debatten für die Seelsorgepraxis zu gewinnen sind, können hier nicht im Einzelnen dargestellt werden. Insgesamt aber scheint mir dabei wesentlich zu sein, dass religiöse Kommunikation – vor allem, wenn sie im Kontext einer demokratischen und religiös pluralen gesellschaftlichen Öffentlichkeit stattfindet – immer deutlicher als ein vielschichtiger interaktiver Prozess erkennbar geworden ist. Religiöses Selbstverständnis und Glaube entstehen nicht einfach durch Weitergabe von Tradition – obwohl die Weitergabe von Texten und Handlungswissen unverzichtbar bleibt – , sondern stellen eine lebendige Realität innerhalb einer fortgesetzten Kommunikation über die Tradition dar, bei der jeweils neu und anders rezipiert und interpretiert, interagiert und konstruiert wird. Das heißt aber auch: Gelingende religiöse Kommunikation ist alles andere als eine Bevormundung oder eine autoritäre Belehrung, der gehorsam Folge zu leisten ist.

---

[24] Vgl. v.a. Scharfenberg/Kämpfer (1980); Heribert Wahl (1994): Glaube und symbolische Erfahrung. Eine praktisch-theologische Symboltheorie, Freiburg/Basel.

[25] Vgl. Ulrike Wagner-Rau (2005): Den Blick nicht abwenden. Über einen vom Segen inspirierten Umgang mit der Scham, in: Leben. Verständnis, Wissenschaft, Technik. Kongressband des XI. Europäischen Kongresses für Theologie 2002, hg. v. Eilert Herms, Gütersloh, 527–543.

[26] Vgl. bes. Raguse (1994).

Auch die Seelsorge als helfende und orientierende Kommunikation im Kontext christlicher Lebenspraxis ist Teil des interaktiven Prozesses, in dem Bedeutungen nicht feststehen, sondern je und je neu erschlossen werden. Nicht die Tatsache an sich, dass ein Bibeltext im Seelsorgegespräch vorgelesen oder eine biblische Geschichte erzählt wird, nicht der Vollzug eines religiösen Rituals allein, nicht die Worte des Gebetes für sich konstituieren religöse Bedeutungen, sondern all dies braucht den interaktiven Zwischenraum, in dem eine solche Bedeutung entstehen kann. Glaube erwächst nicht aus der Deduktion individueller aus allgemeiner Wahrheit, sondern fällt – möglicherweise – zu und wird ergriffen im Widerfahrnis der Begegnung des einzelnen Menschen und seiner Geschichte mit den Geschichten und Riten des Glaubens.

Für die Kommunikation über den Glauben, so Karl-Heinrich Bieritz, gelte dasselbe wie für Kommunikation überhaupt: Bedeutung kann „nicht als eine Art transportables Wissensgut von einem Expedienten auf den Weg gebracht und von einem Rezipienten in Empfang genommen werden".[27] Insofern komme auch die Seelsorge nicht ohne Gespräch aus, denn ebenso wie der Glaube an einen Kommunikationsprozess zwischen Gott und den Menschen gebunden sei, so könne auch das, was Glaube ist, nur im dialogischen Austausch des Gesprächs gelernt werden.[28]

Neben dem Heranwachsen des Bewusstseins für die Bedeutung des kommunikativen Zwischenraums für die Entstehung und die Weitergabe des Glaubens und gleichzeitig damit richtete sich die Aufmerksamkeit darauf, Glaubensgeschichten als Beziehungsgeschichten in einem biographischen Zusammenhang zu lesen. Die Identitätstheorie Erik H. Eriksons, aber auch die psychoanalytische Objektbeziehungstheorie und später die Babyforschung Daniel Sterns u.a. haben den interaktiven Charakter der psychosozialen Entwicklung des Menschen erschlossen. Selbst- und Weltverhältnis, so ist daraus deutlich geworden, sind das Ergebnis einer subjektiven Verarbeitung von Beziehungserfahrungen, die auf basale vertrauensbildende Grunderfahrungen des Gehalten- und Genährtwerdens angewiesen sind. Auch die Glaubensentwicklung ist als Beziehung zu Gott, zu anderen Menschen und zu Repräsentanzen des Glaubens in diesen Entwicklungsprozess eingebunden, der durch je spezifische biographische Muster geprägt ist.[29] In und durch Beziehungen wachsen die Menschen in die Realität ihrer Lebensgeschichte hinein, in

---

[27] Karl-Heinrich Bieritz (2007): Kommunikative Grundlagen des seelsorgerlichen Gesprächs, in: Wilfried Engemann (Hg.): Handbuch der Seelsorge. Grundlagen und Profile, Leipzig, 77–105, hier 88. In diesem Aufsatz findet sich auch ein hervorragender Überblick über kommunikationstheoretische Modelle, die im Zusammenhang der Seelsorge rezipiert wurden.

[28] Vgl. ebd., 89. Ähnlich akzentuiert bereits Joachim Scharfenberg, Seelsorge als Gespräch, Göttingen 1972, 63: „Der Glaube", so zitiert er Ernst Lange, „... überlebt nur im Gespräch. Er bleibt nur Glauben im Gespräch. Er kommt aus dem Gespräch und führt ins Gespräch." Es gehe nicht darum, die pfäffische Autorität zu nutzen, um die Glaubensaussagen in der Seelsorge zu untermauern. Man dürfe nicht zu viel wissen, sondern müsse vielmehr in vieler Hinsicht den Raum für das Nichtwissen lassen. Insgesamt gehe es nicht primär darum, Antworten zu geben – schon gar nicht auf Fragen, die nicht gestellt werden –, sondern in eine Solidarität gemeinsamer Ratlosigkeit bzw. gemeinsamen Fragens nach der Wahrheit einzutreten.

[29] Vgl. das Schema in: Christoph Morgenthaler/Gina Schibler (2002): Religiös-existentielle Beratung. Eine Einführung, Stuttgart, 189.

der sie zwischen Vertrauen und Angst, zwischen lebensförderlicher und
(selbst)destruktiver Wirklichkeit um Freiheit und Sinn des Lebens ringen. Die
Gottesbeziehung, so Anne Steinmeier in ihrer theologischen Aufarbeitung psychoanalytischer Entwicklungstheorien,[30] sei nicht von einem Jenseits dieser
Selbstauseinandersetzung her zu stellen, und sie sei auch nicht nur mit dem Guten
in diesem Prozess zu identifizieren. Vielmehr ist mit der Gottesfrage die Frage
nach der Kraft gestellt, durch die nicht nur die konstruktiven Momente in der
menschlichen Entwicklung, sondern gleichermaßen das Abgründige und Schre-
ckenerregende darin zu integrieren ist. Es ist die Frage nach der Kraft, die eben
durch die Integration *beider* Seiten des Lebens über die Angst hinausführt, dass
die Hoffnung auf eine Zukunft des Lebens trügerisch ist. Gläubige Lebensgewissheit ist nicht einfach Gewissheit der Übermacht des Guten von einem Jenseits des
Lebens her, sondern vielmehr vitale Hoffnung darauf, dass im Ineinander von
Gutem und Bösen das Leben nicht untergehen wird. Die Gottesbeziehung, so
Steinmeier folgerichtig, könne theologisch nicht einfach als nur gute Gegenkraft
gedacht werden. Damit würde das unabweisbar vorhandene Bedrohliche in der
Beziehungsgeschichte jedes Menschen nur gebannt und abgewehrt, anstatt dass in
dieser und durch diese Beziehung die Auseinandersetzung mit der alltäglichen
Wirklichkeit bestanden werden könne.[31] Indem mit Hilfe der psychoanalytischen
Entwicklungstheorie die fundamentale Bedeutung einer vertrauensvollen Lebensgewissheit für das menschliche Selbsterleben deutlich wird, zugleich aber auch
ihre anhaltende Gefährdung durch Verlorenheit, Aggression und Zwang, wird die
Bedeutung der Verheißung unverbrüchlicher Zuwendung Gottes in allem Menschlichen erst eigentlich verständlich. Andererseits aber wird ebenso sichtbar, wie
leicht diese Verheißung illusionären Charakter gewinnt, wenn sie die Abgründigkeit der Realität menschlichen Lebens durch die Ansage einer jenseitigen Gegenkraft überspringt.

Was heißt das für die Bedeutung von Glauben in der Seelsorge? Auch hier kann
man Glauben als eine auf die Beziehung bezogene Qualität verstehen: Zuerst und
grundlegend zeigt sich Glaube nicht in der Gestalt explizit gläubiger Äußerungen,
sondern in dem Mut und in der Bereitschaft, sich auf einen Prozess der Begegnung
einzulassen, dessen Ergebnis nicht vorauszusehen ist. Dass etwas werden könne in
dieser Begegnung, in der zunächst vielleicht nur Selbstzweifel und Angst, nur
Trauer und Hilflosigkeit, nur Missverständnis oder Ärger Platz haben, ist Ausdruck einer Haltung, die aus einer glaubenden Erwartung heraus fähig ist, sich
auch auf eine beängstigende Wirklichkeit einzulassen. Dass man in der Seelsorge
nicht auf alles eine Antwort haben muss, ja: dass es viele Lebenssituationen gibt,
für deren Abgründigkeit keine Antworten zur Verfügung stehen, ist eine beständig
neu zu lernende Einsicht, die Menschen in der seelsorgerlichen Ausbildung zunächst oft befremdlich erscheint, schließlich aber in ihrer befreienden und auch
theologisch entscheidenden Dimension erkennbar wird. Man muss es selbst erfah-

---

[30]   Vgl. Anne M. Steinmeier (1998): Wiedergeboren zur Freiheit. Skizzen eines Dialogs zwischen
      Theologie und Psychoanalyse, Göttingen, 195–202.
[31]   Vgl. ebd., 200f.

ren und auch als Akt des Glaubens wagen, dass die verheißene Gewissheit nicht a priori evident ist, nicht vom einen zum anderen weitergegeben werden kann, sondern sich im Prozess eines Gesprächs entwickelt, dann aber – wenn sie denn geschenkt wird – auch als überwältigend und unabweisbar wahrgenommen wird.

Diese Auffassung trifft sich in vieler Hinsicht mit Überlegungen, die der Psychoanalytiker Joachim Küchenhoff unter der Überschrift „Gott und Unbewusstes" über die gemeinsamen Anliegen und Gefährdungen von Psychoanalyse und Religion angestellt hat.[32] Das Gemeinsame von Theologie und Psychoanalyse, so schreibt er, liege in ihrem Beharren auf einem Jenseits des Gewussten, dass sie also beide erinnern an das Andere, das unter der gegenwärtigen Dominanz der instrumentellen Vernunft abhanden zu kommen droht. Damit aber seien sie gleichermaßen befasst mit den Fragen, die aus den Grenzsituationen des Lebens erwachsen, „der Unverfügbarkeit der Herkunft, der Nichtrepräsentierbarkeit des Endes, … den Fragen nach der Ethik eines guten Lebens, die schließlich in die Fragen nach der Verantwortung für das Zusammenleben einmünden".[33] Dabei gehe es mehr darum, die Fragen offen zu halten als zu beantworten, mehr darum, Fremdheit und die Differenz auszuhalten, anstatt sie in positives Wissen hinein aufzulösen. So sei es auch theologisch z.B. durch Paul Tillich durchgeführt worden, der den „Mut zum Sein" auf einen Gott gründet, der jenseits der traditionellen Symbole in der Tiefe des Zweifels erscheint. Der Ort aber, an dem ein solcher die Offenheit hütender Glaube präsent werden könne, sei das Gespräch. Denn das Gespräch versuche gerade, die Differenz, die Ausdruck der Achtung und des Respekts vor dem Anderen sei, zu überbrücken, ohne sie aufzulösen. Das aber setze Glauben voraus. „Glauben richtet sich so nicht auf einen Glaubensinhalt, sondern ist ein Moment der Praxis, vielleicht ihr Motor, das Vertrauen in die konstruktive, verändernde Kraft der Andersheit und Negativität."[34]

Das „Andere" oder das „Jenseits" in der Psychoanalyse wie in der Theologie ist gleichermaßen der Gefahr der Verdinglichung und der falschen Positivierung ihrer Werte ausgesetzt. Das Gegengewicht dazu liegt in der intersubjektiven Praxis: „Sie, die intersubjektive Praxis, kann das dogmatisch Geronnene je wieder verflüssigen. Sie ist der Ort des Glaubens, nicht ein bestimmter Glaubensinhalt."[35]

Diese Perspektive – übertragen auf die Seelsorge – meint nicht, dass die Inhalte des christlichen Glaubens keine Rolle spielen sollen. Wohl aber ist dies gemeint, dass jegliches Wissen über den Glauben in einem Gespräch, das existentielle Themen berührt, aufs Spiel gesetzt wird in der Hoffnung, dass sich jenseits dieses Wissens etwas zeigt, das weiterführt.

---

[32] Vgl. Joachim Küchenhoff (2004): Gott und Unbewusstes. Versuch über die gemeinsamen Anliegen und Gefährdungen von Psychoanalyse und Religion, in: Gerlach u.a., 25–42.
[33] Ebd., 31.
[34] Ebd., 39.
[35] Ebd., 40.

4. Gläubige und kritische Praxis

Je deutlicher die Schattenseiten gesellschaftlicher Individualisierung und des Traditionszerfalls werden, desto kritischer wird der Betonung der subjektiven und intersubjektiven Perspektive in der Pastoralpsychologie entgegengehalten, dass sie einer Privatisierung und Schwächung des Glaubens Vorschub leiste. Geht es nicht angesichts der vielfältigen Lasten, die das Individuum gegenwärtig zu tragen hat, darum, deutlich und erkennbar Orientierung und Vergewisserung anzubieten? Ist im Zusammenhang von Vereinzelung und Pluralisierung nicht jenseits subjektiver Differenzen das gemeinsame Profil der evangelischen Überzeugung zu stärken? Muss nicht in Zeiten, in denen religiöses Wissen in breiten Teilen der Bevölkerung verloren geht, solches Wissen offensiv vermittelt werden? Und sollte insofern nicht auch in der Seelsorge der Glauben als positiver Inhalt und explizite Form deutlicher vorkommen?

Ich möchte auf diese Fragen mit einer doppelten Perspektive antworten.

Fulbert Steffensky hat durch die beständige Wiederholung seiner Überzeugung, dass die menschliche Person sich nicht nur von innen nach außen, sondern auch von außen nach innen baue, offenkundig einen wichtigen Punkt zur Sprache gebracht: Die Wahrheit der religiösen Formen liegt auch darin, dass sie sich – unabhängig von der je individuellen Verfasstheit der Menschen – durchhalten, dass man in ihnen einkehren kann und sie einen auf eine heilsame Weise prägen. Glaube entsteht auch durch Übung und Arbeit, die nicht unbedingt subjektive Intensität braucht, sondern Regelmäßigkeit und Wiederholung. Das Subjekt überschätzt und überfordert sich zugleich, wenn es die Bereitschaft, sich von außen formen zu lassen, verliert.

In Steffenskys Position zeigt sich eine heilsame Skepsis gegenüber dem „allmächtigen" Subjekt. Dem entspricht die Verflüssigung der Konzepte von Subjektivität in der Gegenwart überhaupt, die die Möglichkeiten des Subjektes insgesamt skeptischer betrachten als das in den Zeiten der frühen Pastoralpsychologie der Fall war. Die von der Aufklärung geprägte Vorstellung eines potentiell autonomen Subjektes ist abgelöst worden von Konzepten, die von Konstruktivismus, Narrativität und Intersubjektivität geprägt sind und die Subjektivität als einen Prozess erkennen lassen, in dem ein Selbst nicht von vornherein vorhanden ist, sondern im Austausch mit anderen und anderem sich beständig formt und umformt, und zwar auf eine Weise, die – nach einer plastischen Metapher des Philosophen Peter Bieri – „eher einer geologischen Umschichtung als einem planvollen Spiel"[36] gleicht. In diesem Prozess kann der selbstverständliche Umgang mit den Texten und Formen, die durch die Jahrhunderte hindurch in der christlichen Frömmigkeitspraxis tradiert wurden und die sich in der Auseinandersetzung mit vielfältigen Erscheinungen des Lebens bewährt haben, tatsächlich eine lebensförderliche Bedeutung haben. Sie erinnern die Menschen an ihre Endlichkeit und an ihre Angewiesenheit. Sie bewahren das Wissen um den unverrechenbaren Wert jeder Person. Sie

---

[36] Peter Bieri (⁴2005): Das Handwerk der Freiheit. Über die Entdeckung des eigenen Willens, Frankfurt a.M., 415.

erinnern daran, dass am Streben nach Gerechtigkeit und Frieden die Zukunft der Menschheit hängt. Sie hüten die Hoffnung, dass das Leben in Ewigkeit bewahrt ist. Eine selbstverständliche Beheimatung, aber auch eine vorübergehende Einkehr in die Formen dieser Religionspraxis ist heilsam. Die eingangs angesprochene neue Wertschätzung der Religion hat sicher auch darin ihren Grund, dass mit der Erosion der christlichen Religionspraxis zugleich erkennbar wird, was mit ihr zu verloren gehen droht. Insofern, so meine ich, ist es sinnvoll und gut, dass nach Zeiten, in denen die kritische Auseinandersetzung mit der christlichen Tradition im Vordergrund stand und ein unbefangener Zugang dazu eher schwierig war, der Wert religiöser Praxis für die konstruktive Bewältigung des Lebens deutlicher akzentuiert wird.

Es wäre aber verhängnisvoll – und das ist genauso entschieden zu sagen –, wenn das Wissen über die Ambivalenz jeder religiösen Praxis und Einstellung wieder verloren geht bzw. zu wenig Beachtung fände. Denn es stimmt ja einfach nicht, dass die Beheimatung in der christlichen Tradition per se heilsam und lebensförderlich ist.

Macht ein religiöses Selbstverständnis tatsächlich gesünder und krisenfester, wie es empirische Studien vor allem in den USA und Großbritannien nachzuweisen suchen? Offenbar kann man dafür Anhaltspunkte finden. Man kann aber ebenso zeigen, dass und wie Religion krankheitsverstärkend wirkt, wenn sie sich mit einer destruktiven psychischen Dynamik und Beziehungskonstellation verbindet.

Ist es nicht erstaunlich, dass in psychotherapeutischer Arbeit heute rituelles Handeln genutzt und Religion als eine psychische Ressource einbezogen wird? Liegt darin nicht eine Anregung für die Seelsorge, sich ihre eigenen Mittel und Medien wieder offensiver anzueignen? Sicherlich. Das entlastet allerdings nicht von der Notwendigkeit, kritisch mit diesen Mitteln und Medien umzugehen, sie in Beziehung zur jeweiligen Lebenssituation zu setzen und die Freiheit aller Beteiligten im Prozess zu hüten.

In der neuen Aufmerksamkeit für die Ressourcen religiöser Praxis in der Seelsorge liegt nicht nur eine Chance, sondern ebenso die Gefahr einer Funktionalisierung und einer Verdinglichung religiöser Gehalte und religiöser Praxis. Damit aber würde nicht nur die dunkle Seite der Religion ausgeblendet, sondern auch das Potential des Glaubens als eine existentiell berührende Fremderfahrung, über die nicht zu verfügen ist, sondern die sich je und je im interaktiven Zwischenraum zwischen Gott und Mensch bzw. zwischen Mensch und Mensch ereignen kann.

Insofern meine ich, dass es nach wie vor keineswegs überholt ist, in pastoralpsychologischer Tradition religionskritisch wach zu sein, den lebensgeschichtlichen Verflechtungen religiöser Überzeugungen hermeneutisch auf der Spur zu bleiben und Glauben weniger als Inhalt, denn als Beziehung zum Leben zu verstehen, deren Kennzeichen es ist, dass sie sich selbst nicht genug ist.

In Beziehung zur Welt im Ganzen
Der Ertrag der Objektbeziehungstheorie
für Theologie und Seelsorge

Susanne Heine

1. Das Interesse an Religion

Unter den Vertreter/innen der Objektbeziehungstheorie sind es vor allem drei Namen, die für die Verbindung dieses psychoanalytischen Konzepts mit dem Thema Religion stehen: Donald W. Winnicott († 1971), Paul W. Pruyser († 1987) und Ana-Maria Rizzuto. Dass für sie Religion eine Rolle spielt, hat mit Biografie und persönlichem Interesse zu tun, und ihre Theoriebildung darf nicht mit einem Religionskonzept verwechselt werden. Winnicott (1994, 9) und Pruyser wuchsen in einem Ambiente praktizierter christlicher Frömmigkeit auf und waren mit der Bibel von Kind an vertraut: „It was read to us in an atmosphere [...] of motherly concern and warmth complete with body contact as we huddled up to her, listening and looking at the pictures" (Pruyser 1987, 109).

Von Rizzuto gibt es keine Kindheitsgeschichte, da sie selbst nichts darüber berichtet. Auch ist sie noch sehr lebendig tätig und noch nicht in die Hände eines Biografen gefallen. Ihr Zugang zur Religion verdankt sich dem Zufall, dass sie der Leiter eines katholischen Priesterseminars um einen Kurs für seine Priesterkandidaten bat, um dem „process of developing a belief in God" aus psychologischer Perspektive nachzugehen. Das weckte ihr Interesse, und sie gesteht ein, sie habe sehr viel gelernt „about the depths of my own ignorance [...] of God's psychic role in an individual's life" und bedauert, wie wenig die psychiatrische Arbeit bislang die „desires for closeness to God or avoidance of him" berücksichtigt habe (Rizzuto 1979, Preface).

Alle Drei wollen dabei in den Grenzen psychologischer Theoriebildung bleiben, sich nicht mit Religion „an sich" befassen und die Frage nach der Existenz Gottes anderen überlassen. Wenn auch auf unterschiedliche Weise gewonnen, stammt der Zugang zur Religion bei ihnen aus menschlichen Begegnungen, sei es durch Sozialisation oder durch eine berufliche Herausforderung. Beziehungen spielen auch in den drei Konzepten eine wesentliche Rolle, und über Beziehungen, so lautet die These, kommt Gott in das Leben eines Menschen – oder auch nicht.

2. Grundlinien des Konzepts

Als psychoanalytisches Konzept folgt die Objektbeziehungstheorie Sigmund Freud, wenn auch in einer kritischen Relecture. Positiv aufgegriffen werden die Macht unbewusster Prozesse und deren prägende Funktion während der Kindheitsgeschichte. Während Freud zwischen Triebkonstitution (Primärprozesse) und Beziehungskonstellation (Sekundärprozesse) unterscheidet, wenn auch nicht immer sehr deutlich, geht die Objektbeziehungstheorie davon aus, dass der Zugang eines Menschen zur Welt und zu anderen Menschen durch die Formen der interpersonalen Beziehung zu den frühen Bezugspersonen (Objekten) geprägt wird; zwar spielt die Triebkomponente auch eine wichtige, aber keine Ausschlag gebende Rolle. Entscheidend ist für die Objektbeziehungstheorie das Bedürfnis des Kindes nach Kontakt, danach, gepflegt, berührt, gehalten und beachtet zu werden.

Was die Religion anbelangt, nimmt der Begriff „Illusion" eine Schlüsselstellung ein, und im Zentrum der Freud-Rezeption steht seine Schrift „Die Zukunft einer Illusion" von 1927. Darin vertritt Freud die Ansicht, dass Religion eine psychisch besonders wirksame Illusion sei, weil sie die Erfüllung der ältesten, stärksten, dringendsten Wünsche der Menschheit enthält. Dazu gehöre vor allem der Wunsch nach Schutz, der dem Kind durch das mächtige Elternpaar geboten werde, besonders durch den Vater. Da aber auch der Erwachsene vielen Versagungen und Bedrohungen ausgesetzt sei, über die er keine Macht hat, übertrage er sein Schutzbedürfnis in einer Wunschfantasie auf eine göttliche Vatergestalt. Freud sieht das menschliche Leben mit seinen Enttäuschungen als eine große Last und gesteht auch dem Erwachsenen zu, dass er manchmal Linderungsmittel braucht, um dies zu ertragen; zu diesen Mitteln zählt die Illusion der Religion. Letztlich aber bleibt für ihn entscheidend, dass es dem Menschen gelingt, durch seinen Intellekt von der Außenwelt unabhängig zu werden, diese den Wünschen entsprechend zu gestalten und dadurch erträglicher zu machen, anstatt die Wünsche durch infantile Illusionen zu befriedigen.[1]

Die Objektbeziehungstheorie greift nun das Freudsche Illusionsverständnis positiv auf und wertet Religion als eine Möglichkeit, mit der Spannung zwischen Fantasie und Realität kreativ umzugehen. Für Winnicott gibt es gar keine andere Möglichkeit für den Kontakt zur Realität als über den Weg der Illusion, so dass diese für ihn einen „Wert an sich" darstellt (1994, 68, 164). Anknüpfend an Winnicott, bestätigt Pruyser Freud darin, dass ein menschliches Leben vom Gefühl der Ohnmacht begleitet wird, weshalb sich alles ums Wünschen drehe. Wenn Gott dann in einer lebendigen Beziehung zu einem erfüllenden Liebesobjekt wird, könne daraus auch sehr viel Realistisches entstehen, so dass Wunsch und Realität einander nicht widersprechen; für ihn gehört Religion in diesem Sinne zur illusionistischen Welt (1972, 33f.). Auch Rizzuto rezipiert Winnicott und Pruyser darin, dass Menschen ohne Illusion gar nicht auskommen können, und auch sie sieht Illusion und Realität nicht als Alternative (1979, 209, 177).

---

[1]   In seiner letzten Schrift „Der Mann Moses und die monotheistische Religion" (1939, 573: Studienausgabe, Bd. IX) kommt er nicht zuletzt aufgrund seiner Erfahrungen mit dem Antisemitismus zu dem Schluss, dass auch der Mensch „unserer Zeit" selbst als Erwachsener „infantil und schutzbedürftig" bleibe.

3. Die Theorie vom intermediären Bereich

Im Unterschied zu Freud lehnt die Objektbeziehungstheorie dessen scharfe Trennung zwischen Illusion und Realität sowie die Vorstellung ab, durch den Intellekt
irgendwann einmal wunschlos in der Realität zu stehen, individuell wie mensch-
heitsgeschichtlich. Winnicott formuliert als erster das Kontrastprogramm, indem
er den direkten Zugang zur Realität grundsätzlich in Frage stellt. Er meint, das
Baby, wenn es erwachsen ist, könnte dann sagen: „Ich weiß, daß es keinen direkten Kontakt zwischen der äußeren Realität und mir selbst gibt, nur die Illusion
eines Kontaktes, etwas, was zwischen mir und der Außenwelt liegt und mir gute
Dienste leistet [...] (1994, 168).

Als Kinderpsychiater geht Winnicott von der Beobachtung von Säuglingen aus,
freilich immer verbunden mit seiner psychoanalytischen Theorie. Für ihn ist ein
Säugling ein diffuses Gebilde, das allerdings u.a. durch den Hunger in eine Trieb-
spannung gerät. Wird das Bedürfnis nach Nahrung nun durch die Mutterbrust
befriedigt, dann löse dies im Kind, das Außen und Innen, Ich und Nicht-Ich noch
nicht unterscheiden kann, eine Illusion aus, nämlich die Illusion, die nährende
Brust erschaffen zu haben. Denn aufgrund seiner Hilflosigkeit sei der Säugling auf
eine „vollkommene Umwelt" angewiesen, die sich seinen Bedürfnissen aktiv
anpasst (1997, 107, 168); diese Anpassung werde vom Kind als sein magisches
Beherrschen und seine Omnipotenz erlebt (1994, 158). Die fortgesetzte Erfahrung
des Stillens wecke dann im Baby das Vertrauen, jederzeit Zugang zum Objekt des
Begehrens zu haben, so dass es die fallweise Abwesenheit des Objektes ertragen
lerne. Daraus entwickelt sich nach Winnicott die „Vorstellung von der äußeren
Realität als Raum, aus dem Objekte auftauchen und in den sie wieder verschwinden" (1994, 157).

Auf diese Weise durchlaufe das Kind einen fortschreitenden Differenzierungsprozess, indem es zu unterscheiden beginnt zwischen dem, was es sich vorstellt, er-
denkt, fantasiert und erfindet und dem, was ihm von außen dargeboten und als
„Nicht-Ich" zu seinem Besitz wird. Dafür lernt es dann, danke zu sagen, und tritt
somit in Beziehung zu Menschen, die es als eigene Objekte wahrnimmt. Zugleich
erlebt sich das Kind als abgegrenzte Einheit, die Winnicott das Selbst nennt, für
die es ein Innen und ein Außen gibt. Damit aber löse sich die frühe Omnipotenzphase nicht auf, vielmehr werde sie verwandelt in den Übergangsraum (potential
space), der von Übergangsobjekten (transitional objects) erfüllt ist, „die nicht Teil
seines Körpers sind, jedoch nicht ganz als etwas erkannt werden, das zur äußeren
Realität gehört" (1997, 301). Solche äußeren Übergangsobjekte können Teddybären, Schmusedecken oder jeder andere Gegenstand sein; später kommen innere
Objekte wie Märchen- und Romangestalten hinzu. Dabei ist wesentlich, dass die
Objekte und Figuren von den Heranwachsenden selbst gewählt werden, was vor-
aussetzt, dass ihnen solche zur Verfügung stehen.

Dieser Übergangsraum bleibt nach Winnicott als intermediärer Bereich (interme-
diate realm) mit seinen Übergangsphänomenen (transitional phenomena) auch
dem Erwachsenen erhalten, wenn die Entwicklung ohne gravierende Störungen
verläuft. Ein Mensch lebe demnach nicht nur in den zwei Welten der inneren und

der äußeren Realität, sondern in drei. Die dritte Welt, von Winnicott auch öfter eine Welt des illusionären Erlebens genannt (1997, 302), ist der Raum des Möglichkeitssinns und der schöpferischen Fantasie, dass alles ganz anders sein könnte, als es ist. Daraus entspringe die Fähigkeit, sich der äußeren Realität weder nur zu unterwerfen noch vor ihr zu fliehen, sondern diese auch kreativ zu gestalten und zu „erschaffen" (1994, 62, 102, 168). Aus dem intermediären Bereich gehe die Welt der Kultur hervor, der Musik, Kunst und Literatur, aber auch der Wissenschaft und der Religion. Voraussetzung dafür sei jene Omnipotenzphase des Säuglings, die verlangt, durch Übergangsobjekte gefördert zu werden, wenngleich ein Mensch dann freilich im weiteren Verlauf ein Dreifaches zuwege bringen müsse, das von einem Kind noch nicht verlangt werden kann: Er muss sich von der Vorstellung verabschieden, dass das, was er in der Fantasie erschafft, wirklich existiert; dazu muss er das, was er subjektiv hervorbringt, einer Realitätsprüfung unterziehen; und er muss sich seinen intermediären Bereich eingestehen, der weder mit der äußeren noch der inneren Welt identisch ist, zu dem aber beide Welten beitragen. Auf diese Weise kann er dem, was er hervorbringt, durch Gestaltung einen Platz in der Realität einräumen (1997, 302, 319; 1994, 159). Im Unterschied zu Freud bedeutet daher die Fantasietätigkeit für Winnicott nicht notwendig eine Flucht aus der Realität, weil sie etwas hervorzubringen vermag, das seine eigene Art von Realität besitzt.

Der intermediäre Bereich ist nach Winnicott also notwendig, um zwischen Innen- und Außenwelt so zu vermitteln, dass der Mensch nicht in eine Spaltung gerät. Dies sei der Fall, wenn er sich entweder auf die subjektive Innenwelt zurückzieht und autistisch wird oder auf die als bedrohlich empfundenen Ansprüche der Außenwelt mit Selbstverzicht reagiert, was in beiden Fällen zur Beziehungsunfähigkeit führe – zu Menschen wie zu Dingen (1990b, 55). Da es für Winnicott eine lebenslange und anstrengende Aufgabe bleibt, „die innere und die äußere Realität getrennt und dennoch miteinander verknüpft zu halten", kann der intermediäre Raum als „ein Zwischenbereich des Erlebens, der nicht in Frage gestellt wird", auch als Ruheplatz dienen. Denn zu diesem Bereich gehöre nicht nur das kreative Erschaffen, sondern auch der Genuss des Erschaffenen (1997, 302; 1973, 123). Alle Formen von Beziehungen zwischen Menschen und zu den Dingen, zwischen dem Einzelnen und der Gesellschaft, den Traditionen, Kulturgütern, den Wissenschaften, der Religion und der Welt überhaupt vollziehen sich nach Winnicott in dieser dritten Welt.

Die Theorie Winnicotts bildet die Basis für die Konzepte von Pruyser und Rizzuto, die sie freilich auch modifizierend und mit unterschiedlichen Schwerpunkten rezipieren. Winnicott geht zunächst von der Beobachtung der Rolle der Übergangsobjekte für das Kind aus und führt deren Genese dann auf den Differenzierungsprozess in Bezug auf die Innen-Außenwelt-Interaktion zurück. Für ihn gehen Kulturprodukte aus dem intermediären Bereich hervor, darunter auch die Religion, mit der er sich nicht ausführlich beschäftigt. Pruyser hingegen ist viel stärker an Religion interessiert, die er grundlegender in der Notwendigkeit der Kontingenzbewältigung verankert, weshalb Menschen immer in irgendeiner Weise religiös seien: Aus der Erfahrung der Grenze menschlicher Vernunft und Verfügungsgewalt, von Grenzsituationen wie Geburt und Tod oder schicksalhaften Ereignissen habe sich symbolisches Denken und Handeln entwickelt als „shift" in der Subjekt-Objekt-Relation: „[...] the experiencing subject no longer cognitively dominates *his or her object* but finds himself or herself *known by it* ..." (1987, 101, 102f.). Dies verbindet Pruyser mit der Freudschen These von der Hilflosigkeit des Menschen und mit Winnicotts Entwicklungstheorie; er nennt den intermediären Bereich die illusionistische Welt, die zwischen der autistischen Innenwelt und der realistischen Außenwelt steht (1991, Kap. 10). Überzeugt davon, dass Menschen Illusionen brauchen, geht Pruyser dann noch weiter in den Bereich theologischer Hermeneutik, indem er nach der Qualität religiöser Vorstellungen, Schriften und Lehren fragt (1972, 220ff.) und meint, dass der Prozess der Illusionsbildung begleitet („tutored") werden müsse.

Auch Rizzuto greift auf Winnicott zurück, wobei ihr zentrales Interesse dem Gottesbild gilt. Aus körperlichen Empfindungen und unbewusst gefühlten Stimmungen, vermischt mit Fantasien und Wünschen, entstehe ein „Bild" von den Bezugspersonen und von sich selbst, was das Kind dann ebenfalls unbewusst nach bestimmten äußeren oder inneren Übergangsobjekten greifen lässt, in denen seine Beziehungserfahrungen repräsentativ zum Ausdruck kommen. Der Begriff „Repräsentanz", der sich auch bei Winnicott findet, ist für Rizzuto zentral. Sie versteht darunter den Niederschlag des Erlebens und Wünschens in Vorstellungen, was sich im Falle besonderer emotionaler Intensität zu inneren Bildern verdichten kann. In diesem Kontext spricht Rizzuto auch von Symbolen, die das innere Bild repräsentieren, daher nie Abbild der äußeren Realität sind. Für sie haben solche Symbole eine stabilisierende Funktion, die der Balance zwischen Selbst- und Objektrepräsentation dient, damit ein Mensch seine Wandlungsprozesse nicht ohne Selbstverlust durchsteht, wobei Rizzuto mit Winnicott das „Selbst" als Garanten für die Einheit des Individuums sieht. Beiden geht es auch um die Qualität von Symbolen, die allerdings weniger als bei Pruyser mit konkreten religiösen Inhalten in Zusammenhang gebracht werden, sondern mehr mit der imaginierten Beziehungsqualität. Je nachdem ein Kind emotionale Erfahrungen von Verlässlichkeit, Geborgenheit und Vertrauen erlebt oder nicht, können daraus entwicklungsfördernde oder destruktive Repräsentanzen hervorgehen (Winnicott, 1990b, 124; Rizzuto 1979, 208f., 189, 179f.).

4. Gottesrepräsentanzen

Innerhalb dieses Konzeptes geht es also auch um die Frage, wie und unter welchen Umständen sich im Laufe der psychischen Entwicklung eines Individuums Gottesrepräsentanzen herausbilden, so dass eine lebendige Gottesbeziehung entsteht, aber auch, unter welchen Umständen Gott verabschiedet wird.[2] Für Winnicott sind

---

[2] Aufgrund eines genauen Studiums der Biografie Freuds, der die jüdische Bibel gut kannte, hat Rizzuto aufgezeigt, welche beeinträchtigenden Beziehungskonstellationen ihn dazu geführt haben, Gott zurückzuweisen. Sie interpretiert seine geliebte Antikensammlung als Übergangsobjekte: Why did Freud reject God?, New Haven-London 1998.

alle äußeren und inneren Objekte im intermediären Bereich Einheitssymbole: Das Objekt symbolisiere oder repräsentiere die Einheit von Mutter bzw. anderen Bezugspersonen und Kind in Zeiten des Getrenntseins. Dieses Wechselspiel von Getrenntsein und Einheit vollzieht sich für ihn nicht nur zwischen Menschen, sondern auch in der Beziehung zu Kultur oder Religion (1973, 115). Daher sieht er auch in Gott ein Einheitssymbol, das in den vielen Bildern der Tradition die Verbindung von Getrenntem repräsentiert. In diesem Zusammenhang kann Winnicott dann und wann auch auf konkrete religiöse Inhalte eingehen. Wenn z.B. die Oblate in der Eucharistie den Leib Christi symbolisiert, dann sei sie die Repräsentanz einer innigen Verbindung (1997, 307). Gott repräsentiere daher nicht die Eltern, sondern die emotionalen Erfahrungen von Verlässlichkeit und Vertrauen, die ein Mensch mit seinen Bezugspersonen auch über seine Kindheit hinaus macht, und die die Fähigkeit stiften, überhaupt etwas zu glauben. Im Falle von Abwesenheit und Versagung solcher Erfahrungen könne diese Zeit dann durch Repräsentanzen überbrückt werden wie z.B. durch die Vorstellung von Gottes „immerwährend bergenden Armen" (1990b, 163). Das sind für Winnicott Möglichkeiten, die davon abhängen, welche Repräsentanzen im Kind entstehen, welche Symbole es unbewusst wählt, und dies hängt wiederum von der Beziehungsqualität und davon ab, was im konkreten Umfeld jeweils zur Verfügung steht (1990a, 121, 131; 1973, 148).

Solche Repräsentanzen beziehen sich auf innere Bilder, hinter denen wiederum verdichtete Erfahrungen und Wünsche stehen, die für die unbewusste Wahl eines bestimmten Gottesbildes den Ausschlag geben. Das könne auch bedeuten, dass auf dem Hintergrund misslungener menschlicher Beziehungen die Wunschfantasie davon entsteht, wie Gott sein sollte. Rizzuto unterscheidet zwischen inneren Gottesbildern, die die verdichtete emotionale und imaginierte Beziehungsqualität in Bezug auf Objektrepräsentanz und Selbstrepräsentanz symbolisieren, und Gotteskonzepten, mit denen die Kinder im Elternhaus, in der Schule oder durch die kulturellen Überlieferungen bekannt gemacht werden. Solche Konzepte würden einen Menschen freilich solange innerlich kalt lassen, als sie nicht mit Gefühlen, Erinnerungen und inneren Bildern aus der Kindheitsgeschichte verbunden werden (1979, 8, 200, 47f.). Daher müssen für Rizzuto beide Momente innerhalb eines lebenslangen Ringens miteinander in Einklang gebracht werden.

Auf methodologischer Ebene schließt sich hier eine Reihe von Fragen an, die dann auch für eine theologische Rezeption von Bedeutung sind: Entstehen die Gottesrepräsentanzen aus der psychodynamischen Entwicklung selbst oder nur dann, wenn Menschen mit Gott bzw. Gotteskonzepten bekannt gemacht werden? Und greifen Menschen, sollte dies nicht der Fall sein, auf andere, nicht religiöse Übergangsobjekte zurück wie z.B. auf solche aus dem Bereich der Kunst oder Literatur? Bleibt das Konzept also bei der anthropologischen Ebene im formalen Sinne, so dass die Inhalte aus dem sozialgeschichtlichen Kontext gewonnen werden? Oder lassen sich auch inhaltliche Verknüpfungen erkennen zwischen Religion bzw. Gott und der zugrunde liegenden Anthropologie? Die Sichtung der drei Konzepte auf diese Fragen hin ergibt jedenfalls, dass alle drei einerseits offenlassen, ob im intermediären Raum Religion, Kunst oder Wissenschaft die entscheidende

Rolle spielen, andererseits aber die Entstehung von Gottesrepräsentanzen für wertvoll, wenn nicht sogar innerdynamisch für notwendig halten; im Detail zeigen sie sich auf unterschiedliche Weise ambivalent.

5. Grenzgänge

Winnicott bleibt mehr als die anderen bei seiner psychologischen Profession. Für ihn ist der intermediäre Bereich nicht mit Religion identisch, sondern für verschiedene Arten von Inhalten offen. Indem nun das, was im intermediären Raum lebendig ist, auch die äußere Realität gestalte, werde das subjektiv Hervorgebrachte zu einem objektiven „Wesen mit eigenem Recht" (1973, 105). Dazu kommt, dass Menschen miteinander kommunizieren, so dass eine reale Gemeinschaft geteilter illusionärer Erlebnisse entstehe, die sich dadurch in der äußeren Realität verankern. So verbindet Winnicott die psychologische Entwicklung als Selbstentfaltung mit der geschichtlichen Interaktion zwischen Individuum und Umwelt (1997, 317, 130). Gott spielt demnach dann eine Rolle, wenn er sich in der äußeren Realität auffinden lässt und damit in die psychische Entwicklung eingeht. Für ihn kann der Mensch nicht ins Blaue hinein schöpferisch tätig sein, sondern braucht einen Anhalt an der Tradition, und das gilt auch für die Religion (1990b, 59; 1973, 115).

Dennoch geht Winnicott noch einen Schritt weiter: Als „Symbol des Verbundenseins" bieten Gott und andere religiöse Inhalte „der menschlichen Erfahrung einen Spielraum, der weiter ist als das Verbundensein selbst" (1990b, 148). Worin das „weiter" besteht, wird nicht näher ausgeführt, lässt sich aber aus vereinzelten Aussagen rückschließen. Denn für Winnicott kann Gott nicht nur Objektbeziehungen repräsentieren, also die geschichtliche Dimension, sondern auch die menschliche Natur. So sieht er im Monotheismus die Einheit des Selbst (1990b, 64, 68) oder im guten Gott das ursprüngliche Sein jenseits von Moralität (1990a, 121). Damit werden konkrete religiöse Inhalte zwar psychologisch interpretiert, aber zugleich ontologisch verankert und dem geschichtlich Kontingenten entzogen. Unter allen Kulturgütern nimmt somit die Religion eine höhere Stellung ein, weil sie zur Natur des Menschen gehöre, und Winnicott meint, so könne „auch die Religion noch einmal in den Erfahrungsbereich derjenigen rücken, die über das Stadium der Wundergläubigkeit hinausgewachsen sind" (1990b, 157, 148).

Auch Pruyser verortet in seiner illusionistischen Welt nicht nur Religion, sondern auch andere kulturelle Hervorbringungen. Aber durch die höhere Bewertung von Religion überschreitet er die Grenze der psychologischen Argumentation gegenüber den anderen beiden Konzepten am deutlichsten, indem er formuliert: „Illusionistic objects *transcend* the other two" (die autistische und die realistische Welt: 1987, 107), oder: „the transitional object *is* the transcendence" (1991, 163). Er verankert Religion „in the collective imagination of the human mind and its history" (1987, 107) und spricht von den „peculiar entities of religion" mit einem „special ontological and epistemological status" (1991, 170). Anders als Winnicott und Rizzuto zieht er eine Fülle von theologischer Literatur heran, darunter Paul

Tillich, und identifiziert das psychologische Symbolverständnis als Repräsentanz von Erfahrungen mit dem theologischen von Paul Tillich: Symbole „participate in the power to which they point" (1987, 107, Anm. 1). Damit wird eine transzendente Welt als Prämisse gesetzt und, nicht deklariert, das Gebiet der Psychologie verlassen.

Wie Winnicott geht auch Rizzuto zunächst davon aus, dass die Entstehung von Gottesrepräsentanzen davon abhängt, ob Gott in einer Kultur präsent ist. Sie bleibt damit im Rahmen ihres psychologischen Interesses, die Rolle aufzuzeigen, die Gott im menschlichen Seelenleben spielen kann, und das schließt nicht aus, dass andere kulturelle Inhalte gewählt werden und diese Rolle übernehmen (1979, 179; vgl. Winnicott 1990b, 79). Sie geht aber dann auch einen Schritt weiter und sieht Gott von anderen Repräsentanzen dadurch deutlich unterschieden, dass von ihm besonders ehrfurchtsvoll gesprochen werde, mehr noch, dass Gott auf die vielen Warum- und Woherfragen des Kindes als letztbegründende Antwort, somit als kausale Erstursache genannt werde (1979, 194f., 50, 195). Bereits daraus ergibt sich ein qualitativer Unterschied zwischen Gott und anderen Repräsentanzen. Rizzuto geht aber auch darüber noch hinaus, indem sie wie Pruyser die bleibenden menschlichen Grenzerfahrungen thematisiert: „[…] if men continue to need creative fantasy to moderate their longing for objects, their fears, their poignant disappointment with their limitations, there will continue to be gods" (1979, 52f.). Daraus folgert sie, es sei unmöglich, dass im Menschen keine Gottesbilder entstehen, und dass, sollte eine Religion verschwinden, andere Glaubenssysteme entstehen würden (1979, 190, 51, 90).

Wie bei Winnicott lässt sich auch bei Rizzuto die ontologische Verankerung von religiösen Inhalten daran erkennen, dass sie auf den Begriff des „Selbst" zurückgreift, das sie die Quelle einer Kraft nennt, die von sich aus auf die Synthese des Individuums ausgerichtet sei, dessen Einheit bewirke und garantiere. Daher wähle der Mensch unbewusst unter den angebotenen Objekten solche aus, die dieser Tendenz zur Einheit adäquat sind. Daraus ergibt sich der Schluss, dass Gott als Letztbegründung von allem dann auch für das Selbst als „the total person" das adäquate Objekt darstellt, das Menschen wählen müssen, sollen sie ihre Entwicklung nicht verfehlen (1979, 79, 51, 204).

Solche Überschreitungen der Grenze eines psychologischen Konzeptes wurden den drei Vertreter/innen der Objektbeziehungstheorie von Seiten der Psychologie immer wieder vorgeworfen.[3] Es ist freilich vor allem die theologische Rezeption, die diesem Vorwurf dadurch Nahrung gibt, dass sie die religiösen Inhalte, die in den psychologischen Konzepten angesprochen werden, in ihr eigenes System

---

[3] Vgl. dazu Schlauch, Chris (1990): Illustrating two Complementary Enterprises at the Interface of Psychology and Religion through Reading Winnicott, in: Pastoral Psychology, 39, 47–63; Leavy, Stanley A. (1990): Reality in Religion and Psychoanalysis, in: Smith, Joseph H. / Handelman, Susan A. (ed.): Psychoanalysis and Religion, Baltimore, 43–59. Aber auch der umgekehrte Vorwurf wurde laut, dass Winnicotts religiöse Sprache seine grundsätzliche religionskritische Position verdecke, die darin besteht, dass Gott aus einem psychodynamischen Prozess hervorgehe, somit von Menschen „gemacht" werde: Richardson, William J. (1992): Love and the Beginning, in: Contemporary Psychoanalysis, 28, 423–449.

integriert, das von Gott als einer transzendenten „Realität" und einem eigenständigen Akteur ausgeht. So findet sich nicht selten der Schluss von der Beziehungsdynamik des Menschen, aus der sich Gottesbilder entwickeln, auf Gott als transzendentes „Objekt", das dazu den Anstoß gebe. Die Psychologie wird so rezipiert, dass sie verstehen lasse, „how revelation ‚works' from the humanward side".[4] Mehr oder weniger deutlich ausgesprochen, dienen psychologische Kategorien dann der empirischen Bestätigung eines wirkenden Gottes, somit auch von zentralen Inhalten und Handlungsformen des christlichen Glaubens.[5] In der Folge wird die Verknüpfung mit religiösen Inhalten nicht wie in der psychologischen Theorie der subjektiven Aktivität des Individuums überlassen, das mit Gott bekannt gemacht wurde, sondern wird aus einer Außenperspektive „objektiv" zwischen Gottesrepräsentanz und Gott herzustellen versucht, also zwischen zwei unterschiedlichen Systemen.[6]

6. Psychologie und Theologie

Diese Art mehr oder weniger subtiler Grenzüberschreitungen hat freilich durchaus Anhalt in den drei objektbeziehungstheoretischen Konzepten, wenngleich sie sich dort nur marginal finden und für das Gesamtkonzept – mit der Ausnahme von Pruyser[7] – nicht konstitutiv sind. Rizzuto verwahrt sich entschieden dagegen, Gottesrepräsentanzen mit „entity" im Sinne einer nicht empirischen „Wesenheit" zu verwechseln (1979, 74f.); für Winnicott hat Gott nichts mit einer außer-

---

[4]   McDargh, John (1983, 115): Psychoanalytic Object Relations Theory and the Study of Religion, Lanham; vgl. Meissner, William W. (1984), der meint, im Glauben gehe es um „something beyond trust and far more significant" (184); in diesem Sinne spricht er von zwei Quellen, einer subjektiven und einer objektiven Quelle (109), in: Psychoanalysis and Religious Experience, New Haven-London.

[5]   In diese Richtung gehen Identifikationen des intermediären Raums, wenn auch symbolisch gedacht, etwa mit dem jesuanischen Gottesreich (Wahl, Heribert [1994]: Glaube und symbolische Erfahrung. Eine praktisch-theologische Symboltheorie, Freiburg/Basel/Wien) oder mit dem christlichen Gottesdienst (Heimbrock, Hans-Günter [1993]: Gottesdienst – Spielraum des Lebens, Kampen/Weinheim).

[6]   So Thierfelder, Constanze (Gottes-Repräsentanz, Stuttgart 1998), die mit Tillichs Symbolbegriff arbeitet, um in den Gottesrepräsentanzen einen Hinweischarakter auf eine transzendente Dimension zu finden. Das bringt, wie bereits oben an Pruyser gezeigt, das Problem eines Kategorienwechsels mit sich, denn die psychologische Theorie der Gottesrepräsentanzen entspricht nicht dem, was Tillich unter einem Symbol versteht. Das Einspielen christlicher Inhalte dergestalt, dass Gottesrepräsentanzen nur dann jenen Hinweis- bzw. Offenbarungscharakter haben können, wenn sie *unabhängig von ihren psychischen Entstehungsprozessen* gesehen werden und eine erlösende Beziehungsqualität stiften (162), blendet das Konzept der Objektbeziehungstheorie von Vornherein aus, so dass sich dann auch im Nachhinein keine Relation zwischen Gottesrepräsentanz und Offenbarung herstellen lässt. Kritisch dazu auch Winkler, Klaus (1995): Anmerkungen zur neueren psychoanalytischen Religionspsychologie, in: Pastoraltheologie, 84, 3–14.

[7]   Winnicott und Rizutto überschreiten ihr psychologisches Konzept durch die Annahme einer regulierenden und Einheit stiftenden Kraft, die selbsttätig in der Natur des Menschen aktiv ist, und die sie dann inhaltlich mit Gott oder anderen religiösen Inhalten in Verbindung bringen. Pruyser hingegen schließt vom religiösen Erleben auf eine Transzendenz als „letzte Realität" und sieht in der Verleugnung Gottes die Verleugnung der letzten Bestimmung des Menschen (1972, 236, 240f., 330f.).

menschlichen Offenbarung zu tun (1990b, 157), und selbst Pruyser kann offen lassen, welche Art von Religiosität ein Mensch wählt (1972, 270ff.). Wenn sie den psychologischen Rahmen verlassen, dann hat das zum einen, wie eingangs vermerkt, mit ihrer Biografie und ihren Interessen zu tun. Zum anderen führen sie ihre Beobachtungen und Gedanken zwar nicht systematisch, aber da und dort zur Frage nach der Genese von Religion und Gottesglauben. Die Praktische Theologie muss sich diese Frage freilich nicht stellen und muss auch nicht nach theologischen Spuren in psychologischen Konzepten suchen. Sie kann von der Theologie mit ihrer Gottesprämisse ausgehen und sich auf andere Weise zu diesem psychologischen Konzept in Beziehung setzen.

Dazu eignen sich zwei formal-anthropologische Aspekte: der Mensch als Beziehungswesen und die Theorie vom intermediären Bereich. Rizzuto hat den Beziehungsaspekt am weitesten gefasst, denn für sie muss sich der Mensch zu allem in Beziehung setzen können, was ihn umgibt: nicht nur zu anderen Menschen und zum jeweiligen kulturellen Ambiente, sondern auch zur Welt im Ganzen, zu „the universe at large" bzw. „the world at large". Denn ein intelligentes Lebewesen müsse die Welt im Ganzen verstehen können, will es mit dieser zurechtkommen (Rizzuto 1979, 90, 107, 179). Dies schlägt sich individuell in dem Bestreben nieder, den Gang des Lebens in einem kohärenten Fluss zu halten, ohne dass Veränderungen zu Krisen führen, die einen Gesamtzusammenhang zerbrechen lassen. Aus der Sterbebegleitung ist bekannt, dass diejenigen leichter Abschied nehmen, die ihr Leben rückblickend als ein Ganzes betrachten können, das auch krisenhafte Ereignisse nicht zu zerstören vermochten. Die Welt als eine Anhäufung blinder und sinnloser Zufälle und sich selbst als einen Irrläufer der Evolution oder als Spielball empirischer Vorgänge zu betrachten, ist nicht dafür geeignet, sich in dieser Welt beheimatet zu fühlen und Beziehungen aufzunehmen, wenn noch dazu irgendwann alles mit dem Tod endet.

Als psychologisches Konzept kann die Objektbeziehungstheorie nur den formalen Rahmen benennen, während die Inhalte aus den verschiedenen Religionen kommen. Der formalen Aussage von der Beziehung zur Welt im Ganzen entsprechen die Religionen mit ihrer holistischen Perspektive, die sich nicht nur auf die Geschichte bezieht, sondern Anfang und Ende von Mensch und Welt umfasst samt einem Davor und Danach, die der Geschichte ihre Kontur geben. So geht es im Christentum in Erzählungen, Reflexionen und Sinnbildern um ein holistisches Szenarium, das von der Schöpfung über das Auf und Ab der Geschichte bis zu einer neuen Welt reicht, die keine Schmerzen und Tränen mehr kennt. Alle Erfahrungen von Trennung, Schuld und Fremdsein sind in dieses Szenarium eingebettet, dem ein Zusammenhang und eine zugrunde liegende Einheit innewohnt. Dafür steht Christus als eine Gestalt, in der die Trennung von Himmel und Erde und damit alle Trennungen überwunden sind, und die als Ursprung und Ziel des ganzen Kosmos dem schwankenden Leben einen kohärenten Grund gibt, um für diese buntscheckige, horrende Welt mit allen, die sie bevölkern, trotz allem dankbar zu sein und in ihr gerne zu leben.

7. Im Kontext Seelsorge

Eine christliche Seelsorge kann und sollte daher zu ihren spezifischen Inhalten stehen, für die es dann keine empirischen oder sonstigen Beweise braucht, wenn die Theorie vom intermediären Bereich ernst genommen wird, die allen drei objektbeziehungstheoretischen Konzepten zugrunde liegt. Dieser Theorie entsprechend ist Religion mit ihren verschiedenen Inhalten weder allein in der Innenwelt noch allein in der Außenwelt zu Hause, sondern in einer dritten Erfahrungswelt, ob diese nun intermediär oder illusionistisch genannt wird. Deshalb legt Winnicott darauf Wert, nicht danach zu fragen, ob sich ein Mensch das, was in seinem intermediären Bereich lebt, ausgedacht hat, oder ob es ihm von außen zugekommen ist; diese Frage darf nicht gestellt werden (1997, 316).

Tatsächlich aber wird diese Frage andauernd gestellt, denn unsere Kultur ist vom szientistischen Diskurs geprägt, für den es nur ein Entweder-Oder gibt: Fakten oder Fiktion, entweder ist etwas eine objektive Tatsache oder eine subjektive Fantasie. Dieser Wissenschaftsbegriff hat sich auch dort durchgesetzt, wo es um die Betrachtung der Geschichte, des sozialen Lebens und die Religion geht. Nur was sich beobachten, beweisen und in Bezug auf die Geschichte als faktisch rekonstruieren lässt, gilt in diesem Paradigma als „wahr". Diesem Denkmodell ist auch die Theologie gefolgt, insbesondere in der Exegese, die sich damit als wissenschaftliche Disziplin etablieren konnte. Die Konsequenzen dieser kognitiven Prägung sind auch im Studium der Theologie spürbar, wenn die Studierenden aus Ratlosigkeit dem holistischen Szenarium dadurch ausweichen, dass sie Moral oder Realienkunde predigen, den liturgischen Formen „events" vorziehen oder in der Seelsorge auf psychologische Versatzstücke zurückgreifen.

Die Theorie vom intermediären Bereich stellt daher für die Theologie und ihre praktischen Tätigkeitsfelder eine besondere Herausforderung dar. Es geht um die Einsicht, dass Religionen mit ihren Glaubenssystemen in einem eigenen Raum zu Hause sind und von einem szientistischen wieder in einen anthropologischen Diskurs zurückgebracht werden müssen. Mit Hans Blumenberg wäre „Bedeutsamkeit" ein Begriff, der aus der Alternative von Fakten oder Fiktion herausführt (1996, Kap. III) und dem intermediären Raum angemessen ist: Es gibt Dinge, die den Menschen etwas bedeuten, sie bedeuten einander etwas, ihr Dasein insgesamt bedeutet ihnen etwas bis dahin, dass sie für etwas leben wollen, womöglich auch für etwas zu sterben bereit sind. Dabei spielt immer der Bezug zu *etwas* eine Rolle, das einerseits in Fakten und Widerfahrnissen besteht, die andererseits in einem konkreten Bedeutungsrahmen miteinander in Beziehung treten (1996, 124). Die holistische Perspektive der Religionen ist wie eine große Überschrift allem vorausgesetzt, um die Fragmente existentieller Widerfahrnisse in ein bedeutsames Bild zu setzen.

Der intermediäre Bereich der Bedeutsamkeit steht freilich nicht isoliert da, sondern immer im Zusammenhang mit der äußeren und inneren Erlebniswelt, die beide zu dem beitragen, was sich im intermediären Bereich abspielt. Umgekehrt wirkt sich das, was sich im intermediären Bereich absielt, auf die beiden anderen Welten aus. Mindestens sollte es so sein, dass alle drei Welten gegeneinander durchlässig sind und miteinander in Beziehung stehen. Wird eine solche Balance nicht gefunden, dann kann das zwei Folgen haben, die vor allem Pruyser profiliert darstellt: Geht der Kontakt zur Innenwelt verloren, komme es „to the intellectual narrowness of positivism", „to a ‚thingification' of ideas", und Religion gehe unter in „mere rationality (or fundamentalistic double-talk about an unseen world taken as literally as the sensory world)"; so könne keine „novelty of insight" entstehen (1987, 113). Geht umgekehrt der Bezug Außenwelt verloren, führe dies aufgrund von Omnipotenzfantasien „close to delusion and hallucination" (1991, 176).[8] Um die drei Welten zu unterscheiden und zugleich zusammenzuhalten, bedarf es für Pruyser der Unterstützung durch kulturelle Ressourcen wie Bücher oder Tutoren, Pastor/innen, Religionslehrer/innen und Seelsorger/innen (1991, 178).

Die Theorie des intermediären bzw. illusionistischen Raums hat für die kirchliche Praxis der Seelsorge eine signifikante Bedeutung, denn sie stellt einerseits ein anthropologisches Konzept zur Verfügung, das formal bleibt bzw. so gelesen werden kann und sollte.[9] Andererseits bietet dieses Konzept Raum dafür, zum Reichtum inhaltlicher religiöser Bedeutungswelten ohne „Beweisdruck" zu stehen und diese in allen kirchlichen Handlungsfeldern zur Geltung zu bringen. Gerade das, was eine szientistische Geisteshaltung der subjektiven Fantasie zuordnet, die zugunsten der faktischen Realität aufgegeben werden solle, wird zum Angelpunkt eines Möglichkeitssinns, der der inneren Entwicklung eines Menschen ebenso dienen kann wie der Gestaltung der äußeren Realität etwa in einer konkreten Gemeinde.

Innerhalb des kirchlichen Praxisfeldes wird das seelsorgerliche Gespräch heute selten in Krisenfällen gesucht, die in einer Psychotherapie oft auch besser aufgehoben sind. Im Zentrum einer Gemeindepraxis steht die Alltagsseelsorge, das Gespräch „bei Gelegenheit", aber auch aus Anlass von Kasualien oder Hausbesuchen (Hauschildt 1996). Ein Gemeindeleben bietet vielfache Chancen, miteinander ins Gespräch zu kommen darüber, was Menschen etwas bedeutet, und dazu, sich miteinander in den intermediären Bereich christlicher Bedeutungswelten zu begeben. Dies befreit davon, zwanghaft etwas lehren zu müssen im Vertrauen darauf, dass Menschen sich selbsttätig das holen, was ihnen dazu hilft, den Gang des Lebens in einem kohärenten Fluss zu halten, mögliche Krisensituationen nicht ausgeschlossen. „Die Ausstattung [des Lebens] mit Bedeutsamkeit ist ein der Willkür entzogener Vorgang", sagt Hans Blumenberg (1996, 78). Und wenn Winnicott empfiehlt, nicht nur Teddybären herumliegen zu lassen, sondern auch moralische Maßstäbe, damit Heranwachsende daraus wählen können (1990a, 129f.), dann empfiehlt sich das im Kontext der Seelsorge auch für religiöse Inhalte und, dem Konzept entsprechend, auch für Erwachsene.

---

[8] Oder mit den Worten von Thomas H. Ogden: Die Fantasie wird „so handgreiflich, so mächtig, so gefährlich und so befriedigend wie die äußere Realität, von der sie dann nicht zu unterscheiden ist": On Potential Space, in: The International Journal of Psycho-Analysis, 1985, 129–141; 133.

[9] So liest Santer, Hellmut (2003): Persönlichkeit und Gottesbild, Göttingen.

Je mehr die Theologie in ihren verschiedenen Praxisfeldern die Beutungswelten des Glaubens objektiv zu begründen versucht und den intermediären Bereich des Illusionären daraus verbannt, desto mehr überlässt sie die Stiftung von Bedeutsamkeit der autistischen Fantasie, unterstützt von den Medien. Seien es die Lithotherapie oder der Mondkalender, Kultfilme wie „Matrix", „Krieg der Sterne" oder „Herr der Ringe" oder die virtuelle Welt des Internets, alles das zeigt die Sehnsucht nach Bedeutsamkeit, nach einer nicht realen Welt, die sich in der Kunst – in Dichtung, Musik, Bild oder Theater – Ausdruck verschafft. Damit wird Realität nicht abgebildet, sondern Bedeutsamkeit inszeniert, ein Möglichkeitssinn eröffnet, sei es aus Angst oder Hoffnung. „Illusionen" sind nicht aus dem Stoff der realen Welt gemacht, aber sie können den Anspruch der Realität brechen, alles zu sein, was wir haben.

In der Seelsorge braucht es die Fähigkeit, alles das zuzulassen, was im intermediären Bereich von Menschen zu Hause ist, und was sie ins Gespräch einbringen. Darauf mit Urteilen, Verurteilung oder Sanktionen zu reagieren, wäre – mit Winnicott – entweder vergeblich oder schädlich. Es entspricht dem Konzept des intermediären Bereichs, wenn Wolfram Hogrebe die Menschen „mantische" Wesen nennt, die eine Deutungsnatur haben, sinnsehnsüchtig oder auch sinnängstlich sind aus der Notwendigkeit, sich einen Reim auf zufällige Ereignisse und schicksalhafte Verkettungen zu machen. Aber daran bloß Kritik zu üben und im Gegenzug auf dem Realitätsprinzip zu beharren, würde der menschlichen Deutungs*natur* widersprechen. Vielmehr bedarf die Deutungsnatur einer Deutungs*kultur* (Hogrebe 1992, 18, 29, 39). Dazu kann die Seelsorge einen wichtigen Beitrag leisten, indem sie ihre spezifische religiöse Bedeutungswelt in das Gespräch einspielt und den autistischen Fantasien durch Anbindung an die christliche Tradition im Sinne der Pruyserschen „tutored fantasy" einen neuen Möglichkeitssinn und damit das Denken und Handeln in einer realen Gemeinschaft eröffnet. Wenn Winnicott Recht hat, dass Menschen nicht ohne Anhalt an der Tradition ins Blaue hinein schöpferisch tätig sein können, dann spielt die Rückbindung an eine jeweils konkrete Überlieferung eine entscheidende Rolle dafür, das Schiff des eigenen Lebensweges zwischen der Skylla des Autismus und der Charybis der Reduktion auf das Faktische hindurch zu steuern.

Dies alles sollte in eine Beziehungsqualität eingebettet sein, die jeden Menschen, was immer er denkt und glaubt, als Gottes Geschöpf wahr- und ernst nimmt. Die seelsorgerliche Haltung besteht wesentlich darin, sich über jeden Menschen zu freuen, der ins Dasein getreten ist. Damit ist freilich auch jede Kommunikation im Rahmen des intermediären Bereichs ins Offene eines Freiheitsspielraum gesetzt, der Achtung für den je eigenen Weg verlangt. Das kann wie bei Winnicott bedeuten, dass sich Menschen dem Kirchgang nicht anschließen, dass sie wie Pruyser bestimmte Lehren nicht ernst nehmen, und dass sie wie Rizzuto nichts über das hinaus annehmen, was für sie relevant ist (Winnicott 1990b, 156f.; Pruyser 1987, 109f; Rizzuto 1979, Preface). Keine kirchliche Praxis, auch nicht die Seesorge, ist gut beraten, wenn sie sich in ihrem Handeln vom Schielen auf ein bestimmtes Ergebnis leiten lässt. Wie für die Philosophie oder die Psychologie gilt auch für die Theologie, dass die Ausstattung des Lebens mit Bedeutsamkeit ein der Willkür entzogener Vorgang ist. Das muss nicht die wechselseitige Freude mindern, sich mit Menschen im intermediären Raum einer christlichen Bedeutungswelt zu bewegen, auch wenn niemand genau wissen kann, was dabei letztlich herauskommt. Im christlichen Kontext hat dieser Spielraum der Freiheit den Namen „heiliger Geist".

Literatur

Blumenberg, Hans (1996 [1979]): Arbeit am Mythos, Frankfurt a.M.
Hauschildt, Eberhard (1996): Alltagsseelsorge. Eine sozio-linguistische Analyse des pastoralen Geburtstagsbesuchs, Göttingen.
Hogrebe, Wolfram (1992): Metaphysik und Mantik. Die Deutungsnatur des Menschen, Frankfurt a.M.
Pruyser, Paul W. (1972 [1968]): Die Wurzeln des Glaubens, Bern.
– (ed.) (1987): Changing Views of the Human Condition, Macon/Georgia.
– (1991): Religion in Psychodynamic Perspective, Malony, Newton H. / Spilka, Bernard (ed.): New York/Oxford.
Rizzuto, Ana-Maria (1979): The Birth of The Living God. A Psychoanalytic Study, Chicago/London.
Winnicott, Donald W. (1973 [1971]): Vom Spiel zu Kreativität, Stuttgart.
– (1990a [1965]): Reifungsprozesse und fördernde Umwelt, Frankfurt a.M.
– (1990b [1986]): Der Anfang ist unsere Heimat, Stuttgart.
– (1994 [1988]): Die menschliche Natur, Stuttgart.
– (1997 [1958]): Von der Kinderheilkunde zur Psychoanalyse. Aus den „Collected Papers", Frankfurt a.M.

Die Psychoanalyse und ihre Kritik in der Seelsorgetheorie

Wolfgang Drechsel

1. Annäherung an ein Thema mit bewegter Vorgeschichte

Es ist keine Frage, dass die Psychoanalyse in der Seelsorgetheorie eine gewichtige Rolle gespielt hat und auch weiterhin spielt. Sowohl als Verstehenshorizont wie auch als Praxisorientierung bietet sie eine Perspektive auf das seelsorgliche Beziehungsgeschehen, die wegzudenken bzw. zu eliminieren einen gravierenden Verlust für die Seelsorgetheorie beinhalten würde.

Zugleich ist es auch keine Frage, dass die Zeit vorbei ist, in der die Psychoanalyse, als ein repräsentativer und paradigmatischer Ausdruck der Seelsorgebewegung, nicht nur die Seelsorgetheorie prägte, sondern auch als Hoffnungsträger der gesamten Praktischen Theologie – ja der Theologie überhaupt – antrat, das Theorie-Praxis-Problem auf gegenwartsangemessene Weise zu lösen. Sie hatte darin die Rolle der kritischen „Speerspitze der Theologie" übernommen, die vorher die historisch-kritische Forschung innehatte.[1] Als Rolf Schieder im Jahre 1994 seinen Aufsatz zu „Seelsorge in der Postmoderne" mit dem Satz eröffnete: „Die Tage der Seelsorgebewegung sind gezählt",[2] löste er eine Welle heftiger Emotionen in der etablierten Seelsorgelandschaft aus. Es begann eine Bewegung in der Seelsorgetheorie, die – wie in den Veröffentlichungen der zweiten Hälfte der 90er Jahre deutlich wird[3] – in Abgrenzung und entsprechenden Abwehrreaktionen in vielerlei Hinsicht an die Einführung der beratenden Seelsorge in den 60er Jahren erinnert, jetzt aber mit umgekehrtem Vorzeichen: Der Massivität der Infragestellung der kerygmatischen Seelsorgelehre Thurneysens in den Anfängen der Seelsorgebewegung entsprach nun die grundsätzliche Kritik an der Seelsorgebewegung, und speziell an der Psychoanalyse als einer exemplarischen und dominanten Form ihres Ausdrucks in der Seelsorgelehre.

In der Zwischenzeit zählt das Seelsorgethema im Gesamt der Praktischen Theologie eher zu den Randgebieten und in der Poimenik selbst sind andere Sichtweisen in den Vordergrund getreten. Diese sind – selbst wenn sie eine explizite Abgrenzung zur Psychoanalyse und deren aus ihrer Sicht gegebenen Engführung der seelsorglichen Theorie und Praxis vertreten – nicht mehr in den affektgeladenen Konflikt pro bzw. contra Psychoanalyse involviert.

Die Relektüre der einschlägigen Texte zur Seelsorgetheorie, die im Kontext von Psychoanalyse bzw. ihrer Kritik angesiedelt werden können, zeigt eine Reihe

---

[1] Vgl. Dietrich Rössler (1973): Die Rekonstruktion des Menschen, in: WzM 25, 181–196.
[2] Rolf Schieder (1994): Seelsorge in der Postmoderne, in: WzM 46, 26–43, hier 26.
[3] Vgl. exemplarisch Isolde Karle (1996): Seelsorge in der Moderne. Eine Kritik psychoanalytisch orientierter Seelsorgelehre, Neukirchen, oder Manfred Josuttis (2000): Segenskräfte. Potentiale einer energetischen Seelsorge, Gütersloh.

exemplarischer Bereiche, die explizit bzw. implizit immer wieder zum Thema werden und so zentrale Fragestellungen im Blick auf das Verhältnis von Psychoanalyse und Seelsorge in der Gegenwart eröffnen:

1. Die Einführung eines neuen Verstehenshorizontes unmittelbarer seelsorglicher Praxis, die daraus resultierende Neukonstruktion der Antwort auf die Frage „Was ist (gute) Seelsorge?" und die mit diesem Seelsorgebegriff verbundene Produktion von poimenischer Unbewusstheit.

2. Das Problem der unmittelbaren Umsetzung von psychoanalytischer Theorie in Seelsorgepraxis und die damit verbundene Konstruktion von Pastoralpsychologie als einer Metatheorie.

3. Das Problem des Anspruchs auf die „wirkliche Wirklichkeit" im Verhältnis zur Theologie, aber zugleich auch im Verhältnis zu den anderen (im weitesten Sinne psychotherapeutischen) Wirklichkeitskonzeptionen, die sich unter dem Begriff der Pastoralpsychologie versammeln.

4. Die Frage nach der Seelsorge als Frage nach der Theologie: Wie kann das „extra nos" der Psychoanalyse, ihre – von Scharfenberg immer wieder thematisierte – „Fremdprophetie" mitsamt ihrer prinzipiell theologiekritischen Haltung der Pionierzeit als Element von Theologie bestimmt werden? D.h. welche Auswirkungen hat die jeweilige Verhältnisbestimmung von Psychoanalyse und Seelsorge auf die Frage, wie denn eine psychoanalytisch-orientierte Seelsorgetheorie, die sich auch weiterhin als Element der (Praktischen) Theologie versteht, ihr Selbstverständnis in einer innertheologisch kommunikablen Sprache zum Ausdruck bringt?

Diesen Themenbereichen und Fragestellungen soll im Folgenden mit dem Fokus auf die Frage nach der expliziten Seelsorgelehre genauer nachgegangen werden. Doch zuvor ein knapper Überblick über die Ausgangssituation, innerhalb derer sich die Psychoanalyse als zentrales Element der Seelsorgetheorie mit einem hohen Verbreitungsgrad und großer Öffentlichkeitswirksamkeit etabliert und entfaltet hat.

2. Die Seelsorgebewegung: Erfahrungsorientierung und die Entdeckung der Praxis

Sieht man einmal ab von der eher als vereinzelt zu bezeichnenden Position Oskar Pfisters, dessen „Wiederentdeckung" als Pionier und historischer Gewährsmann für Psychoanalyse im Seelsorgekontext wiederum erst in der Zeit der Seelsorgebewegung zu verorten ist, findet das Thema Seelsorge aus psychoanalytischer Perspektive seinen öffentlichkeits- und kirchenpraxisbezogenen Aufschwung parallel zu einem gesamtgesellschaftlich neu belebten Interesse an der Psychoanalyse[4] mit der sog. „empirischen Wende der Theologie". Diese entfaltete sich primär im

---

[4]   Exemplarisch in den Schriften der Frankfurter Schule oder in der hohen Öffentlichkeitswirksamkeit von Alexander Mitscherlich.

Modus der Frage nach der Seelsorge und fand Gestalt in der sog. „Seelsorgebewegung".

„Der Realitätsverlust traditioneller Theologie ist bedingt durch die Negation des Theorie-Praxis-Bezuges in der Theologie wie in der Kirche".[5] Diese Feststellung von Gert Otto aus dem Jahre 1970 artikuliert eine Grundthematik theologischer Selbstwahrnehmung am Ende der 60er Jahre. Die eigene, durch die Dialektische Theologie geprägte Gegenwart wird als zutiefst defizitär erlebt. Dabei findet die in einer solchen Wahrnehmung des Mangels immer schon vorausgesetzte neue Perspektive ihre positive Fassung in der Hinwendung der Theologie zur Wirklichkeit, zur Welt, zur Praxis. Der steile Konjunkturaufschwung des Seelsorgethemas in der Theologie dieser Zeit kann als Ausdruck dafür angesehen werden, dass hier über die Ermöglichung von Praxis auf exemplarische Weise ein Anliegen der gesamten Theologie (und ihrer Realisierungsproblematik) verhandelt wird. Seelsorge als Praxisthema wird zum kritischen und wirklichkeitsnahen Ausdruck einer zeitgemäßen Theologie.[6]

Auf diese Weise ist dann aber implizit schon die inhaltliche Ausrichtung von Seelsorge umschrieben: Das Interesse gilt nicht mehr der theologischen Konstruktion von Seelsorgelehre, sondern dem Erfahrungsthema, das sich über Begriffe wie Wahrnehmung und Selbstwahrnehmung, Kommunikation und Beziehung als Praxis des seelsorgerlichen Gesprächs artikuliert. Dabei eröffnet das Einbeziehen von psychotherapeutischen Wirklichkeitsmodellen und ihrer Praxis die Möglichkeit, die von der Theologie hinterlassene „Leerstelle" im Umgang mit der Erfahrung wahrzunehmen und zugleich konstruktiv zu füllen, neue lebens- und beziehungsorientierte Denkmodelle und Methoden ins eigene Theologietreiben und in die pfarrerliche Identität zu integrieren und so konkrete Seelsorgepraxis zu gestalten.

Dieses Seelsorgeprogramm, das sich primär über die Abgrenzung von der eigenen (theologischen) Vorgeschichte artikuliert,[7] verbunden mit einem Anspruch, das Eigentliche des Gegenwarts- und Erfahrungsgeschehens zu erfassen, musste sich sowohl im Kontext kirchlicher Praxis wie auch der theologischen Theorie gegen heftigsten Widerstand und entsprechende Kritik durchsetzen, die durch die therapeutischen Wirklichkeitssichten die Substanz des Glaubens und der Theologie bedroht sah. Da so der Zugang zur theologischen Tradition über das Abgrenzungsthema nur vereinzelt möglich war, bestand zugleich die Notwendigkeit, eine

---

[5] Gert Otto (1970): Zur gegenwärtigen Diskussion in der Praktischen Theologie, in: ders. (Hg.): Praktisch Theologisches Handbuch, Hamburg, 9–24, hier 11.

[6] Vgl. Rössler (1973), 194.

[7] Vgl. Rössler (1973), 182. Da der Bezug zur eigenen (seelsorgebezogenen) Vorgeschichte sich zentral über die Abgrenzungs- und Abwehrthematik artikuliert (*gegen* Asmussen, Thurneysen), bleibt der eigene geschichtliche praktisch-theologische Zusammenhang weitgehend unberücksichtigt. Das hier zum Ausdruck kommende Problem des Verlustes eigener Geschichte im Kontext einer Bewegung findet seine (überzogene) Ausformulierung bei Johann Anselm Steiger (1993): Die Geschichts- und Theologie-Vergessenheit der heutigen Seelsorgelehre, in: KuD 39, 64–87 und wird erst von Klaus Winkler (1997): Seelsorge, Berlin, 86ff. in die Seelsorgetheorie zurückgeholt.

Art eigene Vorgeschichte im Blick auf psychologische Perspektiven und Erfahrungsbezug zu entwickeln bzw. zu konstruieren.[8]

In diesem Prozess spielte die Psychoanalyse eine zentrale und eine – wenn auch nur selten explizit so benannt – dominante Rolle. Diese beruhte nicht allein darauf, dass sie ein auch im Kontext der Theoriebildung ausgefeiltes Verstehensmodell menschlichen Beziehungsgeschehens und eine entsprechende methodische Praxis anbot und über ihrer Frage nach dem Unbewussten auch ein eigenständiges kulturhermeneutisches und kritisches Instrument darstellte. Ihre Bedeutung lag vor allem auch darin, dass sie selbst bereits eine eigene Geschichte hatte, auf diese Weise eine eigene Tradition im Sinne eines Zugangs zur jeweiligen (therapeutischen) Gegenwart anbieten konnte und dass sie im Kontext des „Projektes der Moderne" auch auf kollektiver Ebene als Hoffnungsträgerin der möglichen Realisierung der Versöhnung von Individuum und Gesellschaft im „Projekt der Moderne" von eminenter Bedeutung war.

Die Psychoanalyse wird von Joachim Scharfenberg, der bei ihrer Einführung eine Vorreiterrolle einnimmt, immer wieder als „Fremdprophetie" der Theologie bezeichnet,[9] die einen Paradigmenwechsel innerhalb der Wissenschaft im Sinne der Aufhebung der Subjekt-Objekt-Spaltung und der Erfahrungsorientierung repräsentiert.[10] Die darin implizierte Theologiekritik und der damit verbundene Anspruch auf Neu-Deutung des bislang von der Theologie beanspruchten Feldes (in der Überwindung des Gegensatzes von Anthropologie und Theologie auf höherer Ebene)[11] finden dann ihren hervorragenden Ausdruck in Scharfenbergs Seelsorgekonzeption aus dem Jahre 1972: Bereits der Titel „Seelsorge als Gespräch"[12] macht die Abgrenzung gegenüber einem Verständnis von „Seelsorge als Verkündigung" auf unmittelbare Weise zum programmatischen Thema. Explizit kommt dies dann zum Ausdruck im „Stürzen der Götzenbilder", die nicht nur in der Übertragungsbereitschaft der beim Pfarrer Ratsuchenden eine Rolle spielen,[13] sondern die auch – quasi als Gegenübertragung – die Vorstellungen der Theologen prägen und so einem autoritär geprägten „Missbrauch des Gesprächs in der evangelischen Seelsorge" Vorschub leisten. Diesen stellt er den „mühsamen Versuch einer Wegbegleitung auf Zeit, die tatsächlich befreiend zu wirken vermag", gegenüber.

Bereits von diesen Andeutungen her wird deutlich, dass hier neben den unmittelbar seelsorgebezogenen Aspekten auch grundlegende Normativitäten und Ansprüche auf das Ganze der Theologie und ihrer Deutung im Spiel sind, die durch die unmittelbare seelsorgliche Praxis nicht immer abdeckbar sind. Immer wieder zeigt

---

[8] Exemplarisch nicht nur in der Wiederentdeckung von Pfister usw., sondern in einer Fülle von Sammelbänden dieser Zeit, die Themen der Seelsorgebewegung über ihre Vorgeschichte entfalten, wie z.B. Volker Läpple / Joachim Scharfenberg (Hg.) (1977): Psychotherapie und Seelsorge, Darmstadt.

[9] Vgl. z.B. Joachim Scharfenberg (1972b): Religion zwischen Wahn und Wirklichkeit. Gesammelte Beiträge zur Korrelation von Psychoanalyse und Theologie, Hamburg, 80.

[10] Vgl. z.B. ders. (1985b): Wie lernt man Pastoralpsychologie?, in: WzM 37, 477–488, hier 479.

[11] Vgl. z.B. ders. (1985a): Einführung in die Pastoralpsychologie, Göttingen, 197.

[12] Ders. (1972a): Seelsorge als Gespräch, Göttingen.

[13] Ders. (1972a), 24. Die folgenden Zitate a.a.O., 14 u. 25.

sich eine Vermischung sehr unterschiedlicher Ebenen, die zwischen einem (meta-)theologischen Gesamtdeutungsanspruch und der konkreten Seelsorgepraxis anzusiedeln sind. Diese Vermischung beschränkt sich nicht auf die hier exemplarisch angeführten Texte aus der Pionierzeit, sondern läuft auf einer nur selten ins Bewusstsein gehobenen Ebene parallel zur gesamten Entwicklung der Pastoralpsychologie.

Dass ein solcher (meta-)theologischer Anspruch – im Gewande der Seelsorgetheorie – als Angriff erlebt wurde, zeigen dann aber auch die Kritiken der Seelsorgebewegung in ihrer fundamentalen Abwehr. Sie reagieren entsprechend heftig auf die grundsätzliche Infragestellung des theologischen Wirklichkeitsdeutungsanspruchs. Dabei werden auf der einen Seite durchgehend konkrete Sachprobleme im Blick auf die Seelsorgetheorie gesammelt und benannt, die auch in der Gegenwart durchaus ihre Berechtigung haben. Auf der anderen Seite dienen sie zugleich als Vehikel für eine radikale Destruktion. Durch diesen fundamentalen Verdammungscharakter, der bei Bohren seinen exemplarischen Ausdruck findet in der Formulierung: „Agiert … der Seelsorger als kirchlicher Affe der Psychologen, stabilisiert die Seelsorge das Elend der Welt",[14] können die realitätsbezogenen Seiten der Kritik auch keine wirkliche Diskussion eröffnen.

Diese implizite Normativität, verbunden mit einem Gesamtdeutungsanspruch auf beiden Seiten, prägt die gesamte Zeit der Seelsorgebewegung und nicht zufällig reagiert die neuere, rückblickende Kritik an der Seelsorgebewegung mit derselben Heftigkeit und mit inhaltlich strukturanalogen Vorwürfen, wie sie die Seelsorgebewegung gegen Thurneysen und die dialektische Theologie aufgeboten hatte (Karle, Josuttis).

Die strukturelle Uneindeutigkeit zwischen allgemeinem, umfassendem Anspruch und konkretem Seelsorgethema prägt sowohl die Stellung der Psychoanalyse (als dominantem Element der Seelsorgebewegung) in der Seelsorgelehre wie auch ihre Kritik in sehr unterschiedlichen Perspektiven und findet vielfach erst in der Gegenwart in differenzierten und dialogeröffnenden Positionen neue Ausdrucksformen.[15]

3. Zur Frage: „Was ist (gute) Seelsorge?"

Blicken wir von da her auf die konkrete Frage nach der Seelsorge, so lässt sich festhalten: Ein zentrales Element der Seelsorgebewegung, und damit auch der psychoanalytisch orientierten Seelsorge, ist die Neukonzeption des Seelsorgebegriffs. Indem das Gegenüber in der Seelsorge als Ratsuchender (Klient) aus dem Status des Objektes, auf das „das Wort" appliziert werden soll, entlassen wird, erhält es eine völlig andere Stellung. Ihm soll – als einem eigenständigen Subjekt – in der Beziehung und durch eine angemessene Gesprächsführung die

---

[14]   Rudolf Bohren (1988): Macht und Ohnmacht der Seelsorge, in: PTh 77, 465–472, hier 472.
[15]   Vgl. dazu aus psychoanalytischer Perspektive Heribert Wahl (2007): Tiefenpsychologische Aspekte des seelsorglichen Gesprächs, in: Wilfried Engemann (Hg.), Handbuch der Seelsorge, Leipzig.

Möglichkeit eröffnet werden, sein Problem selbst zu lösen. So kann es *in* der den Status der Entfremdung aufhebenden Beziehung das Evangelium als die Ermöglichung von Freiheit erfahren.[16] Aus psychoanalytischer Perspektive sind dabei – in der Frühzeit der Seelsorgebewegung – die Frage nach Übertragung und Gegenübertragung, der Umgang mit dem Widerstand und den ihn repräsentierenden Abwehrmechanismen sowie die Frage nach der Regression zentral.[17] Damit tritt dann aber auch die „Frage nach der kritischen Selbstprüfung des Seelsorgers" in den Vordergrund, der erst im Kontext entsprechender Selbsterfahrung eine angemessene Anwendung des psychoanalytischen Verstehensmodells und des entsprechenden Gesprächsführungsinstrumentariums gewährleisten kann.[18]

Mit diesem Seelsorgeverständnis kann – qua psychotherapeutischer Grundperspektive – das Heilungsthema im weitesten Sinne als genuin seelsorgliches gehoben und als eigentliches Ziel seelsorglicher Praxis erkannt werden.[19] Zugleich erschließt sich ein völlig neues Feld differenzierten Umgangs mit der seelsorglichen Praxis in der Gleichzeitigkeit einer grundlegenden Modifikation der Seelsorgeausbildung (Selbsterfahrung im Kontext des Erlernens psychotherapeutisch orientierter Gesprächsführung). Dies hat die Konsequenz einer Tendenz zu einer Spezialisierung und Professionalisierung seelsorglicher Praxis, die – gegenüber den immer diffuser werdenden Anforderungen an den Pfarrer(innen)beruf – ein klares Berufsbild mit entsprechender Ausbildung profiliert.[20]

Diese beratende Seelsorgekonzeption auf einer psychotherapeutischen Grundlage, deren Bedeutung für die Praxis kaum unterschätzt werden kann, hat allerdings durch ihre lange Zeit tradierte normative Exklusivität auch ihre Schattenseiten: Diese entstehen primär durch die Fokussierung auf das beratende Element, wodurch immer auch eine Fülle an nicht passenden Perspektiven von unmittelbarer und vor allem gemeindebezogener Seelsorgepraxis nicht nur umgestaltet oder ausgeblendet wird, sondern auf diese Weise auch unbewusst gemacht und faktisch abgewertet wird. Um ein Beispiel zu nennen: So hat Thilo[21] grundsätzliche Bedenken gegen den Hausbesuch des Pfarrers, da dieser der Grundstruktur des beratenden Gespräches entgegensteht, indem er „die notwendige Verselbständigung des Ratsuchenden" unterläuft, faktisch viele Fluchtmöglichkeiten (vor der Aufgabe, sich dem eigenen Problem zu stellen) offen lässt und den Pfarrer, statt ihm seine eigentliche Aufgabe als Berater zu lassen, in die Rolle des Gastes drängt. Auf diese Weise wird aber vom Ideal der Beratung her der Hausbesuch als eine zentrale pfarrerliche Aufgabe ins Uneigentliche abgeschoben und abgewertet.

---

[16] Vgl. Scharfenberg (1972a), 12.

[17] Vgl. exemplarisch ders (1972a), 65–80 u. 117–119 oder Hans-Joachim Thilo (³1986): Beratende Seelsorge. Tiefenpsychologische Methodik dargestellt am Kasualgespräch, Göttingen, 40–61. Hinsichtlich der Fülle an weiteren psychoanalytischen Verstehensperspektiven vgl. exemplarisch Wolfgang Wiedemann (1996): Krankenhausseelsorge und verrückte Reaktionen. Das Heilsame an psychotischer Konfliktbewältigung, Göttingen, mit der projektiven Identifikation bei Klein und Bion oder Wahl (2007) mit der Selbstobjekttheorie Kohuts.

[18] Vgl. in der klass. Form Scharfenberg (1972a), 80–85 od. Thilo (³1986), 28–39.

[19] Vgl. z.B. Thilo (³1986), 25 oder Scharfenberg (1972a), 35–43.

[20] Vgl. Rössler (1973), 192f.

[21] Zum Folgenden: Thilo (³1986), 65–67.

Das heißt dann aber: In der Konzentration auf das therapeutisch grundierte Beratungselement und seine Deutungshoheit im Blick auf die Frage: „Was ist (gute) Seelsorge?" werden wesentliche Bereiche kirchlicher Seelsorgepraxis nicht nur aus dem Fokus des poimenischen Bewusstseins ausgeklammert und dadurch unbewusst gemacht, sondern sie werden *de facto* abgewertet als „nicht zur eigentlichen Seelsorge gehörend", was erhebliche Auswirkungen auch in der kirchlichen Praxis nach sich gezogen hat.

Das dieser Seelsorgekonzeption zugrunde liegende Modell von Seelsorge, die eine „Störung" aufhebt und dadurch sich selbst überflüssig macht, hat nun innerhalb der Theologie eine durchaus lange Tradition und lässt sich bis auf Schleiermacher zurückführen,[22] was aber innerhalb der Seelsorgebewegung nur selten zum Thema wird. Sie steht zugleich in Konkurrenz zu einer differenten Seelsorgekonzeption, die davon ausgeht, dass Seelsorge allen Menschen gilt und nicht nur auf „Beratungsbedarf" beschränkt werden darf; einer Konzeption, die letztlich auch Thurneysens Seelsorgelehre zugrunde liegt und die auf kirchenpraktischer Ebene durch einen starken Gemeindebezug geprägt ist. Von daher müssen wesentliche Elemente der Kritik an der psychotherapeutischen bzw. psychoanalytischen Seelsorgelehre verstanden werden im Kontext einer Anfrage an die Exklusivität der Konzeption der beratenden Seelsorge und ihrer daraus resultierenden Einseitigkeit: So z.B. der Vorwurf des Arzt-Patientengefälles und der entsprechenden Defizitperspektive, die Einseitigkeit der Professionalisierung im Pfarramt, der Verlust der Gemeindeseelsorge als Alltagsseelsorge oder auch die Ausblendung der Altenseelsorge als ein eigenes Thema seelsorglicher Theoriebildung.[23] Es ist gerade die *Exklusivität* der therapeutischen Orientierung, die immer wieder Anlass zur berechtigten Kritik gibt und die erst in neueren Veröffentlichungen auch aus psychoanalytischer Perspektive in ihren dialogeröffnenden Kontext gestellt wird.[24]

4. Psychoanalyse als seelsorgliche Praxis?

Das benannte Problem bildet sich dann noch einmal ganz plastisch ab in der Frage nach der unmittelbaren Applikation von Psychoanalyse auf die seelsorgliche Praxis. Die seelsorgebezogene Literatur im Kontext der Integration psychoanalytischer Theoriebildung zeigt ein merkwürdiges Phänomen „analytischer Abstinenz": Nach einer Anfangsphase konkreter psychoanalytisch-orientierter Seelsor-

---

[22] Vgl. z.B. Friedrich Schleiermacher: Kurze Darstellung des theologischen Studiums zum Behuf einleitender Vorlesungen. Kritische Ausgabe, hg. v. Heinrich Scholz, Darmstadt 1977, 144f.

[23] Vgl. Henning Luther (1998): Die Lügen der Tröster. Das Beunruhigende des Glaubens als Herausforderung für die Seelsorge, in: PTh 33, 163–176. Im Blick auf die (häufig thematisierte) Frage nach der Professionalisierung vgl. Reinhard Schmidt-Rost (1988): Seelsorge zwischen Amt und Beruf. Studien zur Entwicklung einer modernen evangelischen Seelsorgelehre seit dem 19. Jahrhundert, Göttingen. Zur Problematik der Altenseelsorge vgl. Wolfgang Drechsel (2005): Das Schweigen der Hirten. Altenseelsorge als (kein) Thema poimenischer Theoriebildung, in: Susanne Kobler-von Komorowski / Heinz Schmidt (Hg.): Seelsorge im Alter. Herausforderung für den Pflegealltag, Heidelberg, 45–63.

[24] Vgl. z.B. Wahl (2007), 233.

gelehre[25] tritt – obwohl „Seelsorge" in aller Munde ist – im Fortgang psychoanalytischer Seelsorgetheoriebildung die Seelsorge selbst merkwürdig in den Hintergrund. Während die Psychoanalyse in ihrer Theoriebildung immer auch aus der
Praxis heraus entwickelt wird, entfaltet die Pastoralpsychologie, die über lange
Zeit als durch Scharfenberg und seinen psychoanalytischen Hintergrund geprägt
angesehen werden kann, ihre Theoriebildung vorwiegend im supervisorischen
Blick *auf* die seelsorgliche Praxis.[26] Diese Spannung hat, einmal ganz abgesehen
von Fragen der unmittelbaren Übertragbarkeit psychoanalytischer Praxis (*setting*,
Kontrakt usw.), ihre primären Gründe in der Tatsache, dass das psychoanalytische
Modell – wie es sowohl aus der Innenperspektive wie auch von der Kritik immer
wieder thematisiert wird[27] – nicht unmittelbar auf den Pfarrberuf übertragbar ist:
Die konstruktive Anwendung des psychoanalytischen Verstehensmodells in der
unmittelbaren seelsorglichen Praxis setzt eine Eigenerfahrung im Sinne einer
Lehranalyse und eine hohe Kompetenz im Sinne psychoanalytischer Theoriebil-
dung voraus, was im kirchlichen Kontext flächendeckend nicht möglich ist und
sich bei aller Ausbildungsmodifikation nicht durchgesetzt hat. Die Folge ist eine
Spaltung der seelsorgepraktischen Unmittelbarkeit in hochprofessionalisierte
SeelsorgerInnen mit psychoanalytischer Ausbildung, die auch die entsprechende
Theoriebildung auf beeindruckende Weise vorantreiben, das Gros der in der
kirchlichen Seelsorge Tätigen, denen diese Selbsterfahrungsgrundlage nicht zur
Verfügung steht, und in pastoralpsychologische SupervisorInnen, die ihren Blick
auf die Seelsorgepraxis anderer richten. Faktisch hat sich so die Pastoralpsychologie zu einer Art Metatheorie der Seelsorge entwickelt, die – und hier liegt ihre
Qualität – eine Fülle an notwendigen Verstehensmöglichkeiten eröffnet, die aber
so zumeist nur mittelbar an der Seelsorgepraxis Anteil hat. So stellt sich die Frage,
inwiefern das Korrektiv dieser Praxis selbst im Sinne seiner Rückwirkung auf die
psychoanalytisch-poimenische Theoriebildung gewahrt bleibt und ob – von den
spezifischen Ausnahmen abgesehen, wie sie exemplarisch durch Wolfgang Wiedemann repräsentiert sind – so in aller Unmittelbarkeit von einer Relation „Psychoanalyse und Seelsorge" gesprochen werden kann. Nicht zufällig hat Winkler,
als ausgewiesener Analytiker, seine „Seelsorge" nicht als Pastoralpsychologie
aufgebaut, sondern als explizite Seelsorgelehre. Dieser ist zwar bis in die Definition von Seelsorge hinein die psychoanalytische Grundlage deutlich anzumerken
(wofür er auch die entsprechenden kritischen Anfragen erhält), sie stellt aber genau den Versuch dar, aus der supervisorischen Vermittlung mit ihrer psychoanalytischen Grundperspektive herauszutreten und sich wieder der seelsorglichen
Unmittelbarkeit und ihrer Theoriebildung zuzuwenden.[28]
In der Frage, ob die psychoanalytische Pastoralpsychologie so etwas wie die

---

[25] Scharfenberg (1972); Thilo ([3]1986).
[26] So sind die Praxisbeispiele bei Scharfenberg (1985) durchgehend entweder Fälle aus der psycho-
      analytischen Praxis oder aus der Supervision von Seelsorgefällen in der Gemeinde.
[27] Vgl z.B. Thilo ([3]1986), 31. Im Sinne der Kritik aus einer eher als konservativ zu nennenden Posi-
      tion: Rudolf Sons (1995): Seelsorge zwischen Bibel und Psychotherapie. Die Entwicklung der
      evangelischen Seelsorge in der Gegenwart, Stuttgart, 148.
[28] Winkler (1997).

eigentliche Metatheorie der Seelsorge ist, wird aber immer auch die Frage mit entschieden, ob Seelsorge durch die Pastoralpsychologie völlig abgedeckt ist oder ob die Pastoralpsychologie einen – sicher wesentlichen – Beitrag leistet zum Verstehen einer Seelsorge, die allerdings nicht in diesem Verstehensmodell aufgeht.

5. Die Frage nach der „wirklichen Wirklichkeit"

Nun ist der Pastoralpsychologie, und insbesondere ihrer psychoanalytischen Richtung, immer wieder ein Machtanspruch unterstellt worden: und zwar ein Machtanspruch sowohl im Sinne eines Anspruchs auf Deutungshoheit im seelsorglichen Feld wie auch einer invasiven Einflussnahme auf die kirchliche Aus- und Fortbildung.[29] Dabei ist die in dieser Argumentation sich abzeichnende Struktur von einem gleich bleibenden Muster geprägt: Der vernichtenden Kritik daran, dass sich Pastoralpsychologie/Psychoanalyse die alleinige Deutungsmacht im Kontext von Seelsorge anmaßt, wird eine „wirkliche Wirklichkeit" im Sinne eines neuen und anderen Deutungssystems gegenübergestellt, das nun die „eigentliche" Seelsorgewirklichkeit als Verstehensmodell repräsentiert – ohne allerdings darüber zu reflektieren, dass die eigene Positionalität genau das macht, was sie der Pastoralpsychologie unterstellt. Solche Strukturen finden sich z.B. – einmal ganz abgesehen von den Abgrenzungsthematiken der „adjektivischen Seelsorgekonzeptionen" der letzten vierzig Jahre[30] – exemplarisch bei Gerhard Besier mit seiner Klinischen Psychologie, bei Isolde Karle mit ihrer Systemtheorie oder auch bei Manfred Josuttis mit seiner religionsphänomenologischen Konzeption des Heiligen.[31]

Einmal ganz abgesehen davon, dass viele dieser Angriffe auch auf Bereiche aufmerksam machen, die im Kontext der Pastoralpsychologie und ihrer Hermeneutik seelsorglicher Wirklichkeit als nicht wahrgenommen bzw. defizitär erlebt wurden, so lassen sie sich nicht nur als fortschreitender wissenschaftlicher Diskurs oder als Abwehr deuten, sondern in der Heftigkeit ihres Auftretens spiegelt sich immer auch ein Anspruch der von ihnen abgelehnten Position. Ein Anspruch der (psychoanalytischen) Pastoralpsychologie auf das Erfassthaben der wirklichen Seelsorgewirklichkeit.

Dies macht auf ein Phänomen aufmerksam, das die Diskussion seit dem Entstehen der Seelsorgebewegung prägt: In der Frage nach der Seelsorge kommt auf hervorragende Weise zum Ausdruck, dass die Theologie im Blick auf die Realisierung einer lebensnahen Praxis des Dialoges mit anderen empirischen Wissenschaften bedarf, die dieses Leben zu ihrem eigenen Thema haben. Dabei stellt sich die

---

[29]   Vgl. Christian Möller (1998): Wie geht es in der Seelsorge weiter?, in: ThLZ 113, 409–422, hier 414.

[30]   Zur Abgrenzung vom Begriff „psychoanalytische Seelsorge" vgl. Wahl (2007), 228f.

[31]   Vgl dazu Gerhard Besier (1980): Seelsorge und Klinische Psychologie. Defizite in Theorie und Praxis der Pastoralpsychologie, Göttingen, 43f.; Isolde Karle (1999): Was ist Seelsorge? Eine professionstheoretische Betrachtung, in: Uta Pohl-Patalong / Frank Muchlinsky (Hg.): Seelsorge im Plural. Perspektiven für ein neues Jahrhundert, Hamburg, 36–50, hier 40; Josuttis (2000), 28.

Frage, welche Wirklichkeitssicht dem Leben auch am angemessensten ist. In ihr spiegelt sich z.b. der Streit der adjektivischen Seelsorgekonzeptionen. Dabei spielt es gerade im Blick auf die hohe Emotionalität, mit der dieser Streit geführt wurde und wird, eine wesentliche Rolle, dass es immer auch um die Frage geht: Kommt in, mit und unter der gewählten Konzeption von Lebenswirklichkeit nicht auch die Theologie erst zu sich selbst? Ist diese Konzeption nicht not-wendig im wahrsten Sinne des Wortes, um der Sache der Theologie einen wirklichkeitsangemessenen und gegenwartsbezogenen Ausdruck zu geben, was dann aber immer auch einen Anspruch auf die Normativität und Wirklichkeitsdeutungsmacht der Theologie beinhaltet?

Im Kontext psychoanalytischer Pastoralpsychologie zeigt sich deutlich, wie die ursprüngliche Konzentration auf das Seelsorgethema sich sehr schnell zu einer Metatheorie entwickelte, die ihr Ziel in der Überwindung des Gegensatzes von Anthropologie und Theologie auf höherer Ebene fand: Es geht letztendlich „um so etwas wie ‚Ganzheit‘".[32] Und es ist dieser – zumeist implizite – Anspruch, der sub contrario immer auch den umfassenden Anspruch der dialektischen Theologie beerbt hat, gegen den sich die Angriffe der Gegner richten; als ein Streit um die „wirkliche Wirklichkeit".

Dabei wird – aus der rückblickenden Perspektive – aber auch deutlich, dass diese Auseinandersetzung um die wirkliche Wirklichkeit nicht erst mit den grundsätzlichen Gegnern einer psychotherapeutischen Orientierung der Seelsorge beginnt, sondern bereits innerhalb der Seelsorgebewegung eine ganz wesentliche Rolle spielt, dort allerdings kaum zum Thema geworden ist: Faktisch hat es „ein Deutungsmonopol der Psychoanalyse gegeben".[33] Dieses findet seine exemplarische Fassung in Scharfenbergs „Einführung in die Pastoralpsychologie", die – wenn auch gewisse innere Spannungen erhalten bleiben[34] – im Gesamtkonzept und ihrer inhaltlichen Ausarbeitung die These realisiert, „dass das grundlegende Paradigma der Psychoanalyse auch für die Pastoralpsychologie beibehalten werden sollte." Der darin zum Ausdruck kommende Anspruch, der sich ja zuerst einmal gegenüber den anderen unter dem Oberbegriff der Pastoralpsychologie sich versammelnden (therapeutischen) Wirklichkeitssichten behauptet, ist von diesen selbst kaum in Frage gestellt worden,[35] wie überhaupt auf der literarischen Ebene die Unterschiede zwischen den in die Seelsorgetheorie eingehenden Therapieformen eher selten zum Thema werden. So stellt sich die Frage, inwiefern die gemeinsame Abgrenzung gegenüber der Theologie und ihrem massiven Widerstand einen innerpastoralpsychologischen Zusammenhalt gefördert hat, der in der Bezogenheit auf Angriffe von außen die faktischen Differenzen der therapeutischen Wirklich-

---

[32] Vgl. Scharfenberg (1985a), 161. Zum sachlichen Zusammenhang der Frage nach der Überwindung des Gegensatzes von Anthropologie und Theologie vgl. ders., a.a.O., 197.

[33] Michael Klessmann (2004): Pastoralpsychologie. Ein Lehrbuch, Neukirchen, 28.

[34] Vgl. z.B. Scharfenberg (1985a), 48: „Ich meine (…), dass die Pastoralpsychologie sich nicht irgendeiner beliebigen Psychologie, die zu ganz anderen Zwecken geschaffen wurde, bedienen kann, sondern dass der Pastoralpsychologe tatsächlich seine eigene Psychologie schaffen muss".

[35] Im Sinne einer der eher seltenen kritischen Anmerkungen vgl. exemplarisch Isidor Baumgartner (1990): Pastoralpsychologie, Düsseldorf, 24.

keitskonzeptionen untereinander nicht zum Thema hat werden lassen und so einer faktischen Duldung des „Deutungsmonopols" der Psychoanalyse Vorschub geleistet hat.

Insofern hat die neuere Kritik der Seelsorgebewegung und der Pastoralpsychologie, für die Isolde Karles Buch „Seelsorge in der Moderne" exemplarisch stehen kann, dann aber auch primär die Psychoanalyse im Visier, an der alle Grundanfragen an die Pastoralpsychologie überhaupt auf exemplarische Weise abgehandelt werden, wobei sich in Kritik und eigener Position das Thema des Absolutheitsanspruchs auf exemplarische Weise wiederholt.

Erst in der Gegenwart erhält dann die Frage nach der Differenz der therapeutischen Wirklichkeitssichten in der Pastoralpsychologie im Entwurf von Klessmann eine differenzierte Antwort. Er entwirft – ausgehend von der Frage nach der (religiösen) Kommunikation – das Nebeneinander der therapeutischen Konzeptionen als gleichberechtigte Elemente einer „Grunddimension Praktischer Theologie" und gibt so auch der Psychoanalyse das spezifische, aber auch notwendige Gewicht im Kontext der in die Praktische Theologie eingehenden Lebenswissenschaften zurück, ohne sich in latente oder offene Exklusivitätsansprüche zu verlieren.[36] In einem solchen Kontext erhalten dann auch die klassischen Vorwürfe an die Psychoanalyse im poimenischen Kontext – wie z.B. Arzt-Patienten-Gefälle oder Individuumsorientierung bzw. Verlust des Blicks aufs System oder auf die gesellschaftlichen Bedingtheiten – auch eine Relativierung hinsichtlich ihrer Funktion als Verdammungsurteile. So können sie verstanden werden als Hinweis auf Grenzen, die durch den Fokus psychoanalytischer Hermeneutik mitgegeben sind, wobei erst dann eine detaillierte Diskussion über die betreffenden Themenbereiche eröffnet werden kann.

6. Die Frage nach der Seelsorge als Frage nach der Theologie

Nun lässt die eine durchaus lange Zeit während Monopolstellung der Psychoanalyse im Seelsorgekontext, so man sie nicht allein als (gesellschaftlich bedingtes) Zeitphänomen betrachtet, selbst wiederum Rückschlüsse zu auf die Bedeutung, die die Psychoanalyse als eine Hermeneutik und als Zugang zur (nicht nur seelsorgebezogenen) Lebenswirklichkeit haben kann und hat, sowohl im Verhältnis zu anderen Therapieformen wie auch im Verhältnis zu einer erfahrungsbezogenen Praktischen Theologie. Kurz gesagt: Psychoanalyse und psychoanalytisches Denken haben über mehr als eine Generation einen zentralen Bereich der Praktischen Theologie entscheidend geprägt.

Dies beinhaltet dann aber auch, dass die psychoanalytisch orientierte Pastoralpsychologie in ihrem Blick auf die Seelsorge (ihre Praxis, ihre Theoriebildung wie auch ihre Metatheorie) immer auch Element der Praktischen Theologie geblieben

---

[36] Vgl. z.B. Klessmann (2004), 26: „Pastoralpsychologie ist *ein* Weg, die Vielfalt der religiösen Kommunikationsprozesse und -ebenen im Bereich von Religion und Kirche zu verstehen und zu untersuchen." (Hervorhebung vom Vf.).

ist und dies auch sein wollte – und gerade dies ist der Punkt, an dem sich die Gegnerschaft in ihrer fundamentalen Abwehrhaltung radikalisiert, wie sie in der bereits erwähnten Formulierung Bohrens vom „Seelsorger als kirchlichem Affen der Psychologen" ihren hervorragenden Ausdruck findet.

Nun ist hier weder der Ort, alle entsprechenden Vorwürfe aufzulisten, die zwischen „Anspruchsdenken, Selbsterlösung und Priesterherrschaft der Therapeuten" angesiedelt werden können[37], noch muss wiederholt werden, dass die Seelsorgebewegung und die Pastoralpsychologie durch die Schärfe ihrer Selbstabgrenzung zur Dialektischen Theologie („Missbrauch des Gesprächs"[38]) an diesem Gegensatz nicht unbeteiligt waren. Diese Situation kann eher mit dem Gegensatz von Offenbarungstheologie und Erfahrungstheologie beschrieben werden, wobei auf der strukturellen Ebene – wenn auch inhaltlich sub contrario – durchaus Analogien festzustellen sind, wenn z.B. die „Wort (Gottes)-Orientierung der Dialektischen Theologie" ins „Sprachgeschehen"[39] überführt wird, durch das das Evangelium sich in der gelingenden Beziehung als freiheitseröffnendes erweist.

Interessant erscheint hier eher die Frage nach dem Verhältnis der Pastoralpsychologie zur Theologie: Denn da die entsprechenden Vertreter faktisch durchgehend Praktische Theologen und Pfarrer geblieben sind, muss dieses Verhältnis immer auch als ein Selbstverhältnis angesehen werden.

Dieses Selbstverhältnis ist ein spannungsvolles. Um es an einem Beispiel zu verdeutlichen: Auf der einen Seite hat die Integration der Religionskritik Freuds eine eminent selbstkritische Funktion innerhalb der Theologie und die psychoanalytische Perspektive eröffnet ein weites Verstehensfeld auch der religiösen Lebensbezüge (exemplarisch in der Frage nach dem religiösen Symbol und seinem Gebrauch). Auf der anderen Seite bleibt in der entsprechenden Literatur die religiöse Unmittelbarkeit (analog zur Unmittelbarkeit der Seelsorgepraxis) merkwürdig unberührt, was z.B. Josuttis zu seiner (selbst wiederum einseitigen) Forderung nach „Wahrnehmung des Göttlichen und Heiligen als eigenständige Macht" (im Gegensatz zum „Arbeiten mit dem unbekannten Gott") führt.[40]

Nun müssen solche Spannungen nicht sogleich im Modus der Entlarvung als Defizit gebrandmarkt werden, sondern können als Ausdruck der Gleichzeitigkeit zweier unterschiedlicher Wirklichkeitsdeutungssysteme, der Psychoanalyse und der Theologie, angesehen werden. Das Problem aber, das entstanden ist und das entsteht, ist, dass der immer wieder eingeforderte Dialog zwischen Psychoanalyse und Theologie sich – um es einmal überspitzt auszudrücken – vorwiegend in den Köpfen der Pastoralpsychologen abgespielt hat und dann primär als Gespräch *mit der Psychoanalyse*. Der Dialog mit der Theologie, die Frage „Wie lässt sich Pastoralpsychologie in den klassischen Sprachformen der Theologie kommunizieren?", ist weitgehend ausgeblieben, wobei der Anspruch auf eine *Überwindung* des Gegensatzes zwischen Anthropologie und Theologie, von Subjekt und Objekt, von

---

[37]   Vgl. Möller (1998), insbes. 413–416.
[38]   Scharfenberg (1972), 14–19.
[39]   Vgl. z.B. Scharfenberg (1972), 35–42.
[40]   Vgl. Josuttis (2000), 10 u. 28.

Theorie und Praxis – verbunden mit der Bezogenheit aufs Ganze der Praktischen Theologie – hier wohl eine erhebliche Rolle spielt. In dieser Hinsicht hat sich die Pastoralpsychologie innerhalb der Theologie eine Art „Biotop-Charakter" geschaffen, dessen innertheologische und innerkirchliche Kommunikationsfähigkeit eher eine Option denn eine Beschreibung der bestehenden Verhältnisse darstellt.

Eine solche innertheologische Kommunikationsperspektive könnte z.B. die Frage nach der (impliziten) Christologie darstellen, die die Pastoralpsychologie – im Kontext eines Selbstverständnisses als Element der Praktischen Theologie (oder als Paradigma für das Gesamt der Praktischen Theologie) – faktisch haben muss bzw. hat, die aber kaum zum Thema geworden ist. Zu den eher seltenen Fällen der Anfangszeit der Seelsorgebewegung aus psychoanalytisch orientierter Perspektive gehört z.B. Hans-Joachim Thilo. Wenn er auf die Inkarnation verweist, so bleiben die Fragen (in Hinblick auf den logos Gottes) nach dem „Menschen in seiner alltäglichen Existenz" als dem „Ort der Theologie"[41] doch eher im Bereich des Postulats, dessen Rückbindung und Auseinandersetzung mit der eigenen theologischen Tradition kaum mehr möglich erscheint. Dabei ist Thilo selbst eher der Ausnahmefall einer solchen Thematisierung überhaupt. Insofern lässt sich zumindest aus theologischer Perspektive die These aufstellen, dass die Pastoralpsychologie in ihrem Schweigen von den theologischen Themen eine Art „kenotischer Christologie" vertritt, die sich in ihrer Selbstentäußerung wirklich aller gottbezogenen Erkennbarkeiten entledigt, selbst der theologischen Themen und auch der theologischen Sprache; mit der Konsequenz, dass sie eine Art *Selbstaufhebung* als theologische Wissenschaft unter den Bedingungen eines *Weiterbestehens* als theologische Wissenschaft betreibt. In diesem paradoxen Zusammenhang, der selbst wiederum nicht mehr in theologischer Sprache kommuniziert wird, dürfte dann aber ein wesentlicher Teil der Angriffe aus theologischer und kirchlicher Perspektive zu verorten sein, die – mittels einer Fülle an inhaltlichen Argumenten – gegen eine Bedrohung zu Felde ziehen, die von der Pastoralpsychologie selbst so nicht unbedingt intendiert ist.

Aus diesem Grund scheint hier im Blick auf das Miteinander von Theologie und Psychoanalyse unter den Bedingungen Praktischer Theologie, das sich in der Frage nach der Seelsorge auf exemplarische Weise realisiert, noch ein offenes Feld zu liegen. Es umfasst die Fragen nach den Grenzen und Zusammenhängen zwischen Seelsorge und Psychoanalyse.[42] Es gibt latente oder explizite Exklusivitätsansprüche auf. Und es ist – im Sinne des immer wieder auch angemahnten „Dialoges" zwischen Psychoanalyse und Theologie – auch in der Lage, sich in der Sprache der Theologie so auszudrücken, dass zwischen Pastoralpsychologie und Theologie ein kommunikativer Prozess entstehen kann.

---

[41]   Thilo (³1986), 27. Vgl. dazu auch die theologische Kritik bei Helmut Tacke (²1979): Glaubenshilfe als Lebenshilfe. Probleme und Chancen heutiger Seelsorge, Neukirchen, 56f.

[42]   Im Sinne einer differenzierten Annäherung an Grenzen und Gemeinsamkeiten von Psychoanalyse und Seelsorge vgl. z.B. Hartmut Raguse (1999): Grenzübertritte zwischen Seelsorge und Psychoanalyse, in: WzM 51, 462–474.

7. Zur Frage nach Psychoanalyse und Seelsorge

Wenn denn in der Frage nach der Seelsorge auf hervorragende Weise zum Ausdruck kommt, dass die Theologie im Blick auf die Realisierung einer lebensnahen Praxis des Dialoges mit anderen empirischen Wissenschaften bedarf, die dieses Leben zu ihrem eigenen Thema haben, dann ist die Psychoanalyse eine ganz zentrale und wesentliche derartige lebensbezogene Konzeption. Und zwar in ihrer Rolle als ein gleichwertiges Gegenüber – nicht als „Hilfswissenschaft", von dem her die Praktische Theologie nicht nur notwendige und Selbstkritik eröffnende Impulse, sondern auch eine hermeneutische Grundperspektive der Wahrnehmung menschlicher Lebenswirklichkeit in Theorie und Praxis empfangen hat und empfängt.[43]

Dabei mag es auch durchaus von Gewicht sein, dass die Zeit der Seelsorgebewegung mit ihrem nicht nur durch sich selbst konstituierten Auftrag, das Ganze der Theologie im Blick auf die Vermittlung von Theorie und Praxis zu repräsentieren, der Vergangenheit angehört. Denn mit dem Ende der Aufgeregtheiten und Ansprüche erhält die Psychoanalyse wieder ihre Qualität als *eine* mögliche Konzeption, mit der die Praktische Theologie in Dialog treten kann und tritt, ohne dass immer die Frage nach dem Ganzen von Theologie oder Nicht-Theologie auf dem Spiel stehen muss. In diesem Sinne kann sich die Theologie wieder neu auf ihre theologische Sprache und ihre exemplarische Praxisaufgabe, die Seelsorge als Theorie und Praxis, besinnen – um dann ihre ureigensten Themen neu zu beleuchten.

Dabei hat die bisherige Kritik an der psychoanalytischen Seelsorgelehre durchaus auch die Funktion, im Sinne von „Erinnern, Wiederholen, Durcharbeiten" diese Vergangenheit aus dem sich selbst perpetuierenden Wiederholungszwang zu entlassen. Sie erhält – so sie denn nicht mehr unter dem Blickwinkel einer auf einen Exklusivitätsanspruch reagierenden Radikalabwertung gelesen werden muss – einen in seinen Einzelargumenten differenzierten Hinweis auf Möglichkeiten und Grenzen der Verbindung von Seelsorge und Psychoanalyse in Seelsorgetheorie und Praxis.

So kann die Kritik an Psychoanalyse und Pastoralpsychologie im Kontext der Praktischen Theologie auch zu weitergehenden Fragen an die psychoanalytisch orientierte Seelsorgetheorie führen:

1. Wie kann der problem(lösungs)orientierte Seelsorgebegriff in einen weiteren Zusammenhang der Frage „Was ist (gute) Seelsorge?" gestellt werden? In einen Kontext also, der z.B. die Unmittelbarkeit der glaubensbezogenen Dimension oder die „Banalität" der alltäglichen Gemeindeseelsorge mit umfasst, ohne dass spezifische Bereiche (zu denen auch die Beratungsdimension der Seelsorge gehört!) ausgeklammert oder abgewertet werden müssen. M.E. könnte gerade psychoanalytisches Verstehen z.B. des Alltäglichen hier einen wesentlichen Beitrag dazu

---

[43] Vgl. dazu Jürgen Ziemer (2007): Psychologische Grundlagen der Seelsorge, in: Wilfried Engemann (Hg.): Handbuch der Seelsorge, 34–62, hier 53f.

leisten, einen solchen Seelsorgebegriff nicht ins Inflationäre und zugleich wiederum Banale abgleiten zu lassen.

2. Wie ist die Differenz zwischen der Anwendung psychoanalytischer Theorie auf die unmittelbare Seelsorgepraxis und ihrer Funktion als eigener Verstehenshorizont innerhalb der Theologie dergestalt zu verstehen, dass sie sich nicht als kirchenpraktische Spaltung zwischen Hochprofessionalisierten und „niederem Klerus" verfestigt, sondern einen konstruktiven Beitrag leistet in einer Kirche als System, innerhalb dessen die Differenz der unterschiedlichen Positionen sich als Beitrag gegenseitiger Bereicherung entfalten kann? Dies gilt sowohl für die Ebene der Hauptamtlichen in der Seelsorge untereinander wie auch im Blick auf die Differenz von Haupt-, Neben- und Ehrenamtlichen.

3. Welchen Beitrag kann gerade das Scheitern von theologischen, aber auch von psychoanalytischen Absolutheitsansprüchen auf das Erfassthaben der wirklichen Wirklichkeit leisten für das notwendige Neben- und Miteinander von lebenswissenschaftlichen Konzeptionen im Kontext Praktischer Theologie? Denn gerade dieses Scheitern hält die selbstkritische Frage offen, die sich alle positionellen Neuentwürfe innerhalb der Praktischen Theologie stellen müssen (auch die antipsychoanalytischen oder anti-pastoralpsychologischen): Wie kann es gelingen, ohne selbst wiederum die Normativität des klassisch-theologischen absoluten Wirklichkeitsdeutungsanspruches zu reproduzieren, dass innerhalb einer durch Pluralität geprägten Gegenwart eine eindeutige Positionalität als Positionalität in Beziehung möglich ist?

4. Verbleibt die Pastoralpsychologie im Rahmen der Praktischen Theologie, so stellt sich die Frage nach der Re-Integration der grundlegenden Themen der Theologie in den Theorierahmen auch einer Pastoralpsychologie, die sich selbst auf die Seelsorgetheorie bezieht. Die durch die Religions- und Theologiekritik im Kontext von Psychoanalyse induzierte Selbstrelativierung der Theologie bedarf dann aber auch ihrer Umkehrung, nicht nur im Blick auf eine Psychoanalysekritik der Theologie, sondern auch als Pastoralpsychologiekritik der Theologie. Im Sinne der Frage: Wie können die klassisch theologischen Fragestellungen und Anfragen, so sie denn als hermeneutischer Horizont auch der Pastoralpsychologie wahrgenommen werden, auch zu einer Selbstrelativierung derselben führen, die den immer schon eingeklagten Dialog auf eine neue Ebene hebt?

Im Kontext solcher durch eine (in ihrem Ganzheits-Anspruch selbst relativierten) Kritik an der psychoanalytischen Seelsorgetheorie eröffneten Fragen bleibt die Psychoanalyse auch weiterhin eine gewichtige Gesprächspartnerin für die Seelsorgetheorie und verweist dieselbe zugleich auf ihre ureigensten theologischen Aufgaben – denn Seelsorge ist immer auch mehr, als durch eine einzelne Wirklichkeitskonzeption abgedeckt werden kann.

Veränderung braucht Struktur
Struktur braucht Veränderung

Pastorale Supervision auf psychoanalytischer Basis

Anne Reichmann

1. Der Kontext, in dem Supervision mit Pastoren/innen stattfindet

Die gesellschaftlichen Veränderungen unserer Tage vollziehen sich in einer Geschwindigkeit, die die menschliche Auffassungsgabe überschreitet. Die Erosion tragender Traditionen und Institutionen bewirken eine diffus sich ausbreitende Angst und Unsicherheit. Menschen sind zunehmend abhängig von Entwicklungen, die sie weder durchschauen noch beeinflussen können.

Die traditionelle tragende und beheimatende Funktion von Kirche ist gerade jetzt gefragt: Menschen, die erschüttert, hilfsbedürftig und einsam sind, suchen in der Kirche nach Halt, nach Bedeutung, nach Entlastung und Versorgung, für die in der gesellschaftlichen Realität weniger Platz geblieben ist. Die Orientierung an diesen Bedürfnissen ist dominant im kirchlichen Selbstverständnis. Mitglieder und Mitarbeitende der Kirche sind in der Mehrzahl Menschen, die sich komplementär dazu engagieren.

Diese Ausgangslage gerät nun in Konflikt mit der Tatsache, dass die Kirche selbst als Organisation von Veränderungsdruck betroffen ist: Sie verliert gesellschaftlich an Bedeutung, und zwar in dem Maße, wie die Menschen ihr die Anerkennung als Autorität in normativen und spirituellen Fragen entziehen. Sie wird zu einer Anbieterin auf einem spirituellen Markt. Religion wandert aus den großen öffentlich sichtbaren Organisationen in die Privatsphäre der einzelnen. Sie wird unsichtbar (Luckmann 1991). Die Antwort der Kirchenleitungen auf den zunehmenden ökonomischen Druck sind Sparmaßnahmen und Veränderungen in der kirchlichen Struktur.

Die gesellschaftlichen Veränderungen kommen bei Pastorinnen auf unterschiedliche Weise an. Pastoren werden stärker mit sozialem Elend, mit traumatischen Erfahrungen und der damit verbundenen Erwartung nach konkreter Hilfeleistung konfrontiert. Sie werden stärker mit der Erwartung konfrontiert, die Kirche möge in dieser Situation Heimat bieten. In der Kirche soll sich möglichst wenig verändern, gerade, *weil* die Welt so unsicher ist.

Die Pastoren sind damit in einer zwiespältigen Lage: Sie sollen andern Unterstützung geben, während sie selbst verunsichert sind. Sowohl das Profil als auch der institutionelle Rückhalt dieses Berufes sind nicht mehr selbstverständlich. Die veränderte Situation hat Konsequenzen für das hier verhandelte Thema: Im Kontakt mit den Veränderungen in Gesellschaft, Kirche und Pastorinnenberuf muss auch das Konzept von Supervision sich verändern, um hilfreich sein zu können.

Die fundamentale Krise der Kirchen selbst wird von vielen Gemeindegliedern und Pastoren noch nicht bewusst als solche wahrgenommen. Stattdessen werden manchmal missionarische und marktorientierte Erfolgsstrategien in Gang gesetzt. Pastoren neigen dazu, den Bedeutungsverlust der Kirche durch eigene zusätzliche Anstrengung zu kompensieren, weil er sie selbst in Frage stellt.

Die Einführung neuer Strukturen wird von vielen als willkürliche Maßnahme erlebt. Äußere Turbulenzen gehen immer mit inneren Turbulenzen einher. Es gibt Kämpfe und Rivalitäten in der Kirche. Freiheitsräume werden eingeschränkt. Die Aufladung der Emotionen zehrt an den Kräften. Manche ziehen sich erschöpft zurück, manche kündigen innerlich. Schön, dass es unter diesen Umständen auch herzhaften Aufbruch und fröhliche Gelassenheit gibt.

Die Pastorinnen und Pastoren stehen mitten drin in dieser Gemengelage. Ihr Beruf ist heute in vielerlei Hinsicht überlastet: Die Bedürfnisse von Gemeindegliedern sind heterogener geworden. Es richten sich widersprüchliche und nicht einlösbare Erwartungen an die pastorale Rolle, die zusammengenommen nicht erfüllbar sind. Der Pastor, die Pastorin steht für die Kirche. Die Identifikation mit dem Beruf führt dazu, dass enttäuschte Reaktionen von Gemeindegliedern, die doch unvermeidbar sind, als persönliche Infragestellung erlebt werden. Toleranz für Kritik und Veränderung ist eingeschränkt, weil es keine Distanzierungsmöglichkeit gibt: Da das Leben weitgehend durch die Arbeit bestimmt wird, wird jede Irritation im Arbeitsleben zu einer persönlichen Irritation. Hin- und hergerissen zwischen nicht zu vereinbarenden Erwartungen, unter ständigem Erfolgsdruck verlieren manche den Zugang zu sich selbst und zu ihrem Glauben. Sie kommen in einen Laufschritt, der kein Innehalten und Nachdenken zulässt.

Supervision ist in dieser Situation in ihrer innehaltenden, reflexiven, aufklärenden Funktion hilfreich in mehrfacher Hinsicht:

Das, was im Alltag als diffuse Bedrohung wahrgenommen wurde, wird sichtbar und kann sortiert werden: Das eine gehört hier, das andere dorthin. Das eine kann getan, das andere muss gelassen werden. Meins und deins werden unterschieden. Schuldgefühle werden überprüft. Realität wird anerkannt. Erwartungen werden ausgesprochen und können damit angenommen oder abgelehnt werden. Tabus werden kenntlich.

In diesem Sinne hat Supervision etwas Ernüchterndes, Beruhigendes. Die aufgepeitschten Emotionen bekommen einen Raum, sie können gefühlt und benannt werden und pendeln sich dadurch in der Regel auf ein Maß ein, das auch dem Denken und Entscheiden einen Platz gewährt. Phantasien beruhigen sich, wenn sie angesehen und verstanden werden als Antworten der Seele auf akute Bedrohungen. Nach meiner Erfahrung sind äußere Bedrohungen selten so groß wie die, die aus der inneren Welt stammen. Furchtbar wird es, wenn innere und äußere Welt verwechselt werden, was immer dann der Fall ist, wenn Projektionen im Spiel sind. Die Konfrontation mit der Realität kann in bestimmten Fällen auch erleichternd sein.

Durch das Verstehen transformiert der supervisorische Prozess das Problem in eine Aufgabe. Der Pastor, der einen Fall in der Gruppe eingebracht hatte, weiß am Ende der Sitzung wieder, in welche Richtung er weiter gehen kann. Er fühlt sich wohler und kann wieder handeln. Dabei ist nicht direkt an einer Lösung gearbeitet worden. Es hat sich aber eine eingestellt, anders, als er zu Beginn des Prozesses gewünscht hatte („Helft mir rauszufinden, was ich tun soll").

Es ist eher die veränderte Haltung, mit der er zurück in eine Situation geht, die er neu zu sehen gelernt hat und in der er daher anders sprechen und handeln kann, ohne schon zu wissen, was er sagen oder tun wird. Er hat an Zuversicht gewonnen, dass sich zeigen wird, was er tun kann. Und er weiß, dass es Mühe und Arbeit sein wird, wenn er etwas von dem, was er in der Supervision erfahren hat, umsetzen wird. Er wird mit Widerständen von außen und aus dem eigenen Inneren umgehen müssen, und er wird möglicherweise wieder so persönlich verwickelt werden, dass er sich zwischenzeitlich fragen wird, ob er in der Supervision überhaupt etwas gelernt hat. In einer späteren Sitzung wird von ihm zu hören sein, dass die Supervision für ihn etwas Neues in Gang gesetzt habe, weil Blockaden in der Interaktion mit anderen gelöst worden wären.

2. Psychoanalytische Supervision –
Bausteine, die sich in der Praxis bewährt haben

2.1 Basisannahmen und supervisorische Haltung

Eine der Ursprungsformen der psychoanalytischen Supervision ist die Balintgruppe. Dort wurde erstmals das *Spiegelphänomen* entdeckt: In der Supervisionsgruppe spiegelt sich die unbewusste psychosoziale Dynamik der Interaktionen des geschilderten Falles wider. Durch Übertragung und Gegenübertragung kommt es zu einer Reinszenierung in der Gruppe, indem die Mitglieder sich mit verschiedenen Aspekten der Schilderung identifizieren. Intrapsychische Konflikte werden als interaktionelle erlebbar. Das „szenische Verstehen" (Lorenzer 1970) der Spiegelphänomene, der Übertragung und Gegenübertragung ist die grundlegende Arbeit, zu der die Supervisorin die Gruppe anregt.

Sie sorgt im Sinne der *analytischen Grundregel* dafür, dass die alltagssprachliche Kommunikation überschritten werden kann, so dass auch scheinbar sinnlose und unkonventionelle Empfindungen und Phantasien zugelassen werden können. Ihre *gleichschwebende Aufmerksamkeit* schafft einen Raum, in dem Unbewusstes auftauchen und sich entfalten kann.

Die Versprachlichung dessen, was sich in der Gruppe inszeniert, ist eine Übersetzung der latenten abgewehrten Bedeutungsgehalte in symbolischer Rede; sie ist Hypothese und Anstoß, mit der Gruppe in einen gemeinsamen Forschungsprozess einzutreten. Das gemeinsame Nichtverstehen macht neugierig und treibt den Prozess voran. Objektivierende Deutungen schneiden ihn ab.

Der Supervisor bewegt sich hin- und her zwischen *einfühlender Anteilnahme* und *distanziertem Beobachten*.

In dem möglichst *freien assoziativen Gruppengespräch* kann es dazu kommen, dass die Supervisorin mitagiert. Klüwer (1983) hat darauf hingewiesen, dass dieses *Mitagieren* bedeutsam ist, weil es erlaubt, dass die Szene in das Erleben der

Supervisorin kommt und daher besser verstanden werden kann. Das ist der Ausgangspunkt für eine Einsicht, die nicht von außen kommt. Notwendig ist allerdings, dass die Supervisorin sich aus dem Mitagieren auch wieder zurückziehen und eine reflexive Haltung einnehmen kann.

Abstinenz bedeutet als Element der supervisorischen Haltung den Verzicht auf den Eingriff in die Arbeit des Supervisanden, also auf Handlungen, Ratschläge und Entscheidungen. Damit wird die Autonomie des Supervisanden gewahrt. Die zentrale Bedeutung der Abstinenz liegt aber darin, dass die Supervisorin entlastet ist von dem Druck, der immer wieder auf sie ausgeübt wird: Die Erwartung, sie möge helfen, etwas abnehmen, etwas entscheiden. Erst durch diese Abstinenz entsteht der *reflexive Raum*, in dem in Form einer *Metakommunikation* über das nachgedacht wird, was „der Fall" ist. Die *triangulierende Funktion* (Pühl 1996) wirkt der Neigung zu regressiven Abwehrformen wie Spaltung und Projektion entgegen und sorgt dafür, dass die gemeinsame Aufgabe der Gruppe – das Verstehen der Arbeitszusammenhänge und ihrer unbewussten Aspekte – vollzogen werden kann.

Die *supervisorische Haltung* kann als *„holding function"* (Winnicott 1974) beschrieben werden. Damit ist ursprünglich das psychische und affektive Halten und Aushalten des Kindes in all seinen Erregungszuständen gemeint. Eine Mutter, die „gut genug" ist, hat die Fähigkeit zur Besorgnis und die Bereitschaft, das Kind allein zu lassen. Die von Bion beschriebene *„negative capability"* ist die Fähigkeit aufzunehmen, ohne zu beurteilen und ohne den Griff nach Erklärungen, die dazu dienen, die eigene Irritation und das Nichtverstehen zu beseitigen. Die aufnehmende, verwandelnde, die *containende* Funktion der Gruppe, die durch diese Haltung ermöglicht wird, besteht darin, etwas Unverständliches zu verdauen und als Nahrung zurück zu geben (Lazar 1990). Aus gruppenanalytischer Sicht ereignet sich containing im Prozess des *connecting* (Haubl 2005). Der Austausch in der Gruppe, die Betonung der Vielfalt in der Kommunikation, Perspektivenwechsel, die Förderung der entstehenden Verbindungen nimmt die Gruppe als Gruppe ernst und überwindet damit das frühere dyadische Modell der Psychoanalyse.

Neuere psychoanalytische Erkenntnisse der *Objektbeziehungspsychologie* und der neueren Säuglingsforschung haben Einsicht gewährt in die primäre Intersubjektivität, die unhintergehbare Bezogenheit des Menschen auf andere Menschen von Anfang an. Die Strukturbildung der Seele ist eine Frucht der intersubjektiven Erfahrungen – einschließlich der dazugehörigen Emotionen und Phantasien – und ihrer Verinnerlichung. Sind sie „genügend gut" gewesen, so vermitteln sie ein Gefühl von Kontinuität und Sicherheit, die Fähigkeit zur Unterscheidung zwischen innerer und äußerer Welt und zur Interdependenz (Fairbairn 2000). Sie bildet die Basis dafür, im Leben etwas geschehen zu lassen so wie auch etwas gestalten zu können. Supervisorische Interventionen und Deutungen beziehen sich diesem Konzept gemäß nicht auf individuelle, sondern auf *psychodynamische*, (intrapsychische und interaktionelle), und *soziodynamische Phänomene* in der Gruppe und im Fall, auf das Zusammenspiel also.

Die Supervisorin ist die *Leiterin dieses settings*: Sie setzt den Rahmen, sie gibt bestimmte technische Regeln vor (Abstinenz, Grundregel etc.). Strukturierung ist eine Leitungstätigkeit, die jeder Mensch in seinem Alltag zu verrichten hat. Leitung ist eine Funktion der Gruppe; sie kann auch von Gruppenmitgliedern wahrgenommen werden, und bei Gruppen, die länger zusammenarbeiten, geschieht das in der Regel auch. Aber die Supervisorin trägt die Verantwortung dafür, dass die Leitungsfunktion wahrgenommen wird.

Der Rahmen sorgt dafür, dass zuverlässig gearbeitet werden kann, dass Vertrauen und eine gute Kooperation entsteht. Er bildet einen Schutz für die auftauchenden Worte, Emotionen, Szenen und die damit verbundene Scham, so dass etwas riskiert werden kann. Am Rahmen entzünden sich zuallererst die unbewussten Konflikte – das Zuspätkommen, das Vergessen des Termins etc. Er gibt eine Orientierung. Er provoziert jeweils etwas ganz Bestimmtes. Er legt einen Verzicht auf, indem er eine Grenze setzt.

Der Rahmen wird im Vorgespräch gemeinsam verabredet. Das bedeutet: Nur das, was in diesem Rahmen auftaucht, darf psychoanalytisch betrachtet werden. Deutungen außerhalb dieses Rahmens sind ein Herrschaftsinstrument, gegen das man sich nicht wehren kann, weil dies immer als Abwehr gedeutet werden kann und damit nur den Deutenden bestätigt.

Die Supervisorin wird nicht erzieherisch auf der Einhaltung des settings bestehen; sie wird die Verletzung des settings, die sich anfühlt wie eine persönliche Kränkung, ansprechen und verstehen als Inszenierung eines noch nicht ausgesprochenen Konfliktes, der verstanden werden will.

2.2 Ein wertvolles diagnostisches Instrument

In der psychoanalytischen Supervision kann man Prozessverläufe erleben, die viel mit Trauerprozessen gemeinsam haben. Es sind Entwicklungsschritte, die vollzogen werden, wenn aus etwas „Ver-rücktem" etwas Verstandenes wird. Bion nennt diesen Vorgang „Lernen aus Erfahrung" (1990). Gruppen oszillieren zwischen Stadien der Arbeitsfähigkeit und Stadien der Verworrenheit. Beide Modi wechseln in Gruppen einander ab. Beide sind notwendige Verarbeitungsschritte für Lebendigkeit und Entwicklung.

In bedrohlichen Situationen kommt es zunächst zu einer „Grundannahmegruppe". Das ist ein emotionaler Zustand in der Gruppe, der von Angst und Abwehr bestimmt ist. Die Anerkennung der Realität wird vermieden. Aufgabenerfüllung, Entwicklung und Zusammenarbeit werden verweigert, so, dass der befürchtete Untergang, der den emotionalen Aufruhr ausgelöst hat, tatsächlich herbeigeführt wird. Hier wird die Enttäuschung ferngehalten, die mit dem Lernen aus Erfahrung verbunden ist. Bion schildert zunächst drei verschiedene Formen von Grundannahmen in Gruppen, die „Abhängigkeitsgruppe", die „Kampf-Flucht-Gruppe" und die „Paarbildung" (Bion 1971).

In der gegenwärtigen kirchlichen Wirklichkeit scheint mir die „Kampf-Flucht-Gruppe" am häufigsten zu sein. Sie ist geprägt von Verfolgungs- und Vernichtungsängsten und den entsprechenden Abwehrmechanismen, von Polarisierungen, von lähmenden Machtkämpfen, von Racheimpulsen und schweren Verletzungen.

Leute wollen zuschlagen oder weglaufen. Die Supervisorin erkennt diese Situationen in Gruppen daran, dass sie nicht mehr denken kann, dass ihr der Abstand verloren geht und dass sie heftige Angst bekommt, die sie zunächst nicht als Gegenübertragungsreaktion, sondern als eigenen Affekt wahrnimmt. Sie weiß dann, dass ihre primäre Aufgabe darin besteht, die Arbeitsfähigkeit der Gruppe, also den Modus der „Arbeitsgruppe" zu fördern: Sie erinnert an die gemeinsame Aufgabe.

In der „Arbeitsgruppe" gibt es Kooperation. Ambivalenzen können gehalten und integriert werden; es kann aus Erfahrung gelernt werden. Trauer, Nachdenken und die Übernahme von Verantwortung sind möglich.

2.3 Unterschiedliche Verfahren entsprechen unterschiedlichen Indikationen

Supervision findet befristet oder berufsbegleitend statt. Es gibt unterschiedliche Verfahren: Die Gruppensupervision, in der auch Probleme mit Kollegen, Vorgesetzten etc. bearbeitet werden, die Einzelsupervision, die Leitungssupervision, die Teamsupervision, die Organisationssupervision.

Die *Teamsupervision* wird im Zuge der Umstrukturierungen in der Kirche häufiger in Anspruch genommen. Sie stellt die Supervisorin vor besondere Herausforderungen, die nicht zu meistern sind, wenn man keinen Blick auf die Institution wirft, von der das Team ein Teil ist. Das Team unterscheidet sich von der Gruppe dadurch, dass hier Menschen versammelt sind, die arbeitsteilig in derselben Institution zusammenarbeiten, während sich in der Gruppe Einzelne aus unterschiedlichen Institutionen versammeln.

Die Teamsupervision (Becker 1995) macht aufgrund der Komplexität der zu bearbeitenden Themen ein stärker strukturiertes Vorgehen nötig: Die Nachfrage wird analysiert – in ihr wird meist das Symptom benannt und es wird ein Lösungsweg vorgeschlagen, der der zugrunde liegenden unbewussten Konfliktverarbeitungsform entstammt und daher in aller Regel nicht hilfreich ist.

Eine sorgfältige Diagnose – auch durch Analyse der Institution – sichert eine realistische Planung des Prozesses und den Entwurf eines settings, das die angemessene Bearbeitung der vorliegenden Probleme ermöglicht. Die Diagnose stellt schon eine Intervention dar. Sie sollte gemeinsam erfolgen und kann sich im Laufe des Prozesses ausdifferenzieren oder als falsch erweisen. Es muss begründet entschieden werden, ob bzw. wann die Leitung anwesend sein soll oder nicht. Die Vorarbeit führt zu einem Arbeitsbündnis, das als Dreieckskontrakt (Team – Supervisorin – Leitung) überprüfbar festgehalten wird.

Eine Teamsupervision bewegt sich in einem unübersichtlichen Feld aus unbewussten Aufträgen und widersprüchlichen Erwartungen. In jeder Sitzung ist neu zu entscheiden, ob es um *Fallarbeit*, also um die Bearbeitung von *Konflikten mit der Klientel*, um *Teamkonflikte* oder um *Konflikte mit der Institution* geht. Die aktuell nicht gewählten „Programme" (Rappe-Giesecke 1990) stellen jeweils den Hintergrund für das „Programm" dar, das in den Vordergrund getreten ist.

Auch in Teamsupervisonen gibt es das Oszillieren zwischen der paranoid-schizoiden und der depressiven Position. Wenn der Bezug auf *das gemeinsame Dritte*, die

Arbeitsaufgabe im Rahmen der Institution, verloren geht, entwickeln sich Interaktionsformen, die von individuellen partikulären Wünschen und unbewussten
gemeinsamen Phantasien geleitet sind. Die *triangulierende Funktion* der Supervisorin ist hier besonders wichtig; sie wird immer wieder angegriffen, etwa durch
Versuche der Vereinnahmung. So kann es bei der Wahl des passenden Supervisors
zu einer Kollusion der Supervision mit der bestehenden institutionalisierten Abwehr (Mentzos 1994) kommen, etwa, wenn eine Lenkungsgruppe sich einen Un-
ternehmensberater als Experten holt, weil sie Angst hat, eine Entscheidung zu
treffen. Beide mögen sich einig sein in der Verleugnung, dass es einen Konflikt zu
bearbeiten gibt, den die „richtige Lösung" von außen nicht aus dem Weg räumen
kann. Oder es wird ein befreundeter Supervisor gesucht, der anstrengende Themen
weniger ansprechen wird.

Neben der Teamsupervision hat sich als Verfahren, um Veränderungsprozesse zu
bearbeiten, die *Rollenanalyse* (Oberhoff, Beumer 2001) bewährt. Sie trägt dazu
bei, dass Pastorinnen und Leitungspersonen die Gestaltung ihrer Rolle als Teil der
Arbeit zu sehen lernen und Erfahrungen damit machen, was es bedeutet, verant-
wortlich für die eigene Rolle zu werden und sich selbst darin zu leiten im Kontakt
zu den übrigen relevanten Rollen im System.

Theoretischer Hintergrund für die Rollenanalyse/Rollenberatung ist der sozialwis-
senschaftlich orientierte Ansatz des *Tavistock Institute for Human Relations*, in
dem Psychoanalyse und systemtheoretische Ansätze miteinander verbunden werden (Lohmer 2000).

Die *Rolle* wird als Schnittstelle zwischen Person und Organisation angesehen. Sie
ist durch die *primäre Aufgabe* definiert. Das ist diejenige Tätigkeit, um deretwil-
len sie existiert.

Die Rollenanalyse ist ein psychoanalytisch orientiertes Konzept für die Einzelsupervision. Sie unterscheidet sich vom Coaching dadurch, dass das Unbewusste
im komplexen Zusammenspiel von persönlicher Dynamik des Einzelnen und psy-
cho-sozialer Dynamik in der Organisation Gegenstand der Arbeit ist. Coaching ist
eher auf Lösung und die Beseitigung von wahrgenommenen Defiziten ausgerichtet.

In der Rollenanalyse wird vom subjektiven Erleben der Supervisandin ausgegan-
gen mit dem Verständnis, dass sich darin nicht nur Individuelles, sondern etwas
vom Ganzen der Organisation widerspiegelt. Der Trennung zwischen Person und
Organisation wird damit die Wahrnehmung ihrer wechselseitigen Abhängigkeit
voneinander entgegengesetzt. Vor allem die Erkundung des inneren Bildes („*organisation in the mind"*), das Menschen von ihrer Organisation in sich gebildet
haben, gibt Aufschluss über Probleme mit der Organisation und der eigenen Position darin. Dieses Verfahren unterstützt Pastorinnen und Pastoren sehr darin, in
ihrem hochkomplexen Arbeitsfeld Schwerpunkte zu setzen, Abgrenzungen vorzu-
nehmen, für sich selbst gut zu sorgen und initiativ die Rahmenbedingungen der
Arbeit so zu beeinflussen, dass eine befriedigende Arbeit getan werden kann.

Es ist im Pastorinnenberuf schwer, in konkreten Situationen die primäre Aufgabe
herauszufinden. Seelsorge etwa wird als eine diffuse Sammelbezeichnung für
Mitmenschliches benutzt. Deutlich ist nicht, wo ihre Grenze liegt. Der Rollenent-
mischung und Aufgabenklärung im Pastorinnenberuf kommt die Unterscheidung

von vier *Subsystemen* in der Kirche entgegen (vgl. Weimer 2001), denen je unterschiedliche primäre Aufgaben entsprechen. Sie können nicht getrennt, wohl aber unterschieden werden und in ihrer aktuellen Rangfolge priorisiert werden.

2.4 Zwischenbilanz

Veränderungen gehen aus spontanen Impulsen hervor. Sie haben etwas Überbordendes, Sprengendes. Lange institutionelle Veränderungsprozesse bedürfen allerdings einer Strukturierung, einer Prozessarchitektur. Diese Struktur braucht wiederum Veränderung/Infragestellung, weil sie die Neigung hat zu erstarren. *Prozess und Rahmen sind voneinander abhängig und bedingen sich wechselseitig.* Häufig erscheint die Beschäftigung mit den (institutionellen) Rahmenbedingungen der Arbeit als das Uneigentliche. Es kommt aber darauf an, sie in ein zueinander passendes Verhältnis zu bringen, so dass etwas Drittes aus dieser Verbindung entstehen kann (Wellendorf 1996). Das ist eine Kunst. *Die Kompetenz, den richtigen Rahmen für akute Verwirrungen zu erfinden, kann in Zeiten der Veränderung in Organisationen zu einer Überlebensfrage werden.*
Eine theologische Analogie für die zentrale Bedeutung des Rahmens und seiner Beziehung zu dem, was in ihm geschieht, sehe ich in der Dialektik von Gesetz und Evangelium: Das wesentliche Geschehen in der Supervision ist das Aussprechen dessen, was ist. Und dass das, was ist, auch sein darf, ist die zentrale emotionale Erfahrung, die in der Supervision gemacht werden kann. Sie kann als Erfahrung von Gnade gelesen werden. Damit Gnade sich ereignen kann, braucht es das Gesetz. Es formuliert eine Grenze. Das Gesetz hat sowohl schützenden als auch ausschließenden Charakter. Gesetz und Evangelium sind nicht durch ein Entweder-Oder verbunden, sondern stehen in einer wechselseitigen Abhängigkeit voneinander.
In der pastoralpsychologischen Supervision bezieht man sich auf die *symbolische Tradition des Christentums*. Pastoren reflektieren ihre Erfahrungen in biblischen Metaphern. Wenn das in einer Sitzung im „richtigen" Moment geschieht, hat das eine Wirkung: Dann wird Theologie praktisch, körperlich, sinnlich wahrnehmbar. Etwa, als eine Pastorin spürte, dass ihre volltönende Verkündigung ihren eigenen Zweifel, ihr Misstrauen, ihre Bedürftigkeit und Angst übersprungen hatte. Ihr fiel dann derjenige ein, der zu Jesus sagte: „Ich glaube. Hilf meinem Unglauben." Ein Mensch. Wie sie. Ein solches Geschehen in der Gruppe ist nicht machbar. Es hat eine katalysatorische Wirkung im Hinblick auf den persönlichen Glauben und im Hinblick auf die Wahrnehmung der beruflichen Rolle.

3. Aspekte kirchlicher Organisationskultur

Das Konzept der *Organisationsanalyse* und ihrer Kultur (Beumer 2001) beruht auf der Erkenntnis, dass Organisationen nicht nur ein formales Regelwerk von Systemen, Rollen, Aufgaben und technischen Vorgaben sind. Parallel dazu entwickelt sich ein informelles Muster gemeinsamer Werte und Grundannahmen. Der ethno-psychoanalytische Blick hat Aufmerksamkeit dafür geweckt, auf welche Weise Abwehrbewegungen einzelner von der Institution abgestützt werden und wie damit Angst bewältigt wird.

Die *Organisationskultur* besteht aus den Normen, Gebräuchen, Stimmungen, Emotionen. Sie sind der latente Teil der Organisation und finden ihren Ausdruck in symbolischen Repräsentationen wie Ritualen, Redeweisen, Gründungsmythen, Gegenständen, Beziehungsweisen und Raumgestaltungen. Die Beziehung zwischen Personen und der Organisation ist hochkomplex und in sich widersprüchlich: Die Organisation kann für die Person Objekt und Selbstobjekt sein. Die Beziehung kann als Kollusion beschrieben werden etc. Individuen sind in dieser Perspektive nicht nur für sich zu betrachten, sondern als Träger der Organisationskultur. Anpassungs- und Abwehrmechanismen sorgen dafür, dass durch Zugehörigkeit die Angst vor Verlassenwerden, vor Bedeutungslosigkeit, Trennung und Tod im Zaum gehalten wird.

Die Organisationskultur ist nicht einheitlich. Wie bei einem lebendigen Organismus enthält sie unterschiedliche Subkulturen und verändert sich entsprechend ihrer Geschichte und Umwelt.

In Leitbildern, Logos etc. siedeln sich Inhalte an, die eher Ansprüche und Vorhaben formulieren. Sie stehen oft spiegelverkehrt zu dem, was tatsächlich geschieht. Damit erklärt sich vielleicht die Erfahrung, dass gut gemeinte Botschaften bisweilen wenig überzeugend sind. Das Unbewusste teilt sich mit, auch, wenn das nicht bewusst so wahrgenommen wird.

In einer Kirchengemeinde gibt es keine deutliche Unterscheidung von beruflichen und persönlichen Beziehungen, keine Abgrenzung zwischen Zeiten der Arbeit und der Freizeit. Das innere Bild, das die Beteiligten von ihrem sozialen Gefüge haben, ist das einer Familie. Dieses Selbstmissverständnis wird enttäuscht, wenn deutlich wird: Auch der Pastor hat eigene Interessen; er ist nicht unbegrenzt verständnisvoll oder verfügbar. Oder es muss jemand entlassen werden. Dies erscheint den Betroffenen nicht nur als Bedrohung ihres beruflichen Weges, sondern als persönlicher Verrat. Fragen der Wertschätzung und der Kränkung sind zentral. Es überwiegen defensive Handlungsstrategien.

Der Pastorenberuf ist der Schlüsselberuf in der Kirche. Er ist Berufung. Honorierung von Leistungen, Formulierung von Ansprüchen sind etwas Fremdes. Konflikte werden verdeckt. Leitung erscheint als überflüssig oder bedrohlich. Eigeninteressen, Aggressionen und Machtkämpfe werden nicht offen ausgelebt, sind aber zuweilen sehr zäh. Ein unbefangener Umgang mit den Ambivalenzen des menschlichen Lebens, das Aushandeln von Interessen werden so erschwert.

Diese Wertungen sind selten bewusst. Sie treten erst in der Supervision hervor. Sie sind keine individuellen Phänomene, sondern eine Legierung aus latenten individuellen und institutionellen Themen (Schülein 1997). Immer, wenn Ambitionen ausgeschlossen werden – und das Ausgeschlossene ist das Unbewusste – sind sie unterschwellig aber besonders wirksam. Das, was vermieden werden soll, stellt sich so gerade her. Psychoanalytische Supervision kann dazu beitragen, diesen Teufelskreis zu durchbrechen. Sie muss mit Widerständen rechnen, denn in der beschriebenen Grundmatrix sind Grenzziehungen nicht erwünscht. Sie frustrieren das Bedürfnis nach Nähe und Übereinstimmung, nach Verfügbarkeit und Idealisierung. Aus supervisorischer Perspektive sind sie das Ende einer Täuschung und der Beginn zuverlässigerer Beziehungen und Netzwerke. Aber das kann erst im Nachhinein so gesehen werden.

3.1 Fallbeispiele

3.1.1 In der pastoralen Praxis kommt es zu Situationen, die durch strukturelle Widersprüche und durch Faktoren der Organisationskultur geprägt sind; sie fühlen sich an wie persönliche Dilemmata und können bei Einzelnen zu enormen Belastungen führen.

Eine Pastorin erzählt in einer Supervisionssitzung, dass sie vor einigen Jahren einen Küster eingestellt hatte, der dem Arbeitsleben nicht mehr gewachsen gewesen war. Er neigte dem Alkohol zu und drohte „abzustürzen". Sie wollte ihm mit der Arbeit eine Chance geben. Was gut begann, endete in einer Katastrophe: Aufgrund einer persönlichen Krise griff er wieder zum Alkohol, kam seiner Arbeit nicht mehr nach und wurde mehr und mehr zu einer Belastung für alle Mitarbeitenden: Man musste nicht nur seine Arbeit mittun, sondern auch fürsorglich und kontrollierend eingreifen, um das Schlimmste zu verhindern. Nun hatte sich die Situation so zugespitzt, dass mitten in der Gemeinde ein Mensch lebte, der verwahrloste, der abgestoßen wurde, der daraufhin ausfällig wurde und für sich und andere eine Bedrohung darstellte. Die Pastorin fühlt sich in einer Klemme und hat ein bedrängendes Schuldgefühl.

Die Resonanz in der Gruppe: Entsetzen, Mitgefühl mit der Pastorin, Ärger über den Küster bis hin zu Racheimpulsen: Der hat seine Chance verspielt! In den Gegenübertragungsreaktionen kommt zum Vorschein, was die Pastorin sich verboten hatte: Enttäuscht und wütend zu sein. Sie erlebt einen Konflikt zwischen fürsorglichen und aggressiven Impulsen. Ein Gruppenmitglied kann sich mit dem Küster identifizieren: Er fühlt sich von „Mutter Kirche" nicht ernst genommen. Man kann sich hängen lassen, und es passiert gar nichts. So wird man von ihr hängengelassen! Jetzt fällt auf: Schon bei der Einstellung hatte die Pastorin aus ihrem fürsorglichen Impuls heraus nicht so genau hingesehen, hatte dem Küster etwas abgenommen anstatt ihn als Arbeitgeberin in die Verantwortung zu nehmen. Jetzt droht dem Küster eben der Absturz, den sie hatte verhindern wollen, und in der Gemeinde ist der Schaden groß.

In dieser Situation geht es drum, herauszufinden, wie weiterer Schaden begrenzt werden kann. Ihre beiden Rollen – Seelsorge- bzw. Arbeitgeberrolle – lähmen sich wechselseitig. Die Konzentration auf die *primäre Aufgabe* der Pastorin ist in der Situation eine unverzichtbare Unterstützung. Sie muss sich entscheiden und in diesem Fall die seelsorgerliche Aufgabe an eine andere Person delegieren. An diesem Punkt merkt sie, wie groß die Angst wird, wenn sie sich vorstellt, tätig zu werden, als „böse" dazustehen. Sie hatte in der Vorstellung gelebt, „unschuldig" bleiben zu können. Ihr Handeln wird rückblickend als Abwehr dieser Angst verständlich, eine psychosoziale Abwehr, die nicht bemerkt wird, weil sie Teil der Organisationskultur ist.

3.1.2 Ein Krankenhausseelsorger erzählt hocherregt von einer schwierigen Situation: Eine Patientin, mit der er einige Gespräche geführt hat und zu der er nicht in emotionalen Kontakt kommen kann (er fühlt sich wie tot), terrorisiert inzwischen eine ganze Station. Alle haben Angst vor ihr. Auch der Pastor fühlt sich von ihr benutzt, missbraucht. Aber sie tut ihm leid. Die Schwestern erwarten offenkundig von ihm, dass er die Patientin „bessert" und dass er dem Personal beisteht. Als er eine Supervision für die Station vorschlägt, blitzt er ab.

Die erste Resonanz der Supervisionsgruppe ist abwehrend, aggressiv, moralisch: Unmöglich, wie die sich verhält! Später kann der Blick auf die Patientin gelenkt werden. Die Einfühlung in Menschen mit psychotischen Konfliktverarbeitungsmustern ist schwer, weil deren Kontakt zu den eigenen Gefühlen abgeschnitten ist. Was die Patientin mit andern tut, muss in ähnlicher Weise spiegelverkehrt einmal mit ihr geschehen sein ... Die Stimmung in der Gruppe entspannt sich. Der Seelsorger versteht, dass sein „Nicht-in-Kontakt-Kommen" nicht seine Unfähigkeit war, sondern Anzeichen für die seelische Not der Patientin. Er kann ihr nicht helfen. Es wäre viel, wenn er sie einmal aushalten würde, ohne sie innerlich abzulehnen.

Nachdem etwas verstanden worden ist, wird ein Vorgehen denkbar, das nicht von Racheimpulsen, also durch die Abwehr, geleitet ist: Seine seelsorgerliche Haltung könnte von Verständnis und Abgrenzung gleichermaßen geprägt sein. Verändern kann er die Frau nicht! Und er kann auch der Station nicht ihr Problem abnehmen. Seine Idee einer gemeinsamen Supervision war sehr angemessen; den Widerstand der Schwestern dagegen kann er leider nur geringfügig beeinflussen. Es könnte aber sein, dass seine veränderte Haltung eine Ausstrahlung hat.

Erst jetzt erzählt der Pastor, dass er fast immer unter großem Druck steht. Ihm fällt auf, dass er meistens mit gesenktem Blick durch das Krankenhaus läuft, um bloß nicht angesprochen zu werden. Es kommt zum Vorschein, dass seine Stelle im Krankenhaus um die Hälfte reduziert worden ist. Er hatte gemeint, die institutionelle Veränderung durch persönliche Anstrengung ausgleichen zu müssen.

Die Supervisorin würde sich schuldig machen, wenn sie dieser Individualisierung folgen würde. Deuten kann eine Form des Agierens der institutionellen Abwehr sein.

Am Ende hat der Pastor die Idee, dass seine Aufgabe sein wird, die Bedingungen seiner Arbeit im Gespräch mit seiner Dienstvorgesetzten und der Krankenhausleitung so zu verändern, dass darin gute Arbeit getan werden kann. Sollte das nicht weiter führen, wird er sich in einer ungeklärten Situation so zurechtfinden müssen, dass es ihn nicht mehr verzehrt.

4. Konsequenzen für die Weiterentwicklung der Pastoralpsychologie: Die Einbeziehung der institutionellen Bedingungen in den Supervisionsprozess

Ich bin durch derartige Erfahrungen aufmerksam dafür geworden, wie sehr institutionelle Probleme von einzelnen Personen ausgetragen werden. Es scheint mir hier um eine Form der institutionellen Abwehr zu gehen: Die Institution entledigt sich eines Problems durch Verschiebung auf einzelne. Durch einen unbewussten identifikatorischen Vorgang verbinden sich Personen mit dieser Verschiebung. Das Problem wird nun als persönliches wahrgenommen: „Ich genüge nicht."
Institutionelle Probleme sollten als solche erkannt und nicht als individuelle behandelt werden. Sie sind nur unter Rückbezug auf die institutionelle Ebene bearbeitbar.
Wird der Blick in der Supervision auf das Individuelle oder auf persönliche Beziehungen reduziert, so ist das die Verdopplung einer Abwehrstruktur, die in der Institution wirksam ist. Damit wird das Problem verschärft, das bearbeitet werden sollte.
Es wird die Illusion genährt, dass die eigene Anstrengung die Situation verändern kann, eine Illusion, die auch Pastorinnen haben, wenn sie durch eigene Anstrengungen die Krise der Kirche abwenden wollen. Diese Verdopplung der Abwehr kann nur aufgelöst werden, wenn die Supervisorin einen Blick hat auf Strukturen und Organisationskulturen und wenn sie ihre eigene institutionelle Einbindung und Verwicklung reflektiert. Nur dann ist sie ihrem Mitagieren nicht ausgeliefert.
Pastoralpsychologen teilen mit ihren Supervisandinnen die gleiche Organisationskultur: Kirche. Sie achten aber darauf, dass es in der Supervision keine institutionellen Abhängigkeiten gibt. Die Unterscheidung zwischen Supervision und Beratung – Fokussierung auf Rolle oder Person – setzt sich im Selbstverständnis langsam durch. In der Supervisionspraxis gibt es noch eine Neigung, den Blick auf individuelle Prozesse zu beschränken und institutionelle Konflikte als persönliche Beziehungskonflikte zu behandeln. Das wird aus der Geschichte der Pastoralpsychologie verständlich: Sie ist aus seelsorgerischer und beratender Tätigkeit hervorgegangen. Sie ist als kritische Bewegung im Gegenüber zu einer nur theologisch begründeten Seelsorgetheorie entstanden und hat sozialwissenschaftliche Ansätze integriert. Diese Geschichte tut unbewusst eine Wirkung. Die Kritik an der Kirche ist eine Quelle vieler Veränderungen gewesen – jedoch mit dem Affekt verbunden, mit Leitung, mit Strukturen und institutionellen Bedingungen möglichst wenig in Kontakt kommen zu wollen.
M.E. liegt dem ein inneres Bild, auch eine Realerfahrung, mit Leitung zugrunde, die etwas Herrschaftliches hat. Dagegen erhebt sich berechtigter Widerstand. Leitung als Gestaltungsmacht ist in der Kirche aber dringend nötig – eine *andere Form der Leitung* allerdings: Eine, die für gute Strukturen sorgt, die überzeugende Ziele setzt, die mit viel Beteiligung die Organisation weiter entwickelt, die Entscheidungen trifft und unvermeidbare Schuld auf sich nimmt, die das Ganze im Auge hat, strukturelle Dilemmata angeht und nicht nur partielle Interessen vertritt.
Leitung wird in der Kirche häufig nicht wahrgenommen, aus Angst davor, Macht auszuüben. Darunter leiden viele Mitarbeitende. Psychoanalytische Supervision

kann dazu beitragen, dass Leitungsverantwortung übernommen werden kann und dass die Organisationskultur sich weiter entwickelt.

Supervision ist selbst eine Institution. Als solche bleibt sie vielfach unbewusst. Dass *ich* darauf stoße, liegt wiederum in meiner Rolle begründet: Ich habe die Aufgabe, Supervision im institutionellen Kontext von Personalentwicklung und Organisationsentwicklung in der Kirche zu positionieren. Dabei habe ich es mit Widerständen von der einen wie von der anderen Seite zu tun. Es wird zukünftig darum gehen, Strukturen zu entwickeln, in denen die psychoanalytische Supervision einen Platz hat und parallel und im Kontakt zu anderen Verfahren ihre reflexive Funktion entfalten kann.

Dazu ist es nötig, kreativ und situationsgerecht in konkreten Veränderungsprozessen settings zu erfinden, in denen innere und äußere Realität miteinander in Kontakt kommen, in denen Menschen in Dialog treten und Turbulenzen gehalten werden können, so dass Strukturen und seelische Prozesse vermittelt werden.

Es geht darum, in einem Kontext, der momentan von Erfolgs- und Lösungsorientierung dominiert wird, dafür Sorge zu tragen, dass die Spannung zwischen Individuum und Organisation, zwischen Machbarem und Nichtmachbarem, zwischen Problem- und Lösungsorientierung nicht zerschnitten, sondern gehalten und gestaltet werden kann. Denn Nachhaltigkeit entsteht erst, wenn Menschen und Organisationen sich beide im Kontakt miteinander verändern.

Literatur

Becker, Hans-Jörg (1995): Psychoanalytische Teamsupervision, Göttingen/Zürich.

Bion, Wilfred R. (1971): Erfahrungen in Gruppen, Stuttgart.

– (1992): Lernen durch Erfahrung, Frankfurt a.M.

Buchinger, Kurt (1998): Supervision in Organisationen, Kempten.

Fairbairn, Ronald W.D. (2000): Das Selbst und die inneren Objektbeziehungen, Gießen.

Haubl, Rudolf u.a. (Hg.) (2005): Gruppenanalytische Supervision und Organisationsberatung, Gießen.

Klüwer, Rolf (1983): Agieren und Mitagieren, in : Hoffmann, Sven O. (Hg.): Deutung und Beziehung, Hamburg.

Lazar, Ross A. (1990): Supervision ist unmöglich: Bions Modell des „Container-Contained", in: Pühl, Harald: Handbuch der Supervision, Berlin, 371.

Lohmer, Mathias (Hg.) (2000): Psychodynamische Organisationsberatung, Stuttgart.

Lorenzer, Alfred (1970): Kritik des psychoanalytischen Symbolbegriffes, Frankfurt a.M.

Luckmann, Thomas (1991): Die unsichtbare Religion, Frankfurt a.M.

Mentzos, Stavros (1990): Interpersonale und institutionalisierte Abwehr, Frankfurt a.M.

Oberhoff, Bernd / Beumer, Ulrich (Hg.) (2001): Theorie und Praxis psychoanalytischer Supervision, Münster.

Pühl, Harald (Hg.) (1996): Supervision in Institutionen, Frankfurt a.M.

Rappe-Giesecke, Kornelia (1990): Theorie und Praxis der Gruppen- und Teamsupervision, Berlin.

Schülein, Johann August (1996): Der Institutionsbegriff und seine praktische Relevanz, in: Pühl, Supervision, 151–173.

Weimer, Martin (2001): Die Seelsorgerolle als offenes System, in: Pastoralth 90, 2–16.

Wellendorf, Franz (1996), Überlegungen zum Unbewussten in Institutionen, in: Pühl, Supervision, 173–187.

Winnicott, Donald W. (1974): Reifungsprozesse und fördernde Umwelt, München.

Verstehen wir Gewalt – verstehen wir das Böse?

Horst Kämpfer

1. Einleitung

Eine verstehen wollende Seelsorge reagiert mit ihrer Theorie und Praxis stets auch auf die Veränderungen des Menschen in einer sich verändernden Gesellschaft. Dabei hat sie nicht nur die human- und sozialwissenschaftlichen Erkenntnisse zu berücksichtigen, sondern muss sich auch philosophisch und theologisch stets neu positionieren. Ein uraltes Thema ist nun, da es sich wieder mal in einer neuen Verkleidung zeigt, zur Herausforderung für die denkende Welt geworden. Selbstmordattentate, Terrorismus, Amokläufe und erbarmungslose Gewalt in Schulen unter Kindern sind nicht wirklich neue Phänomene; sie rücken lediglich, da sie in Gestalt und Ausdruck neuzeitlich sind, erneut in unser Blickfeld.

Solange es Menschen gibt, gibt es Veränderungen und Einbrüche im Leben, die als leichte oder schwere Katastrophen erlebt wurden und werden. Wenn es im menschlichen Leben kleine oder große katastrophische Momente gibt, also solche, die die in Zeit und Raum geordneten Lebenszusammenhänge zu sprengen drohen, so wird nach Seelsorge, Beratung oder Therapie gefragt: Kirchlich traditionell also, wenn ein Kind zur Welt kommt (Taufe), wenn es seine Schritte in größere soziale Zusammenhänge macht (Einschulung), wenn die Kommunikation zwischen den Generationen zu entgleisen droht (Erziehungsberatung), wenn der/die Jugendliche sich loslöst aus dem Familienraum (Konfirmation), wenn es darum geht, neue Beziehungsverhältnisse zu gestalten (Trauung), wenn vergangene und gegenwärtige Lebensgeschichte in Krisen führt (Ehe- und Lebensberatung), wenn Krankheit zu bewältigen oder zu integrieren ist (Besuche und Klinikseelsorge) oder wenn Alter und Tod der Zeitlichkeit und dem Überlebenswunsch Grenzen aufzeigen (Beerdigung).

Zu diesen traditionellen Formen der Seelsorge ist, gleichsam als Reaktion auf unvorhergesehene „gewaltige" Einbrüche und Belastungen, neuerdings die Notfallseelsorge hinzugekommen. Die Notfallseelsorge reagiert auf die seelischen Erschütterungen, die durch den plötzlichen Einbruch von Gewalt durch Unfälle, Naturkatastrophen oder menschliche Gewaltausbrüche, wie z.B. einen Amoklauf in einer Schule, entstehen. Das *malum physicum*, also das durch Naturkatastrophen und Unglücke einbrechende „Böse", stellt die Seelsorge meist vor das Theodizeeproblem – das *malum morale*, also das von Menschen verursachte „Böse", vor das Problem der Geschöpflichkeit und der Gottebenbildlichkeit des Menschen.[1] In der Vorstellung der Menschen zieht das *malum physicum* häufig das *malum morale* nach sich und zeigt sich dann in der Frage: Womit habe ich das

---

[1]   Ich verwende im Folgenden für die lebensfeindliche, zerstörerische Gewalt, in welcher Form sie auch immer auftritt, auch den Begriff „das Böse". In der Regel geht es dabei um Gewaltformen, welche die herkömmlichen Verstehenshorizonte überschreiten.

verdient? Als gäbe es eine Ahnung von dem Bösen, ein Gespür für den Schatten des Dämons, der vorüberging oder sich für einen Moment in der Seele ausgebreitet hatte – ich habe es möglicherweise verdient, habe Grenzen der personalen, der sozialen oder der religiösen Ordnung verletzt, bin gewissermaßen übergetreten, übergetrampelt, ohne es bewusst zu wissen. Durch den menschlichen Eingriff in die Natur verwischen sich allerdings diese Grenzen abermals, wenn nämlich der Zugang zur Kenntnis eröffnet ist, dass so manche Naturkatastrophe von Menschen gemacht ist.[2] Die menschliche Gewalt hat gleichsam den sozialen Raum überschritten, ist globalisiert und kehrt sich nun gegen den Menschen zurück.

In diesem Vorgang ist etwas Grundlegendes zur Gewalt beschrieben: Gewalt ist ein Angriff auf Grenzen; auf physische Grenzen, auf geistige und psychische Grenzen. Die Naturgewalten sprengen die schützenden Umgrenzungen, Häuser, Mauern und Dämme, und greifen infolge die Körper, die Seele und den verstehen wollenden Geist an. Ebenso geschieht es durch die „Menschgewalten": Sie brechen ein, verletzen den Körper, durchstechen diese Halt gebende Hülle und sprengen die geistigen und seelischen Verstehensräume.

Alle, die Gewalt erfahren und erfahren haben, können diese Erfahrung der Verletzung ihrer körperlichen, seelischen und sozialen Grenzen, so ihnen Sprache zur Verfügung steht, beschreiben; sie können von Schmerz, von Ohnmacht, von Verzweiflung, von Verlassenheit, von Wut, von Schuldfragen gegen sich selbst und andere und von Rachephantasien erzählen. Sie versuchen allerdings auch zu verstehen, warum ihnen das geschehen ist, denn das Unverstehbare verstärkt die traumatisierende Wirkung. Und die, die Gewalt ausüben, erzählen gern von ähnlichen Erfahrungen, um sich selbst für ihre Untaten zu rechtfertigen: Weil ich als Kind geschlagen worden bin, habe ich das Recht, selbst auch zu schlagen. Sie verweisen damit auf einen Gewaltkreislauf; sicher, um sich auch von Schuld zu befreien und um der Lust der Gewaltausübung frönen zu können, denn es gibt gerade bei Tätern neben den Gefühlen von Angst und Schuld auch das Gefühl der Lust und der Allmacht. Bevor Gewalt geschieht, ist also immer schon Gewalt geschehen. Das Böse ist aus dem menschlichen Leben nicht wegzudenken. Insofern bleibt es eine infinite, progressive Aufgabe von Theologie, Philosophie, Human- und Sozialwissenschaften, den geistigen, sozialen und psychischen Wurzeln des Bösen nachzuspüren, um für eine Seelsorge mit Opfern wie mit Tätern ein wenig besser vorbereitet zu sein.

2. Sozial-anthropologische Grundlagen

Die Genesis konfrontiert uns mit zwei Gewaltgeschichten: Kains Brudermord und die Sintflutgeschichte. Beide sind Beziehungsgeschichten, gleichsam mythologische Familiengeschichten. Wir erfahren in der Geschichte über die „Kleinfamilie" Eva, Gott, Kain und Abel, dass projektive Vorgänge, Entwertung, Neid, Miss-

---

[2]   Vgl. Klaus Kießling, Ich mache das Licht und erschaffe die Finsternis – Versuche zu Psychologie und Theologie des Bösen, in: WzM 55 (2003), 280–299.

achtung, mangelnde intersubjektive Anerkennung durch die Eltern eine gefährliche Dynamik in Gang setzen kann (nicht muss), die schließlich zu einem Mord führt (vgl. Gen. 4,1–24). Und wir erfahren in der Geschichte der Flut, wie die generative Vermischung, oder auch die Anmaßung, göttlich zu sein, die Grenzverwischung zwischen Himmel und Erde, zu einer seelischen Überflutung unglaublichen Ausmaßes führt, die man allenfalls mit Hilfe klarer, letztlich wiederum von den Eltern gegebener Strukturen – im Sinne einer Arche – überleben kann. Hier geht es zunächst nur um die durch Beziehung entstehende Struktur, gewissermaßen um die Vermessung des inneren Raumes, gleich einer Bauanleitung, die zugleich den Bezug zur umgebenden Welt beinhaltet. Welche Ethik diese Struktur hervorbringen mag, bleibt offen (vgl. Gen. 6,7 und 8).[3] Beide Geschichten verleiten zu der Annahme, dass der Mensch in Gedanken und Taten böse ist, von Jugend oder auch von Geburt an (Gen. 8,21).[4] Das hat auch in der psychoanalytischen Theorie die Idee eines von Geburt an von zunächst unbeherrschbaren Trieben bestimmten Wesens befördert, dem die Kultur Moral und Gewissen anerziehen oder gar eintrichtern muss, um es zu sozialisieren. Gelingt das den Eltern, dem Kindergarten, der Schule oder der Kirche nicht, dann brechen eben jene urwüchsigen Kräfte durch und es kommt zu den unterschiedlichsten Formen der Gewalt und Zerstörung gegen sich selbst und andere. Das Versagen der Eltern und/oder der anderen kulturellen Einrichtungen wird dabei gern als passiver Akt beschrieben, so als sei man leider gegen die Triebstärke oder auch das Böse des Babys oder Kindes nicht angekommen, und dafür könne man nun wirklich nichts, so dass es zu einer Entschuldung der Elterngeneration kommt. Es mag sein, dass auch ein Taufverständnis, das davon ausgeht, dass der „alte Adam" erst ersäuft werden muss, bevor die neue Kreatur entstehen kann, einer ähnlichen Anthropologie aufsitzt.

Wie eine Reaktionsbildung auf diese theoretischen (und volkstümlich sehr verbreiteten) Überlegungen erscheinen dann jene Theorien, die in einem etwas einseitig verstandenen Rousseauismus vom unschuldigen Kind ausgehen, das durch die Eltern und die Kultur erst verdorben wird. Hier liegt das Böse eindeutig bei den Eltern, der Kultur und der Gesellschaft. Eine Schuld, die von den Erwachsenen schwer zu ertragen ist. Daher neigen alle im Lebenslauf auftauchenden kulturellen Institutionen (Kindergarten, Schule, Therapeuten, Kirche, Jugendamt u.a.m.) dazu, sich zu entschulden, indem sie sich gegenseitig die Schuld zuschieben. Das reine Geschöpf Kind prallt mit den Verderbnissen der Welt zusammen und wird dabei affiziert, kontaminiert und schließlich böse und gewalttätig. Interessant ist bei den beiden hier sicher extrem formulierten Ansätzen, dass sie

---

[3]   Horst Kämpfer, Mit Symbolen leben, in: Welt des Kindes 58 (1980), 427–437.

[4]   Die „Bibel in gerechter Sprache" merkt hierzu gleichsam gegen ein Missverständnis der Interpretationsgeschichte an: „Böse ist nicht das menschliche Herz, nicht einmal seine Planungen/Gedanken (‚Dichten und Trachten'), wohl aber seine Verwirklichungen/Realisierungen, das, was dabei letztlich herauskommt" (2006, 2280). Dieser Hinweis einer neuen Sicht theologischer Anthropologie (Schöpfungstheologie) löst das Problem letztlich nicht. Natürlich erkennt man „sie an ihren Werken". Aber ab wann in der Entwicklung und bei welchen Realisierungen kann man von böse sprechen? Und andererseits ist theologisch ernst zu nehmen, dass Jesus deutliche Hinweise dahingehend gibt, dass die Probleme mit dem Denken anfangen.

glauben, Ursache und damit auch Schuld für zerstörerische Gewalt ausmachen zu können. Und diese „heiße Kartoffel" Schuld wirft man ganz schnell in die Hände des oder der Anderen. Hier liegt eine bedeutsame Erschwernis des Themas: Nicht nur die Schuld, sondern das Böse selbst (z.B. die motivlose Gewalt) als Phänomen, also als das, was einem erscheint und das man, ohne ein Urteil gefällt zu haben, vor sich hinstellt, ist kaum zu ertragen. Man sucht schnell nach einer Erklärung, Ursache, Begründung, Schuld, so als sei das Böse durch Zuschreibung, Sprache, Herleitungen zumindest fassbar, vielleicht sogar kontrollierbar: Das schlechte Elternhaus, Mobbing im Kindergarten, die entsetzlichen Videospiele, die Unaufmerksamkeit des Jugendamtes und anderes mehr. Und die einen rufen dann nach Konsequenz in der Erziehung und nach Grenzen, die anderen nach liebevollem, raumgebendem Verstehen und die dritten nach mehr staatlicher Kontrolle. Man will etwas in den Griff bekommen, was möglicherweise nicht in den Griff zu bekommen ist.

Gibt es also einen Beschreibungsansatz, der versucht, jenseits der Projektionen und Zuschreibungen seinen Ausgangspunkt zu finden und damit vielleicht nicht so sehr unter dem Druck steht, etwas in den Griff bekommen zu müssen? In Philosophie, Pädagogik und Psychoanalyse bezieht man sich immer mehr auf die grundlegende Intersubjektivität des Menschen. In den Beziehungen entwickeln sich jene Kräfte, die schließlich in Gewalt umschlagen und somit die Beziehungen selbst angreifen. Auch bei diesem Denken kommt man nicht umhin, ein gewisses „Potential" anzunehmen, das sich schließlich intersubjektiv in den Beziehungen entwickelt. Wie ist dieses Potential zu beschreiben?

Dem Menschen ist die Möglichkeit gegeben, sich zu sich selbst in ein Verhältnis zu setzen. Das Naschen vom Baum der Erkenntnis ermöglicht dem Menschen eine Ahnung von seiner Sterblichkeit, von seinen erotischen und aggressiven Kräften und von seiner Freiheit. „Das Todesbewusstsein hat denselben Ursprung wie die Freiheit und das Böse. Wäre der Mensch nur getrieben von Neigungen, Wünschen oder Begierden, er vermöchte keine Stellung zu sich selbst einzunehmen. Das moralische Urteil über sein Tun fände keinen Anhaltspunkt. Die Frage der Schuld und der Verantwortung stellte sich gar nicht. Würde er lediglich aus seinem Zentrum heraus agieren, so bliebe ihm nicht nur die Todesangst erspart, er wäre auch der Freiheit zum Töten ledig" (Sofsky 2002, 13).[5]

Wie im Zitat schon angedeutet, sieht Sofsky einen Zusammenhang zwischen Todesangst, Überlebenswunsch und Töten. Es ist der Körper, der letztlich jeden Überlebenswunsch an seine Grenzen bringt. Vielfach wird ja versucht, etwa in den Extremsportarten, sich zu beweisen, dass der Körper, der eigentliche Gegner aller Unsterblichkeitsphantasien, ungeahnte Kräfte des Überlebens besitzt. Obwohl die Falte im Gesicht, die Krankheit oder der Schmerz Vorboten der Endlichkeit des Körpers sind, ist die Radikalität des Endes kaum zu denken. Es sind infolge die unterschiedlichen Formen der Angstüberwindung, die die unterschiedlichen Menschen in unterschiedlicher Weise faszinieren: Der Märtyrer wie der Held begeis-

---

[5] Ich beziehe mich hier auf Wolfgang Sofsky, Zeiten des Schreckens. Amok, Terror, Krieg, Frankfurt 2002.

tern durch ihre mangelnde Angst vor dem Tod. Die Lust an den Opfern gründet sich in der Tatsache, dass der andere Körper zerrissen oder durchstoßen wird, der eigene hingegen, jedenfalls diesmal, heil geblieben ist. Hierin liegt ein wesentliches Motiv für die Faszination an der Gewalt; eine Faszination, die ebenso von Gewaltspielen am PC oder Gewaltfilmen, von Informationen über Gewalt in den Medien, von Gewaltherrschern, vom Miterleben der Gewalt auf dem Schulhof oder schlicht von sich wechselseitig anstachelnden Erzählungen über Gewalt ausgeht. „Auch die Angstlust ist eine Wollust" (Sofsky 2002, 15). Man ist davongekommen, es hat die anderen getroffen, man hat überlebt – gerade noch mal gut gegangen. „Jeder Tote ist also ein Überlebter", sagt Elias Canetti.[6] Eignet man sich nun selbst jene Macht über Tod und Leben an, die allein die Macht Gottes ist, so ist der Überlebensrausch auf seinem Höhepunkt. „Der Mensch will töten, um andere zu überleben. Er will nicht sterben, um von anderen nicht überlebt zu werden" (Canetti 2003, 296). „Die Sucht des Überlebens trägt die Potenz der Gewalt in sich. Das Böse entspringt der Freiheit, und es entspringt der Begierde des Menschen nach der Verewigung seiner selbst" (Sofsky 2002, 17/18).

Vor diesem Hintergrund erst wird die ungeheure Bedeutung der flehentlichen Bitte verstehbar: „Gott, lehre uns bedenken, dass wir sterben müssen, auf dass wir klug werden". Vielleicht im Sinne der psalmistischen Tradition formuliert Freud am Ende seiner Arbeit „Zeitgemäßes über Krieg und Tod": „Si vis vitam, para mortem". Und er übersetzt: „Wenn du das Leben aushalten willst, richte dich auf den Tod ein" (GW X, 355).[7] Denn erst die Anerkenntnis der Herrschaft des Todes könnte es ermöglichen, das uralte Tötungsverbot auch einhalten und das Recht über Leben und Tod bei Gott belassen zu können. Freud macht uns hier zunächst nicht allzu viel Hoffnung, denn „unser Unbewusstes ist gegen die Vorstellung des eigenen Todes ebenso unzugänglich, gegen den Fremden ebenso mordlustig, gegen die geliebte Person ebenso zwiespältig (ambivalent) wie der Mensch der Urzeit" (GW X, 354). Freud benennt gleichsam ergänzend zu Sofsky und Canetti den mächtigen Gegner in uns selbst, den es selbstreflexiv anzugehen gilt; und dies scheint besonders schwer in einem sozialen Umfeld, das den Krieg und die Gewalt als alltägliche Gegebenheit akzeptiert, zum Teil auch legitimiert oder eben verkaufstechnisch medial inszeniert hat. Man fragt sich, wie ein Kind, das fast täglich mit von unserer Gesellschaft bereitgestellten Videogewaltspielen sein eigenes Überleben inszeniert, indem es heldenhaft die Feinde oder einfach nur die Anderen zerschießt, zerschmettert oder zersägt, zu einem selbstreflexiven Modus finden und lernen kann, den Konflikt zwischen Tötungsimpuls und Tötungsverbot/Moral auszuhalten?

Eine Fallschilderung soll helfen, den Überlegungen einen empirischen Hintergrund zu geben.

Mike ist neun Jahre alt und darf nicht mehr alleine auf den Schulhof. Es genügt ein Blick eines anderen Kindes oder gar ein Schimpfwort und er wird gewissermaßen zu dem „Men-

---

[6]   Elias Canetti, Masse und Macht, Frankfurt [29]2003, 310.
[7]   Sigmund Freud, Zeitgemäßes über Krieg und Tod, GW X, Frankfurt 1969.

schen der Urzeit". Er schreit, tritt, schlägt grenzenlos auf die anderen ein, so dass es schon viele Verletzungen auf beiden Seiten gab. Für ihn wurde eigens ein Zivildienstleistender bestellt, der ihn in den Pausen begleitet; mit mäßigem Erfolg, denn es sind noch mehr Jungen auf dem Schulhof, die Mike in nichts nachstehen. Er selbst fühlt sich bei seinen Attacken völlig im Recht, denn die anderen haben ja geschaut, geschimpft, geschubst. Er scheint wie ein total wund gescheuerter Junge, dessen Überleben schon allein durch die Blicke der anderen gefährdet scheint. Er muss gleichsam siegen, sich als Überlebender erweisen, sonst ist er nicht.

Zu Hause, ob bei Vater oder Mutter, die getrennt leben, kann er keinen Befriedigungsaufschub oder gar ein Verbot ertragen – er beginnt sofort zu schreien und teilweise auch körperlich anzugreifen, bis die Nachbarn oder auch die Eltern in ihrer Hilflosigkeit den Notarzt oder die Polizei rufen. Nur diese äußere Autorität vermag eine Art von Erschrecken zu erzeugen, welches ihn für eine kurze Zeit beruhigt. Die Eltern haben ihr Kind zuvor nie geschlagen; aber in der letzten Zeit kommt es vor, dass sie ihn völlig verzweifelt, hilflos und ohnmächtig hart anfassen oder auch ohrfeigen, was die Situation nur weiter eskalieren lässt. Deutlicher als es vielleicht auf dem Schulhof sichtbar wird, geht es beiden Seiten darum zu überleben. Mike erlebt die Begrenzung wie ein ,nicht sein dürfen' und daher wie Vernichtung und die Eltern drücken hilflos weinend aus, dass sie es nicht mehr aushalten, nicht mehr können, am Ende ihrer Kräfte sind. Beide Seiten erleben, wie ihre Grenzen diffundiert und überschritten werden – sie üben Gewalt aus und erleben Gewalt. Aber sowohl das Kind als auch die Eltern haben, um sich selbst zu schützen, die Grenzen immer mehr nach außen verschoben. Die Eltern erweitern ihren Grenzbereich durch rechtzeitige Reglementierung, Konsequenz und die vielfältigsten Überzeugungsreden. Das Kind verschiebt die Grenzen nach außen durch Größenphantasien; es kann alles, es darf alles, es bläht sich gewissermaßen auf. Konfrontationen mit der Realität und ihren Grenzen, wie sie etwa durch die Schulaufgaben gegeben sind, sind kränkend und verletzend und werden vermieden.

Die Eltern überlegen, ob Mike nicht für eine Zeit in einer Psychiatrie untergebracht werden soll, so dass beide Seiten sich voneinander erholen könnten. In dieser so aussichtslosen Situation kann das auf beiden Seiten nur erahnte Gefühl der Schuld ein Hoffnungsschimmer sein. Aber: Beide Seiten werfen auch noch einander vor (natürlich nicht bewusst), dass sich die andere Seite ja nur zu ändern bräuchte und es würde alles gut. Es gibt keine Einfühlung mehr in den jeweils anderen, nur noch ein durch den anderen evoziertes Sich-selbst-ausgeliefert-sein, kein Halten durch den Anderen und infolge der inneren Überflutungen das Ausweiten der eigenen Grenzen und das Überschreiten der Grenzen der Anderen. Die Arche eines jeden besteht nur noch aus einer Planke, da die inneren Strukturen angegriffen sind.

Ich will die Fallschilderung hier zunächst unterbrechen und zu den sozial-anthropologischen Grundlagen zurückkehren: Die bisher geschilderten Gedanken haben ihren Ursprung in Plessners Ideen zur exzentrischen Positionalität des Menschen.[8] Diese Möglichkeit eines Selbstverhältnisses des Menschen ist wiederum an die Bedingung der Intersubjektivität gebunden.[9] Der Mensch erkennt sich durch die

---

[8]   Vgl. Peter Probst, Exzentrische Positionalität, in: Historisches Wörterbuch der Philosophie, Bd. 7, 1105/1106.

[9]   Die hier sehr verdichtete Darstellung lebensbegründender Intersubjektivität ist ausführlicher beschrieben in: Horst Kämpfer, Erziehung im ersten Lebensjahr. Eine Studie zur Intersubjektivität früher Beziehungen, Frankfurt 2006, bes. 85–170.

Andere/den Anderen (z.B. Mutter/Vater) und das Andere (z.B. Kultur, Sprache, Religion), was aber zu Beginn des Lebens wesentlich in der Anderen (Mutter) aufgehoben ist. Aber er erkennt sich nicht nur durch die Andere, er entwickelt sich auch durch die Andere. Nicht zuletzt nimmt die Andere Raum im Selbst ein oder anders ausgedrückt, das Selbst ist von der Anderen durchwoben: Von ihren Gerüchen, ihren Zärtlichkeiten, ihren postnatalen Depressionen oder Schmerzen, ihren unterschiedlichen Tönen, ihren Bewegungen und ihrer Sprache. Diese Akzente seien nur deshalb hervorgehoben, weil es unsere frühesten Wahrnehmungs- und Austauschformen sind. Mit der Milch (als Symbol für alles, was vom Baby aufgenommen wird) trinkt das Baby Mutter, es schluckt die Andere mit ihrer Liebe, ihrer Sexualität, ihrer Verzweiflung, ihrer Fürsorge, ihrer Lebensfreude, ihrem Hass, ihrer Empathie, ihrem Glauben, ihrem Verstehen und Nichtverstehen einschließlich der an allem daran bewussten, nicht bewussten oder auch unbewussten Anteile. Damit ist die Andere im eigenen Selbst eingezogen, repräsentiert. Zentral bei diesem Vorgang ist natürlich die Frage, ob denn zuvor das Baby im Inneren der Mutter Einzug gehalten hat. Hat dieses unverwechselbar eigene Lächeln, Weinen, Strampeln, Schauen, Greifen, Schlummern, Glucksen, Trinken, das so ganz Andere dieses Geschöpfes das Innere der Mutter erreichen können? Und hat sie, so erreicht, schließlich das Baby gestillt, gebadet, gecremt, beschmust, begrenzt, geschaukelt, gewärmt usw.? Diese hinreichend gut erreichte, haltende, verstehende und nicht verstehende Mutter wird eingeatmet, getrunken, introjiziert, verinnerlicht – so gibt es vom Anbeginn des Lebens die Andere im Eigenen. Eben dies ist die psychologische Bedingung der Möglichkeit, sich zu sich selbst in ein Verhältnis zu setzen, der psychologische Hintergrund für die exzentrische Positionalität.

Um an Sofsky und Canetti anzuknüpfen: Die Angst, dass man sterben könnte und viel mehr noch die Angst, dass dieses Kind sterben könnte, ist zunächst im Erwachsenen. Man weiß, dass die Kinder die bewusste wie unbewusste Angst der Eltern mittrinken.[10] Das bedeutet natürlich nicht, dass alle Angst von den Eltern in das Kind kommt, wenngleich die Fähigkeit, Angst bewusst wahrnehmen und aushalten zu können, in Beziehung erarbeitet wird. Die Möglichkeit, sich zu sich selbst in Beziehung zu setzen und die daraus resultierende Möglichkeit der Angst vor dem Tod sind daher sozial-anthropologische Gegebenheiten, die sich aus der Tatsache der intersubjektiven Verfasstheit des menschlichen Lebens ergeben.

3. Entwicklungspsychologische Gesichtspunkte (pastoralpsychologisch gewendet)

Vor dem Hintergrund der intersubjektiven Bedingtheit der Menschwerdung wird die Frage, ob denn das Kind von Natur aus böse ist oder ob die Kultur bzw. die Eltern das Böse erst an das Kind herantragen, obsolet. Hineingeboren in eine Welt,

---

[10] Vgl. Horst Kämpfer, Ängste von Kindern in unserer (atomaren) Welt, in: Theorie und Praxis der Sozialpädagogik, Jahrg. 89 (1982), 309–314.

in der die Sexualität, die liebevolle Sorge wie das Böse immer schon vorhanden sind, trinkt es mit dem ersten Schluck eben diese Welt. Der metaphorische Ausdruck des Trinkens verweist darauf, dass es sich bei den frühen Vorgängen der Verinnerlichung nicht um einen bewussten Vorgang handelt, weder auf der Seite des Kindes noch auf der Seite der Anderen. Zwar ist der Mutter bei ihrem verstehenden Halten, Tragen und Stillen, also ihrer affektiven Einstellung und Reaktion dem Kind gegenüber vieles vorbewusst oder auch bewusst, aber eben Anderes auch nicht bewusst oder unbewusst. Manche projektiven Entwürfe für das Kind sind bewusstseinsnah; eigene Ängste, Ambivalenzen, Wünsche, Phantasien, die das frühe Miteinander intensiv bestimmen, sind es häufig nicht.

Nehmen wir als Beispiel noch einmal den Anfang der Geschichte von Kain und Abel. Zunächst der Text nach Luther: „Und Adam erkannte sein Weib Eva und sie ward schwanger und gebar den Kain und sprach: Ich habe einen Mann gewonnen mit Hilfe des Herrn. Danach gebar sie Abel, seinen Bruder". Die Bibel in gerechter Sprache übersetzt: „Dann erkannte der Mensch als Mann die Eva, seine Frau; sie wurde schwanger, gebar den Kain und sprach: „Ich hab's gekonnt, einen Mann erworben – mit Adonaj. Da fuhr sie fort und gebar seinen Bruder, den Abel". Diese kurze Sequenz kann man auch als Szene aus einem Erstinterview oder einem Taufgespräch verstehen. Der Therapeut oder die Pastorin haben gefragt, wie sind die Kinder denn auf die Welt gekommen? Und so erzählt die Mutter. Wie soll man nun Evas Ausspruch verstehen? Bezieht sich der Satz auf Adam oder auf Kain? Beides ist denkbar. Die Geburt Kains macht sichtbar, dass sie sich mit Adam verbunden, ihn vielleicht gebunden und somit gewonnen oder erworben hat. Vielleicht drückt Eva aber auch aus, dass sie in ihrer Phantasie mit Gott zusammen einen Sohn, einen Mann erworben hat. Das wäre eine interessante ödipale Phantasie, nämlich mit dem Vater oder manchmal auch für den Vater ein Kind zu haben. Adam und sein aktiver Impuls blieben eher im Hintergrund – möglicherweise eine Entwertung des wirklichen Kindsvaters. Zugleich ist aber auch denkbar, dass Eva diesen Sohn für sich braucht, um sich als Könnende zu fühlen; vielleicht um Demütigungen auszugleichen – in der Übersetzung „ich hab's gekonnt" könnte so etwas mit anklingen. Sodann wird hier in der Phantasie die Generationendifferenz verwischt (ich habe einen Mann gewonnen) – ebenso die Differenz von Himmel und Erde (Eva und Gott). Welchen Gedanken man immer mehr zugeneigt sein mag: Kain ist ein besonderes Kind. Im Text erscheint der Bruder fast wie eine Nachgeburt. Kain ist von der Mutter und ihren Phantasien hoch besetzt. Wenn der „Vater" nun den Jüngeren, also Abel anscheinend oder auch wirklich vorzieht, kann der von Mutter so besetzte Kain es nicht ertragen und erschlägt den, den er erschlagen kann.

In dieser denkerischen Bewegung ist man leicht versucht, nun doch der überbesetzenden Mutter oder dem missachtenden Vater allein die Schuld für den Mord in die Schuhe zu schieben, um gleichsam ein entwicklungspsychologisches Datum zu haben. Doch die Geschichte zeigt ein weiteres: Der „Vater" spricht mit seinem älteren Sohn, macht ihn in einem Beratungs- oder Seelsorgegespräch auf die wahrzunehmenden Gefühle aufmerksam. In der Bibel in gerechter Sprache heißt es: „Warum brennt es in Dir? Warum entgleisten deine Gesichtszüge derart? Ist es nicht so: Wenn dir Gutes gelingt, schaust du stolz; wenn dir aber nichts Gutes gelingt, lauert die Sünde an der Tür. Auf dich richtet sich ihr Verlangen, doch du – du musst sie beherrschen" (Gen. 4.6f.). Der „Vater" versucht, dem Sohn etwas bewusst zu machen. Und es ist, als ob der Sohn zwar hört aber letztlich doch nicht hören kann. Vielleicht hat die Deutung Kain beschämt und seinen Zorn noch vergrößert; wer lässt sich schon gerne aufmerksam machen auf seine inneren Brände? Kain könnte es auch so erlebt haben, als ob ihm die Anerkennung noch einmal verweigert wird. Wie immer: Der Dialog ist entgleist, er ist für den „Vater" unerreichbar. Denn ohne Antwort geht er hin und erschlägt den Bruder.

Der mit mütterlichen Phantasien besetzte Kain – Phantasien, die uns letztlich niemals hinreichend bekannt sein können – kann den Vater als differenzierenden, begrenzenden, triangulierenden kaum ertragen. Das könnte damit zusammenhängen, dass schon die Phantasien der Mutter über dieses Kind, in welchen beide sich gebadet haben, nicht ganz realitätsgerecht waren. Durch die projektive Aufladung einerseits und die Angst vor einer Nähe zur Mutter, in der dieser Junge doch nur Selbstobjekt dieser Mutter bleiben würde, entsteht als Abwehr eine Größenphantasie. Kain ist schon von klein auf „der Mann". Hier mag sich ein Dialog ergeben haben, der Kain in seinem Großsein stets bestätigte, so dass er mehr und mehr die Überzeugung gewann, schon alles zu können, der Erste, der Größte, der Überlegene zu sein. Die Realität der Abhängigkeit, des Noch-nicht-Könnens oder der Differenz kann dann nur als verletzend oder kränkend erlebt werden. Eine Missachtung, ein falscher Blick schon gleicht einer Vernichtung dieses aufgeblähten, fragilen Kindes.[11]

Die im vorigen Abschnitt beschriebene Todesangst ist psychologisch gesehen eine Angst, nicht zu sein. Hatte Eva schon die Angst, nicht zu sein? Für den von Größenphantasien beherrschten Kain kommt die Nichtanerkennung einer Vernichtung gleich. Doch man beweist sich zu sein, indem man den Anderen nicht sein lässt – der Mord als triumphale Gewissheit, dass man überlebt.

Diese Dynamik findet sich auch in der Beschreibung von Mike. Schauen wir hier einen Moment in die Entwicklungsgeschichte, um zu prüfen, ob es ähnliche Voraussetzungen gab.

Mike ist das erste Kind eines jungen Paares. Die Mutter flüchtete in die Beziehung zu dem Mann, um von zu Hause wegzukommen. Ihre eigene Mutter hatte sich früh von ihrem Vater getrennt, der an einem Eifersuchtswahn litt und der sich nach der Trennung das Leben nahm. Trennung wie Tod müssen für die Tochter eine enorme Belastung gewesen sein, da sie die Prinzessin ihres Vaters war. Mit dem Stiefvater hatte sie ausschließlich Streit – verbale und auch körperliche Gewalt gehörten zum Alltag. In der Mutter fand sie keine Stütze.

Nach Mikes Geburt war die Mutter sehr schwach und musste viel im Bett liegen. Das führte

---

[11] Es ist kein Zufall, dass hier von Jungen gesprochen wird; denn gerade die nach außen gerichtete Gewalt, wie wir sie in der Öffentlichkeit wahrnehmen, die letztlich den Anderen vernichten will, geht fast ausschließlich von Jungen und von Männern aus. Die Anfänge der Grenzüberschreitung oder auch der realistischen Begrenzung, die akzeptiert werden kann, liegen in den frühen Interaktionserfahrungen und den internalisierten Interaktionsformen, also in den durch die Kultur geprägten familialen Verhältnissen.

dazu, dass sie – so ihre eigenen Worte – mit Mike das erste Lebensjahr im Bett verbracht hat. Die beiden waren ungetrennt. Mit dem Versuch, Mike danach an ein eigenes Bett und ein eigenes Zimmer zu gewöhnen, begannen die Schwierigkeiten. Allein gelassen, begrenzt, schrie er unaufhörlich – ein entsetzlicher Gewaltkreislauf beginnt, der, wie schon geschildert, bis in das jetzt zehnte Lebensjahr anhält.

Was mag die Mutter bewegt haben, Mike ein Jahr lang in dieser Weise an sich zu binden? Das „Ergebnis" kann uns einen Hinweis geben. In Mike ist eine Art Eifersuchtswahn entstanden; er kann es nicht ertragen, dass jemand mehr von seiner Mutter bekommt als er; sie ist sein Besitz und seine Sklavin. Omnipotent und großartig möchte er beständig das Leben und die Anderen kontrollieren und beherrschen. Und dabei entsteht ein Kampf auf Leben und Tod. So kann man durchaus den Gedanken wagen, ob sich die Mutter mit dem Sohn ihren Vater neu erschaffen hat. „Ich hab's gekonnt, habe mit diesem Jungen die schmerzliche Trennung von meinem Vater aufgehoben".

Mikes „Überlebensnot" ist auch im Kontakt zu mir zu erleben.

Unsere gemeinsamen Zeiten sind wesentlich von Regelspielen bestimmt, deren Regeln er allerdings beständig zu seinen Gunsten verändern muss, um auf keinen Fall zu verlieren. Verlieren ist für ihn wie verloren gehen, ein Nichts sein. Gegen diese Bedrohung werden immer neue Größenphantasien aufgerichtet, die zum Teil die gewaltsame Vernichtung des Gegners zum Inhalt haben. Dennoch gibt es auch Verlieren für ihn, wonach er mich gerne in gnadenloser Rache und Häme erwürgen und zerfetzen möchte.

Selten malt er etwas. Er ist Linkshänder und kann fast nur verkrampft kritzeln, sich auf einem Papier austoben. Es entstehen dann bizarre, spitze und kantige Formen, die Drachen, Vulkane oder allgewaltige Helden darstellen sollen. Die Figuren sind so zackig, dass man sich an ihnen nur verletzen kann. Sie haben auch keine Geschichte und es ist auch nichts von ihnen zu erzählen. Es sind also keine symbolischen Darstellungen. Sie weisen „lediglich" auf ihn selbst hin im doppelten Sinne: Der Verletzende (Drache, Vulkan, Held) und der Verletzte.

Ein Mosaik von Kain und Abel in meinem Zimmer hat Mikes Interesse geweckt. Er läßt sich die Geschichte erzählen. Mike kann den Mord sofort verstehen – dass Kain allerdings ein Zeichen bekommt, das sowohl ein Hinweis auf die Tat als auch ein Schutz vor Rache an ihm ist, ist für Mike allzu grausam. Da wäre es besser, er wäre tot. Mike ahnt, dass das Gewissen viel grausamer sein wird, als die zu befürchtenden Strafen. Und dies macht Hoffnung, da man vermuten kann, dass es sich bei ihm auch um eine Flucht vor dem Gewissen handelt, er also ein Gewissen hat.

Bei Kain wie bei Mike gibt es durch die Erwachsenen viele Hinweise, Warnungen, Deutungen, Strafen und Bitten. Das meiste findet kein Gehör; vielleicht deshalb, weil Kain wie Mike das Gefühl haben, ebenso kein Gehör zu finden. Der Rat des Vaters, den Triebimpuls zu beherrschen, ist eine Fähigkeit, die sich in dem Dialog zwischen Eltern und Kind entwickelt. Die Entgleisung des Dialogs (bei Kain und bei Mike) lässt sich nur bedingt daran festmachen, ob die Eltern zu intersubjektiver Anerkennung, zu Empathie, zu Affektabstimmung oder zu einem containment in der Lage waren.[12] Dies sind zwar entwicklungspsychologische Beziehungsbedingungen für ein gesundes Wachstum und in den Sozio- und Psy-

---

[12] Zu einer differenzierten Betrachtung der Entwicklung im ersten Lebensjahr vgl. Kämpfer 2006.

chogenesen von Gewalttätern findet man meist starke Defizite dieser Beziehungsbedingungen; dennoch ist daraus kein Automatismus abzuleiten. Das Kind selbst
ist ein eigenständiges Geschöpf, das nicht nur die Interaktion mitbestimmt, sondern auch, wenn es dazu in der Lage ist, eigene Kommunikationsräume eröffnet,
sich gleichsam Gefährten für's Leben sucht im Kindergarten, bei befreundeten
Familien, in der Verwandtschaft, in der Kirchengemeinde oder der Schule. Für
Mike z.B. sind der „Schulzivi" und der Fußballtrainer zu bedeutsamen Anderen
(Mead) geworden.

In jeder Entwicklungsgeschichte gibt es Entgleisungen des Dialogs. Und vielleicht
sind gerade dies die Schaltstellen, an denen sich die Kainschen, die Noahschen
oder die mütterlichen/väterlichen Potentiale entwickeln. Wenn durch das phanta-
sierte Kind das reale Kind immer mehr durchscheint, muss Enttäuschung ertragen
werden: Warum schreit mein Baby unaufhörlich, warum wendet es sich manchmal
von mir ab, warum schläft es nie dann, wenn ich auch schlafen könnte, warum
wird nun unsere Ehe gar nicht besser, warum akzeptiert mein Vater mich noch
immer nicht als erwachsene Frau ...? Das Baby ist anders und es erfüllt seine
„Aufgaben" nicht. An dieser Stelle entsteht leicht Gewalt! Das ist die Reaktion
Gottes auf das enttäuschende Treiben der Menschen, eine Enttäuschung, die tief
im Herzen schmerzt (so übersetzt die BigS Gen. 6,6). Das Anderssein des Anderen auszuhalten und seine psychischen wie physischen Grenzen zu akzeptieren,
gehört zu den schwierigsten Entwicklungsschritten; vielleicht deshalb, weil uns
nichts so sehr in Frage stellt, wie das Anderssein des Anderen. Und dies wiederum
hat seine Ursache in der Tatsache, dass wir uns selbst immer ein Stück weit fremd
bleiben.[13]

Idealtypisch stellen wir uns vor: Das Leben beginnt mit einer Beatmung, Behau-
chung, Beseelung des Erdenkloßes. Selbst wenn der erste lebensbegründende
Atem, die Urinspiration, von der mütterlichen Seite Gottes oder von der göttlichen
Seite der Mutter ausgeht ... unmittelbar danach atmet es sich zu zweit (vgl. Sloterdijk 1998, 41).[14] Diese wechselseitige Inspiration ist nicht symbiotisch zu verstehen, sondern als dialogisches Prinzip, bei dem es um die Rücknahme der projektiven Phantasien, ein sukzessives Erkennen des Anderen und um das Ertragen
des Fremden im Anderen wie im Selbst geht. Vielleicht ist die Realisierung des
dialogischen Prinzips der Lernschritt Gottes und der Lernschritt des Menschen
nach der Sintflut: Gott erkennt und anerkennt, dass der Mensch anders ist, als
zunächst projektiert oder sagen wir besser phantasiert und projiziert wurde; er ist
eben sowohl Noah als auch Kain, und er ist noch viel mehr. Und ebenso erkennt
und anerkennt der Mensch oder auch das Baby, dass er und es fundamental abhängig und dem Zorn, der Liebe, den Projektionen, der Empathie, dem Verstehen
und der Gnade Gottes oder der Mutter gleichsam ausgeliefert sind und dass sie
z.B. durch Opfer die Möglichkeit zur Wiedergutmachung haben. „Da baute Noah
einen Altar ... opferte ... so dass Adonaj den beruhigenden Geruch roch. Da

---

13   Vgl. dazu Joachim Küchenhoff, Ein Ende der Gewalt? In: ders. / Anton Hügli / Ueli Mäder (Hg.),
      Gewalt. Ursachen, Formen, Prävention, Gießen 2005, 45–66.

14   Peter Sloterdijk, Sphären I, Frankfurt 1998.

sprach Adonaj in seinem Herzen: Nicht noch einmal werde ich die Erde um der Menschen willen erniedrigen ..." (Gen 8, 20f.). Hier ist der Text klüger als meine zuvor gemachte Bemerkung, denn es geht noch um mehr als um intersubjektive Anerkennung. Es mag nun sein, dass auch Noah ein latentes Schuldgefühl hat. Nicht nur weil in ihm auch etwas kainitisches steckt, sondern weil er überlebt hat – also von einer Überlebensschuld bedrängt wird, die nach Opfer, nach Wiedergutmachung verlangt. Zugleich gibt aber auch Gott zu, dass er sich geirrt hat, und die nachfolgende segnende Ordnung für die Welt ist gleichsam seine Wiedergutmachung (vgl. Gen. 8,20–9,4). Hiermit könnten, in aller Vorsicht formuliert, wichtige Hinweise für ein Durchbrechen von Gewaltkreisläufen gegeben sein; dies als Schluss:

4. Zum Schluss

„Kein weiteres Mal werde ich deshalb alles Leben schlagen, wie ich es getan habe" (Gen. 8,21b). Sicher interpretiere ich etwas wohlwollend: Es geht um die Anerkennung von Tat und Schuld, von Verletzen und Verletztsein und um Versuche, etwas wiedergutzumachen. Meine Enttäuschung darüber, dass der Andere weder perfekt noch so ist, wie er für mich angenehm wäre, soll nicht mehr in vernichtende Wut umschlagen, wie geschehen. Ich habe geirrt, habe falsch gemacht, bin aus der Haut gefahren, habe dir Schaden zugefügt und das tut mir sehr leid. Es soll nicht wieder vorkommen. Manchmal wünschte man sich, Eltern könnten so zu ihren Kindern sprechen und ebenso gewalttätige Kinder zu anderen Kindern oder ihren Eltern. Die Kinder werden es nur von den Erwachsenen oder auch von der Religion lernen können. Dies ist nun kein Allheilmittel, und es ist auch nicht das Ende der Gewalt; davon wissen die biblischen Geschichten wie die Geschichten des Lebens noch viel zu erzählen. Allerdings wird hier angedeutet, dass die Beziehung zwischen Gott und Mensch, zwischen Eltern und Kind eine neue qualitative Ebene erreicht hat, auf der liebevolle wie aggressive Tat (auch als Gedanke), Schuld und Wiedergutmachung in einen intersubjektiven Zusammenhang gebracht und gehalten werden können. Dies geht eben schon aufgrund der ambivalenten Gefühle niemals angstfrei. Die kleinianische Psychoanalyse spricht an dieser Stelle von „depressiver Angst" und schließlich von „depressiver Position".[15] Das weist darauf hin, dass es in der depressiven Position darum geht, Angst, aus welchen Enttäuschungen, Frustrationen, Grenzübertritten sie auch immer kommen mag, halten und aushalten zu können. Der Begriff „depressive Position" wird hier allerdings intersubjektiv erweitert, da es kein Vorgang oder gar Zustand ist, der in einem Individuum allein geschieht, sondern der selbst Niederschlag bestimmter Interaktionsformen ist und wiederum Interaktion bestimmt. Das Tun, das Denken, das Fühlen des Einen bestimmt das des Anderen und umgekehrt; es atmet, es lebt sich zu zweit, zu dritt oder in der Gemeinschaft/Gemeinde; Jede/Jeder ist von Anderen mitbewohnt. Besonders für die Entwicklungsvorgänge gilt das Prinzip

---

[15] Vgl. Robert D. Hinshelwood, Wörterbuch der kleinianischen Psychoanalyse, Stuttgart 1993, 199ff.

unbedingter Intersubjektivität, was, um kein Missverständnis aufkommen zu lassen, in keiner Weise den Freiheitsspielraum auflöst. Die Verantwortung für das eigene Denken, Tun und Fühlen zu übernehmen, Respekt zu haben vor dem Denken, Tun und Fühlen des Anderen und schließlich die Fremdheit im Anderen und im eigenen Selbst zu akzeptieren, scheinen die Voraussetzungen für eine gestaltete Freiheit. Dies gilt sowohl für das soziale Leben in den Beziehungen zu den Anderen als auch in der Beziehung zu Gott, also für das religiöse Leben.

Ob Mike mit seinen Eltern und die Eltern mit Mike bis zu diesem Punkt kommen werden, ist noch ungewiss. Aber man ahnt, welche Bedeutung dies für beide Seiten hätte und man möchte – oder vielleicht muss man auch – als Therapeut und Seelsorger daran glauben, dass sie diese Möglichkeit haben.

Von der Depression zur Compassio – Erstarrter psychischer Schmerz im Seelsorgegespräch

Martin Weimer

> „Die Tradition aller toten Geschlechter lastet wie ein Alp auf dem Gehirne der Lebenden." (*Karl Marx* 1852, 115)
> „Christus am Kreuz, und neben ihm hängen die Schächer. Ihr Mitleid *füreinander.*" (*Elias Canetti* 1993, 394)

Ich versuche, einige Vorbemerkungen zu einer nicht-psychiatrischen, einer seelsorgerlichen Theorie der – Depression genannten – seelischen Erstarrungen zu formulieren. Der praktische Hintergrund dessen sind meine Erfahrungen als Pastoralpsychologe und Gruppenanalytiker in Beratung und Seelsorge, in der Ausbildung und Supervision von Telefonseelsorgern und Gemeindepastoren sowie als Leiter einer psychologischen Beratungsstelle in kirchlicher Trägerschaft. Wie kann man seelsorgerlich über das denken, was die Psychiater „Depression" nennen? Das ist meine Frage.

Mein methodischer Ausgangspunkt ist, dass es *die* Psychoanalyse gibt, die sich in jeweils unterschiedlichen Anwendungsformen realisiert. Die bekannteste, aber nach Freuds Auffassung keineswegs die einzige und vielleicht noch nicht einmal die wichtigste Anwendungsform ist das einzeltherapeutische Arrangement mit Couch und Sessel und einer mehrstündigen wöchentlichen Stundenfrequenz.

> *„Ich sagte Ihnen, die Psychoanalyse begann als Therapie, aber nicht als Therapie wollte ich sie Ihrem Interesse empfehlen, sondern wegen ihres Wahrheitsgehaltes"* (Freud 1933, 168f).

Andere Anwendungsformen sind beispielsweise die tiefenhermeneutische Kulturanalyse nach Alfred Lorenzer (1986), die Gruppenanalyse (Bion 1971, Foulkes 1978) oder auch die psychoanalytische Beratung (z.B. Argelander 1982) wie die psychoanalytische Seelsorge (Weimer 2001). In meinem Verständnis ist also Psychoanalyse keineswegs gleichbedeutend mit einer ihrer Anwendungsformen, der hochfrequenten Therapie:

> *„Der Gebrauch der Analyse zur Therapie der Neurosen ist nur eine ihrer Anwendungen: vielleicht wird die Zukunft zeigen, dass sie nicht die wichtigste ist. Jedenfalls wäre es unbillig, der einen Anwendung alle anderen zu opfern, bloß weil diese Anwendung sich mit dem Kreis ärztlicher Interessen berührt"* (Freud 1926, 283f).

Ich formuliere meine Argumentationsschritte in Thesen, die jeweils kurz begründet werden. Dabei gehe ich in folgenden Schritten vor: (1) beschreibe ich den „Sitz im Leben" von Joachim Scharfenbergs „Seelsorge als Gespräch"; (2) skizziere ich in zugegeben sehr groben Strichen das, was ich die seelsorgerliche Perspektive nenne; (3) folgt nicht minder grob zugeschnitten und durchaus *cum ira et studio* eine Skizze der psychiatrischen Perspektive; (4) Umrisse einer seelsorgerlichen Theorie der „Depression" genannten Formen erstarrten seelischen Schmerzes anhand eines literarischen Fallbeispiels.

1. These: Indem er sie an die Psychoanalyse als Gespräch anschloss, hatte Joachim Scharfenberg die Seelsorge aus einem Zustand befreien wollen, den man mit John Steiner (1993) als „psychischen Rückzug" beschreiben kann. In der historischen Konsequenz einer „Seelsorge als Gespräch" (Scharfenberg 1972) liegt daher eine psychoanalytische Reflexion dieses seelischen Rückzugs der deutschsprachigen Seelsorge als Organisation. Die multiple Abwehr der konkreten Schuld einer theologischen (materiell kirchlichen und ideologischen) Kollaboration mit den Nationalsozialisten bildet die historische Matrix dieses psychischen Rückzugs der Seelsorge im deutschsprachigen Raum des 20. Jahrhunderts. Eine seelsorgerliche Theorie erstarrten seelischen Schmerzes hat in diesen historischen Zusammenhängen ihren „Sitz im Leben".

Freilich hatte Scharfenberg von den Kleinianern nicht viel gehalten und sich damit im bundesdeutschen psychoanalytischen Mainstream der 70er Jahre befunden, der seinerseits als Gruppenabwehr des deutschen Nationalsozialismus verstanden werden kann (vgl. Cycon 1995, 12). Die Nazis hatten in ihrem Vernichtungshandeln genau das realisiert, was das Baby Melanie Kleins noch halluzinierte. Sie hatten Menschen vergast, verbrannt, vergiftet. Kleins Psychoanalyse muss darum im Kern als eine Psychoanalyse des deutschen Nationalsozialismus und seiner Desymbolisierungen gelesen werden. Kleins 9-jähriger Patient „Richard" (Klein 1975) hatte wirklich gute Gründe, darüber verwirrt zu sein, dass seine Analytikerin wie Hitler Österreicherin, aber Jüdin war. Er war ihr bester Supervisor, und wir müssen ihr, ungeachtet unserer Meinungen zu ihrem Werk, dankbar dafür sein, dass sie uns sich und ihn in ihrem offenen Fallbericht mitgeteilt hat.

Aber Scharfenberg hatte umgetrieben, dass die pastorale Seelsorgepraxis gegenüber dem Psychoboom der 70er Jahre im Schwinden begriffen war. „Seelsorge als Gespräch" beginnt mit dieser (An)klage, wonach der seelsorgerliche „Praktiker", der sich von den Lehrbüchern im Stich gelassen sah, die Theorielosigkeit zur Methode erheben und in geradezu unverantwortlicher Weise an den Aufgaben, vor die er sich in der Praxis gestellt sah, herumdilletieren" (a.a.O., 9) musste.

Die Beteiligung der Seelsorgenden daran, ihr sozialpsychologischer „retreat" also, kann man m.E. gut mit Hilfe von Steiners Konzept des psychischen Rückzugs (Steiner 1993) verstehen. Was Steiner aufs Individuum bezogen beschreibt, macht genauso als Beschreibung von spezifischen Gruppen- und Organisationsprozessen Sinn: der psychische Rückzug in eine kontaktarme, vor dem Schmerz der Realität geschützte und von ihr hermetisch abgeriegelte seelische Welt richtet sich u.a. als komplexes seelisches Abwehrsystem gegen das Erlebnis persönlicher Schuld. Diese Abwehr gegen die Wahrnehmung persönlicher Schuld halte ich für eines der zentralen Probleme der deutschsprachigen Seelsorge im letzten Jahrhundert – und wir können interessanterweise dieselbe Psychodynamik bei der Entstehung depressiver Zustände beobachten. Mein Aufsatz widmet sich eigentlich nur der Erhellung dieser Symmetrien.

In der deutschsprachigen Theologie hat es bis in die Gegenwart hinein an einer kritischen Aufarbeitung der seelsorgerlichen Schuld im Zusammenhang mit dem Nationalsozialismus gefehlt. Kirchenmänner und -frauen hatten nicht nur aktiv an der Vernichtung „lebensunwerten Lebens" im Nationalsozialismus mitgewirkt und zuvor die entsprechenden Vernichtungaktionen materiell und geistig vorbereitet (Klee 1985; 1989); sie haben auch nach 1945 praktisch und in ihrem theologischen Denken die Täter exkulpiert, ihnen teilweise aktiv gegen die rechtliche Ahndung ihrer Taten durch die siegreichen Alliierten geholfen (Klee 1991; Krondorfer et al., 2006) und dies alles durch theologische Rationalisierungen zu legitimieren versucht.[1] So kommt z.B. Thielicke (1948) auf einen verallgemeinernden, ontologisierenden Schuldbegriff, an dem man die Abwehr von Realitätskontakt im Sinne eines „psychischen Rückzugs" gut studieren kann. Es spricht Bände, dass Thielicke (a.a.O., 133) einen von ihm so diagnostizierten „depressiven Irren" persönliche Schuld am Krieg der Nazis äußern lässt – ein schlimmes Beispiel für die Sprache der Psychopathologisierung just an der Stelle, an der eigene Affekte besonders andrängen. Mit dieser projektiven, auf einen „depressiven Irren" verschobenen Pathologisierung persönlicher Schuld aber hatte der Seelsorger Thielecke sich der individualisierenden und, wie wir sehen werden, ihrerseits projektiven psychiatrischen Diagnostik anzuverwandeln versucht. Es ist dies auch ein Beispiel dafür, wie Seelsorge durch solche Unterwerfung einen entscheidenden Realitätskontakt, nämlich ihre jeweils konkrete Schuld im Nationalsozialismus, eingebüßt hat.

Denselben Abwehrvorgang zeigt auch gut das Beispiel des Mitverfassers der „Barmer Theologischen Erklärung" und späteren Kieler Propsten Hans Asmussen. Er schrieb 1947 eine „Agende für den Dienst der Lagerpfarrer in Kriegsgefangenen- und Interniertenlagern", worin er in der Absolutionsformel der Beichte jeden Verweis auf die Reue des Täters getilgt hat (und damit *nota bene* die historische Tradition der christlichen Bußtheologie im Judentum ausgelöscht hat). Das entscheidende Element dessen, was wir in der Psychoanalyse „depressive Position" nennen, nämlich die persönliche Reue des Täters, wurde von Asmussen buchstäblich verdrängt. Und das ist auch der historische Ursprung der depressiven Erstarrung der bundesdeutschen Seelsorge, die Joachim Scharfenberg so zu schaffen machte! Scharfenbergs Seelsorgebuch beginnt denn auch nicht nur mit einer Kritik an Asmussen (und Thurneysen), sondern auch mit seiner quasi seelsorgerlichen „Ur-szene" aus dem Schuldzusammenhang, nämlich einem repetitiv erstarrten Beichtritual mit einer jungen Frau aus seiner Zeit als Hilfsprediger (Scharfenberg 1972, 22f).

Die Großgruppe der deutschen Seelsorger in der neuen Bundesrepublik war also, sichtbar in ihren Protagonisten wie Thielicke und Asmussen, mit dem verloren gegangenen Liebesobjekt „Nazis" identifiziert, dessen Schatten nun einige Jahr-

---

[1] Um gut geschlechterdemokratisch ein Beispiel anzuführen (Klee 1991, 109ff): Friedrich von Bodelschwingh führte zwischen 1949 und 1959 die besten der in Kirchengemeinden gesammelten Kleidungen auf Bitten von Helene Prinzessin von Isenburg an inhaftierte NS-Täter ab, auf dass die bei ihrer Flucht, die die „Stille Hilfe" organisierte, angemessen gekleidet seien.

zehnte lang auf sie fiel (Freud 1917, 435). Eben dies bewirkt unter dem Gesichtspunkt einer allein libidinösen Theorie der Depression, wie Freud sie 1917 noch
entwickelt hatte, den frappanten Wirklichkeitsverlust der deutschsprachigen Seelsorge nach 1945. Das war der Sitz im Leben von Joachim Scharfenbergs „Seelsorge als Gespräch". Das Buch lese ich als ein seelsorgerliches Anti-Depressivum
seiner Zeit. Es mag allerdings sein, dass es in seiner Wirkung beschränkt blieb,
weil es, ganz analog zu Freuds libidinöser Depressionstheorie von 1917, diese hier
angedeuteten historischen katastrophalen Zusammenhänge noch nicht mit reflektiert hatte. Erst von 1920 an werden diejenigen Erlebniswelten in Freuds Werk
auftauchen, die Klein und Bion dann in der nächsten Generation konzeptualisieren
werden: katastrophische Ursprünge des Seelischen „jenseits des Lustprinzips"
(Freud 1920; Küchenhoff, Warsitz 1993) – eine Arbeit, in der *Freud* eine Kulturanalyse des Nationalsozialismus *avant la lettre* geschrieben hat. Deren pastoralpsychologische Re-Lektüre steht noch aus. Um also „Seelsorge als Gespräch" im
Kontext der Matrix der 70er Jahre verstehen zu können, brauchen wir gerade das
psychoanalytische Instrumentarium, das sein Verfasser noch abgelehnt hatte.

*2. These: Eine pastoralpsychologische Theorie der Seelsorge muss von der empi-
rischen Tatsache ausgehen, dass Menschen das Seelsorgegespräch als eine von
mehreren kirchlichen Kommunikationsformen stets im Zusammenhang mit einem
erschütternden Erlebnis und dem daraus resultierenden Bedürfnis nach emotio-
nalem Halt suchen. Das bi-personale Feld (Ferro 2003) des Seelsorgegespräches
kann als eine Aktualisierung der anthropologischen Grundbedingung jeder seelischen Entwicklung verstanden werden: seelische Entwicklung hat ihren Ursprung
im „extra nos" alles Seelischen, ist motiviert durch den seelischen Schmerz, der in
jedem Realitätskontakt neu entsteht und ist darin angewiesen auf ein haltendes
Drittes.*

Menschen suchen nach wie vor das Seelsorgegespräch. Sie suchen es stets im
Zusammenhang mit erschütternden, katastrophischen Erlebnissen und dem daraus
resultierenden Wunsch, emotionalen Halt zu finden (Weimer a.a.O.). Denn jedes
erschütternde Erlebnis bedroht den individuellen und Gruppenzusammenhalt mit
Fragmentierung. In diesem katastrophischen Ausgangspunkt liegt gleichermaßen
der Impuls für das empirische Seelsorgegespräch wie für seelische Entwicklung
überhaupt (Eigen 1995, Britton 1998). Jede seelische Veränderung aber – die
katastrophische eines religiösen Erlebnisses allemal – bewirkt seelischen Schmerz.
Was eben noch richtig war, stimmt plötzlich nicht mehr. Die seelsorgerliche Praxis
böte darum reichhaltiges empirisches Material über die von Bion betonte katastrophische Fundierung allen seelischen Lebens – man müsste sie nur so lesen wollen!
Seelischer Schmerz ist der Ausgangspunkt einer jeden seelischen Entwicklung
(Joseph 1994), theologisch gelesen ein grundlegender christologischer Aspekt
jeder Theorie seelischer Entwicklung.[2] Menschen suchen das Seelsorgegespräch

---

[2]   Dass auch lustvolle Erlebnisse seelischen (Entwicklungs-)Schmerz verursachen, sofern sie lustvoll
      sind, setzte ich voraus. Jeder Liebende kennt das.

in solchen emotionalen Situationen, in denen sie sich allerdings außerstande sehen, den durch das katastrophische Erlebnis ausgelösten seelischen Schmerz alleine zu tragen. In diesem Sinne hat Seelsorge immer mit „*compassio*", mit stellvertretendem Leiden der Seelsorgenden zu tun. Seelsorgende werden gesellschaftlich überall dort gesucht, wo Menschen benötigt werden, die einen unerträglichen Schmerz eine Zeit lang auf sich nehmen (Jes. 53,4). In diesem empirischen Ausgangspunkt eines jeden Seelsorgegespräches sehe ich – in theologischer Perspektive – durchaus in gewisser Analogie zur dialektischen Theologie einen logischen Primat der Kreuzestheologie in jeder Seelsorgelehre.

Nicht getragener seelischer Schmerz aber kann nie alphabetisiert (im Sinne Bions), nie gedacht werden. Er kann erst gedacht werden, *nachdem* er getragen worden ist; d.h. nachdem er stellvertretend gefühlt worden ist. Das ist der essentiell diachronische Aspekt jeder Seelsorgelehre und das ist die Praxis von emotionalen Haltgeben: die seelsorgerliche Primäraufgabe. Erkenntnis aber kommt, wenn überhaupt, erst hinterher, ist nur nachträglich zu haben – wenn überhaupt. Vor jeder Erkenntnis liegt eine Zeit des absoluten Dunkels, über die und aus der Bion eindringlich gesprochen hat – eine Zeit des bisweilen extrem ängstigenden Nichtverstehens, wo alles in einem zum Handeln drängt und also zur Flucht aus der Seelsorgebeziehung und wo es doch nur darum geht, das Leben leise wieder zu lernen. Seelsorge beginnt da, wo der katastrophale Schmerz des Nichtverstehens eine Zeit lang toleriert werden kann. Dafür brauchen wir alle die kollegiale Hilfe der Supervisionsgruppe; man sollte sie eigentlich „seelsorgerliche Selbsthilfegruppe" nennen.[3]

Von diesem Ausgangspunkt aus halte ich weitere Spezifizierungen (theologisch und psychoanalytisch, je nach Perspektive) der Seelsorge genannten kirchlichen Kommunikationsform für möglich. Der spezifische Gegenstand des kirchlichen Kommunikationssystems „Seelsorge" ist „Seele" – in psychoanalytischer Sicht gleichbedeutend mit dem Unbewussten (Freud 1900, 617: „Das Unbewusste ist das eigentlich reale Psychische"), ein „*humanum absconditum*". Freud sah in der Achtung früherer Kulturen dem Traum gegenüber eine „Huldigung vor dem Ungebändigten und Unzerstörbaren in der Menschenseele, dem Dämonischen, welches den Traumwunsch hergibt und das wir in unserem Unbewussten wiederfinden" (Freud 1900, 619).

Bion hat systematisch ausgearbeitet, dass „Seele" sich zuerst in der Anderen befindet, also empirisch in der Mutter des Babys, die die zunächst undenkbaren vitalen Leibimpulse des Babys alphabetisiert, sie deutet. Emotionalen Halt haben wir alle zuerst „*extra nos*" erfahren, in den mehr oder weniger verstehenden Interpretationen unserer Leibimpulse durch unsere Mütter. „*Extra nos*" hat den psycho-logischen Primat vor jedem „*in nobis*", auch dies eine Denkfigur, die uns aus der dialektischen Theologie vertraut ist. Alltagssprachlich ausgedrückt: „Seele" gibt es nur zu (mindestens) zweit.

Allein, dieses „extra nos" gilt wechselseitig! Darauf aufmerksam gemacht zu haben, ist das Verdienst von Jean Laplanche (1988). Denn nicht nur nimmt die

---

[3]   Dieser Gedanke entstammt einer Supervisionssitzung mit Rudolf Balmer (Basel).

Mutter die vitalen Leibimpulse des Babys auf und alphabetisiert sie. Das Baby nimmt auch, und zwar schon pränatal, das Unbewusste seiner Mutter, seiner Eltern, ja der Gesellschaft auf, in die hinein es geboren werden wird. Es wird angefüllt mit „rätselhaften Botschaften" seiner Eltern, die rätselhaft für es sind, weil sie es für sie selbst waren. Prozesse des transgenerationellen Unbewussten, die uns Angehörige der zweiten Generation so zu schaffen machen, werden so verstehbar. Das ungedachte Wissen (Bollas 1987) unserer Eltern kommt in uns (und in unseren Kindern) in sein Eigentum; vielleicht immer schon ward das Wort so Fleisch. Ein Phänomen dessen ist unser Vorname, in den sich die elterlichen bewussten Gedanken wie unbewussten Phantasien verdichtet haben. Kinder sind faktisch Container des elterlichen Unbewussten und in Fällen traumatischer Umstände mögen diese Kinder dann gelehrte Säuglinge werden müssen (Ferenczi 1923), die ihre Eltern trösten und sie lehren. Die christliche Mythologie kennt dergleichen. Der Messias ist dem Kindermord entkommen; noch in dem jüdischen Messias des 17. Jahrhunderts, Sabbatai Zwi, der 1648 einen Progrom überlebte, bei dem 100.000 Juden umkamen und der anlässlich dieses katastrophalen Erlebnisses sich zum Messias berufen fand, wird dieses Motiv wiederkehren (Scholem 1992). Glaube wird in Katastrophen gezeugt, nirgends anders.

Seele also gibt es nur zu (mindestens) zweit. Ich wende dieses anthropologische Faktum auf die Technik des Seelsorgegesprächs an und formuliere: Wir sind niemals Herren des Gespräches, das wir führen, sondern seine Geschöpfe. Das Gespräch führt uns, sofern wir es nicht zu sehr stören (darin liegt die psychoanalytische Abstinenz begründet). Wenn Bion sagt, in der therapeutischen Psychoanalyse sei der Patient der „beste Mitarbeiter" (Bion 2005, 56), so gilt das analog für die Rollen im Seelsorgegespräch. Das ist die Theologie des 1. Artikels in der Technik der Seelsorge. Wir sind beide Geschöpfe des Gespräches, das uns führt. Nicht-theologisch ausgedrückt: wir haben es in der Seelsorgebeziehung stets mit der unaufhebbaren Paradoxie der Symmetrie der beteiligten Personen und der Asymmetrie der Rollen zu tun.

Ich vergleiche in meiner Supervisorenrolle gerne das Seelsorgegespräch mit dem geträumten Traum, den Bericht des Gespräches in der Supervisionsgruppe mit dem erzählten Traum und die Supervisionssitzung mit dem gedeuteten Traum. Man kann nämlich dieselben Prozesse seelischer Arbeit, die Freud als unsere nächtliche Traumarbeit beschrieben hat, bei den Transformationen beobachten, die sich vom erlebten Seelsorgegespräch bis zu dessen Bericht in der Supervision in jedem von uns ereignen. Das, worum es mir hier aber geht, hat in theologischer Perspektive mit dem 3. Glaubensartikel zu tun: so wenig wir seelischen Schmerz alleine tragen können, so sehr sind wir darauf angewiesen, dass jemand den „Traum" (das Seelsorgegespräch, das uns geführt hat) aufnimmt und versteht. Denn niemand kann sich selbst halten. Wir sind alle Teile eines Netzwerkes mehr oder weniger haltender Beziehungen (Foulkes: „Matrix"), das christlich Gemeinde genannt wird und das man (wegen des Primats des seelischen Schmerzes als Grundlage von Entwicklung) mit Bonhoeffer (1963, 80) als „Christus als Gemeinde existierend" denken sollte. Gemeinde scheint mir darum auch empirisch in ihrem Kernbestand eine Gruppe von Traumatisierten zu sein, deren Psychodynamik Earl Hopper (2003) so erhellend beschrieben hat. Wir haben es also in der Großgruppe „Christus als Gemeinde existierend" mit einer Agglomeration von (oft ungedachten!) Gewalterlebnissen zu tun, weshalb psychoanalytische Seelsorge in dieser Großgruppe ohne Supervision mir gar nicht vorstellbar ist. Denn es scheint eine anthropologische Tatsache, dass Menschen einander mehr antun können, als Menschen zu tragen vermögen. Wir brauchen darum einander.

3. These: Der psychiatrische Gesichtspunkt unterscheidet sich vom seelsorgerlichen Gesichtspunkt durch seine individualisierende Tendenz, seine projektive Tendenz, seine Subjekt-Objekt-Spaltung, seine Integration ins zweckrational und profitorientierte naturwissenschaftliche System des medizinisch-industriellen Komplexes. In diesen Merkmalen verbindet es sich seinerseits zu einer zeitgenössischen sozialen Erscheinungsform des „retreat".

„Sie hätten sich keinen besseren Augenblick in der Geschichte der Menschheit aussuchen können, um sich unglücklich zu fühlen", schreibt 1995 der US-amerikanische Psychiater Mark Gold den Depressiven ins Stammbuch (zit. bei Ehrenberg 2004, 207). Aus „Depression" ist also „sich unglücklich fühlen" geworden. Denn ein paar Jahre zuvor hatte die „*American Psychiatric Association (APA)*" das Manual DSM III auf den Weg gebracht, das auf eine nosologische Theorie verzichtet zugunsten einer Katalogisierung der individuellen Symptome. Was an erstarrtem (Trauer-)schmerz über verschwiegene Gewalterlebnisse noch sichtbar ist, wird auf diesem Datenfriedhof sorgsam verzeichnet und kann nunmehr einfach medikamentös behandelt werden, auf dass der sprichwörtliche „pursuit of happiness" chemisch realisiert werde. Was das Symptom einmal an Tiefe und Sinn enthielt, wird nicht mehr benötigt in diesen neoliberalen Zeiten universeller Gleichzeitigkeit und eines bis zum Stillstand beschleunigten Tempos. Die „Depression" genannten erstarrten seelischen Schmerzen waren aber einmal Mahnmale, Zeit zu haben, auf dass sie zuerst im Anderen würden gefühlt werden können, um ihr Lebensrecht, ihre Auferstehung von den Toten danach finden zu können. Aber Ehrenberg fasst die postindustrielle psychiatrische Depressions„theorie", die keine mehr ist, bündig so zusammen (a.a.O., 186): „Um eine Depression zu diagnostizieren, muss der Arzt nur noch die Symptome abhaken. Er muss sich nicht mehr für die Geschichte eines Subjekts interessieren, sondern für die Symptomatologie eines Kranken."
Das Soziale ist jetzt im Individuum und in seinen katalogisierten Symptomen versteckt: das ist der für mich entscheidende Punkt. Denn damit erweist sich die zeitgenössische Psychiatrie von eben jenem „seelischen Rückzug" auf ihrem Datenfriedhof von Symptomen angesteckt, der selbst ein Wesensmerkmal des depressiv erstarrten Schmerzes ausmacht. Freud hatte bekanntlich die „Aufhebung des Interesses für die Außenwelt" (1917, 429) als ein Wesensmerkmal des depressiven Erlebens markiert. Genau das geschieht in den Manualen des DSM. Der in ihnen zur Gestalt geronnene Rückzug aber setzt pikanterweise einen Akt eines religiösen „Bekenntnisses" (zit. bei Ehrenberg a.a.O., 182) voraus; die Entscheidung der APA für das Manual „steht für ein klares *Bekenntnis* zur medizini-

schen Tradition der amerikanischen Psychiatrie und ihrer Einbindung in die wissenschaftliche Psychiatrie" (Hervorhebung von MW), wie es Gerald Klermann, „einer der wichtigsten amerikanischen Psychiater und weltbekannter Spezialist in Sachen Depression" (a.a.O.) formulierte. Man mag dies für einen medicozentrischen Fundamentalismus halten. Dass aber jedes Denken über erstarrte seelische Prozesse von eben diesen Erstarrungen unweigerlich angesteckt wird, die es beschreiben will, dass es also, psychoanalytisch gedacht, ein übertragungsfreies Denken über Phänomene, die für den ärztlichen Blick eine psychopathologische Qualität haben, gar nicht geben kann, soll, so vermute ich es, mit diesem Fundamentalismusakt abgewehrt werden. Was einmal zur Manie oder Depression geronnen von verschwiegener Gewalt in ihren Ursprüngen (vgl. o. die Andeutung zum „gelehrten Säugling" sowie das abschließende Fallbeispiel) erzählte, kann nun als „hyposerotonischer" oder „hyperserotonischer" Status chemisch jeweils auf Linie getrimmt werden. Es braucht nicht mehr, es soll vielleicht auch nicht mehr erzählt werden. Auf diese Weise kommt die schreckliche Prophezeiung der Apokalypse in der postindustriellen Wirklichkeit an, „dass hinfort keine Zeit mehr sei" (Offb. 10,6).

„Zu Gott spricht die moderne Wissenschaft: »Hochwürden, rücken Sie ein wenig zur Seite, die Chemie ist im Anmarsch«" (Dostojewski, zit. bei Haas 2006, 112). Aber: dem Schwinden jeden ätiologischen Eingedenkens zum Trotz kehrt in den Manualen doch wieder, was sie sich fern zu halten suchten: die gute alte mittelalterliche accedia, die vom Katholizismus als „Todsünde" gebrandmarkte Handlungshemmung der Depression. Der amerikanische Soziologe Robert King Merton (zit. bei Lepenies a.a.O., 9ff) hatte schon 1949 das melancholische „Rückzugsverhalten" als dasjenige Element ausgemacht, das den therapeutischen furor auszulösen vermag. Denn noch jede kapitalistische Gesellschaft verdammt diesen depressiven Rückzug, der gerade so die Macht infrage stellt, ohne sie direkt anzugreifen, wie es individuell das unwillkürliche Gähnen als untrügliche Kundgabe von Langeweile in der Anwesenheit eines Mächtigen zu tun pflegt oder die viel beschworene „negative therapeutische Reaktion" gegenüber dem Behandler im Sessel. Dass der darauf zuzeiten ähnlich wütend reagiert wie Eltern auf die provokante Pubertätslangeweile ihrer Sprösslinge, zeigen manche Deutungen von Steiner[4] (1993), der Mertons frühere soziologische Arbeiten zum Thema nicht zu kennen scheint. Merton benennt die bis in den mittelalterlichen Katholizismus zurückreichende Tradition dieser Hemmungsangst:

„Dennoch ist das Syndrom des Rückzugsverhaltens Jahrhunderte lang mit dem Etikett der accidie (oder, in wechselnder Weise, acedy, acediua und acidia) versehen und von der römisch-katholischen Kirche als eine der Todsünden aufgefasst worden. Als Faulheit und

---

[4]   Ein Beispiel: Steiner (S. 88ff.) berichtet von einer ihn chonisch anklagenden Patientin: „Sie haben mir nie gesagt, dass ich frei assoziieren soll!" Ihr Vater sei „Oberhaupt einer kleinen, obskuren, aber sehr mächtigen religiösen Sekte" gewesen. Was spricht dagegen, dies als Beschreibung des Analytikers durch die Patientin zu nehmen? Steiners Deutungen in diesem Kapitel klingen resigniert und zuweilen bitter, so behält der Analytiker immer Recht – und bleibt traurig zurück wie der an Erfahrung reiche Jüngling gegenüber dem an Besitz reichen (Mt. 19, 16ff).

Betäubung, in welcher die Quellen des Geistes vertrocknen, hat die acedia vom Mittelalter an die Theologen interessiert" (zit. bei Lepenies a.a.O., 12).

„Arbeit macht frei" – ist das Motto dieser Hemmungsangst der Herrschenden. Es fand über seine lange protestantische Inkubationszeit und seinen deutschnationalen Ursprung Ende des 19. Jahrhunderts seinen Weg auf die Portale der KZ's. Dort war schon keine Zeit mehr. „There is no greater cause of melancholy than idleness, no better cure than business", notierte 1621 Robert Burton in seiner „Anatomy of Melancholy" (Weimer 1990). Die depressive Handlungsangst ist so schwer zu ertragen, weil sie das kapitalistische Grundgesetz ständiger Handlungsbereitschaft in Frage stellt, ohne es direkt anzugreifen.

Die oft diskutierte antidepressive Funktion von Arbeit schwindet allerdings ohnedies rapide durch den technologisch bedingten Abbau der Erwerbsarbeit in den postindustriellen Gesellschaften seit den 80er Jahren des letzten Jahrhunderts – und entsprechend explodiert im selben Zeitraum die Zahl der verschriebenen Antidepressiva!

Auch anders lässt sich diese Entwicklung gegenwärtig beobachten. Bei insgesamt schwindenden Krankheitstagen der Arbeitnehmer in Deutschland stieg doch die Zahl der psychisch bedingten Fehltage von 2000 bis 2005 um 20% (Morgenroth 2005, 990); unter ihnen stehen die Depressionen und Angststörungen an der Spitze. Antidepressiva gehören so zu den weltweit am häufigsten verschriebenen Medikamenten, obgleich:

„Ein Drittel der Patienten, die zunächst auf Medikamente reagieren, erleiden innerhalb eines Jahres einen Rückfall, 75% innerhalb von 5 Jahren. Eine Grundversorgungsstudie der WHO hat ergeben, dass 60% aller mit Antidepressiva behandelten Teilnehmer nach einem Jahr immer noch die Depressionskriterien erfüllten." (Taylor 2005, 860)

Die Suizidrate sei, so Ehrenberg (a.a.O., 235), bei Patienten, die mit Antidepressiva behandelt werden, höher als bei denen, die Placebos bekommen. Aber psychische Erstarrungen werden dennoch in Hausarztpraxen zu 87% medikamentös behandelt (Ehrenberg a.a.O., 164); wobei der Psychoanalytiker und Psychiater André Haynal (zit. bei Ehrenberg a.a.O., 190), freimütig bekennt, „dass wir nicht wissen, worüber wir reden, wenn wir zum Beispiel von depressiv Kranken sprechen".

Die Daten lassen darauf schließen, in welchem Maße die psychiatrische Depressionsbehandlung zu einem Faktor im medizinisch-industriellen Komplex geworden ist. Die mediale Aufregung über Doping im Leistungssport (Tour de France!) kann als willkommener Sündenbock für diese gesellschaftliche Problematik verstanden werden. Handfeste ökonomische Interessen mögen zu dem führen, was der Psychoanalytiker Eberhard Th. Haas (2006, 60) in diesem Zusammenhang beklagt:

„Wo früher auf dem Weg der Internalisierung Elternfunktionen als Angst vermindernde, Schmerzen lindernde, Beruhigung und Trost stiftende Elemente angeeignet wurden, vermögen heute in den Hirnstoffwechsel eingreifende Substanzen solche kulturellen Schleifen kurz zu schließen."

Damit aber ist der psychische Rückzug im auf der Stelle rasenden therapeutischen *furor* wieder bei sich selbst angekommen.

Im abschließenden Fallbeispiel will ich die unverzichtbare Bedeutung der seelsorgerlichen *compassio* nacherzählen. Ich weiß kein eindrucksvolleres Beispiel für Bonhoeffers Verständnis der Gemeinde als „Christus als Gemeinde existierend".

4. These: In der mitleidenden Compassio realisiert sich ein christlich seelsorgerliches Aufnehmen von erstarrten psychischen Schmerzen. Es geht um die Solidarität der bedrängten Kreatur, gehalten von einer Gruppe, die ihrerseits sich als „Christus als Gemeinde existierend" begreift. Undenkbare Katastrophen können so aus ihrem individuellen Exil befreit und sozial erstmals getragen werden.

In seinem Roman „Jahrestage. Aus dem Leben von Gesine Cresspahl" (1971) schildert Uwe Johnson die Depression von Lisbeth Cresspahl, der Mutter seiner Protagonistin Gesine Cresspahl als individuelle Äußerung eines sozialen Leids. Es handelt sich aber nicht nur einfach um die Krankengeschichte einer depressiven Frau in deren sozialer Matrix. Vielmehr besteht die Gegenwartshandlung in dem Fieberanfall der Tochter Gesine Cresspahl am 20. Februar 1968 in New York und den ihn begleitenden halluzinatorischen Gesprächen aus der Matrix ihrer Mutter Lisbeth. Wir vernehmen das Gemurmel aus der „Krypta im Ich" (Torok 1978) der Gesine Cresspahl, in deren Fieberhalluzinationen die „Traditionen aller toten Geschlechter" (Karl Marx) vor ihr Sprache finden. Nimmt man noch hinzu, dass Gesine Cresspahl von wiederum ihrer Tochter Marie immer wieder nach ihren Erinnerungen befragt wird, so haben wir das Tableau vollständig: die Kinder der zweiten Generation fragen und trösten ihre Eltern, so dass die mit den in ihnen hausenden Gewalterlebnissen ihrer Eltern erstmals in Kontakt kommen. Erst damit, also am Beispiel der „Jahrestage": erst im Übergang von der zweiten zur dritten Generation kann erstarrter Trauerschmerz aus der ersten Generation gefühlt und danach vielleicht gedacht werden. Die Protagonistin der zweiten Generation, Gesine Cresspahl, ist eine „memory candle" (Wardi 1990) der deutschen Täter.[5]

Aber was passiert beim Übergang vom Fühlen des Erlittenen zu seinem Bedenken? Es ist genau diese Stelle, an der Uwe Johnson einen Pastor einführt. Seine Predigt am Sonntag nach dem Suizid von Lisbeth Cresspahl im November 1938 ist ein literarisches Dokument der *compassio*. Noch am selben Tag werden die Nazis den Pastor Brüshaver ins KZ verschleppen.

Es ist unmöglich, in dem hier zur Verfügung stehenden Raum die ganze Komplexität der Matrix nach zu zeichnen, deren Gewalt Lisbeth Cresspahl nach dem Novemberpogrom 1938 auf sich nehmen wird. „Ihres Vaters liebstes Kind" (505), kehrt sie zur Geburt ihrer Tochter aus England nach Jerichow (alias Klütz in West-Mecklenburg) zurück. Der Vater hatte seiner Enkelin sein Haus vermacht; seinen Reichtum aber hatte er durch Geldverleih erworben. In ihm verdichtet Johnson einen typischen Profiteur des Nationalsozialismus, wie ihn uns erst kürzlich Götz Aly (2005) mit den fälligen Protesten als Massenerscheinung vorgestellt

---

[5]   Den Hinweis auf dieses Buch verdanke ich Gerhard Wilke (London).

hat. Lisbeths Bruder erschlägt einen Opponenten der Nazis im Nachbardorf – die Tat bleibt ungesühnt. Als nach und nach die Handvoll Juden aus Jerichow vertrieben werden und schließlich am 9. November 1938 das Geschäft der Tannebaums von der SA gestürmt wird, stehen die Jerichower Bürger dabei und sehen zu. Als dann aber die SA-Männer die Tannebaums misshanden und dann über den Haufen schießen, tritt eine Frau hervor und schlägt dem Anführer der Meute ins Gesicht: Lisbeth Cresspahl. Sie wird sich danach umbringen.

Hier verdichtet sich in meiner Sicht das Hauptmotiv des Johnsonschen Schreibens, das des Übergangs aus dem Bereich des ursprünglich weiblich Offizösen in den des männlich Offiziellen (Bourdieu (1976). Die „Stille Post" (von Braun 2007) des inoffiziell weiblichen Eingedenkens wird mit Lisbeth Cresspahls Ohrfeigen zu offizieller Geschichte. Es hätte an dieser Stelle nur der *compassio* der Zuschauer bedurft, sie vor dem Suizid zu bewahren. Lisbeth Cresspahl aber veröffentlicht am eigenen Leibe die verschwiegene Gewalt der Offiziellen, sie nimmt auf sich deren Krankheit. Diese Sichtweise halte ich für das Modell einer seelsorgerlichen Theorie erstarrten seelischen Schmerzes, also einer seelsorgerlichen Theorie der Depression. Und genau das lässt Johnson den Pastor Brüshaver in seiner Predigt am 22. Sonntag nach Trinitatis anno 1938 in Jerichow sagen (760f.):

„Es ging die Bürger von Jerichow gar nichts an, wie Lisbeth Cresspahl gestorben war. Der Selbstmord sei nicht vor Menschen oder aus moralischen Gründen verwerflich. Es sei eine Sache zwischen Lisbeth und ihrem Gott, dass sie von ihm mehr erwartet habe, als er habe geben wollen. Sie sei zum Sterben so frei gewesen wie zum Leben, und wenn sie auch besser das Sterben ihm überlassen hätte, so habe sie doch ein Opfer angeboten für ein anderes Leben, den Mord an sich selbst für den Mord an einem Kind. Ob das ein Irrtum gewesen sei, werde sich nicht in Jerichow herausstellen.

Hingegen ging es die Bürger von Jerichow sehr wohl an, dass Lisbeth Cresspahl gestorben war. Sie hatten mitgewirkt an dem Leben, das sie nicht ertragen konnte. Jetzt kam die Aufzählung, die die Grundlage des Urteils gegen Brüshaver wurde. Er fing an mit Voss, der in Rande zu Tode gepeitscht worden war, er vergaß weder die Verstümmelung Methfessels im Konzentrationslager noch den Tod des eigenen Sohns im Krieg gegen die spanische Regierung, bis er in der Mittwochnacht vor dem Tannebaumschen Laden angelangt war. Gleichgültig, Duldung, Gewinnsucht, Verrat. Der Egoismus auch eines Pfarrers, der gesehen habe nur auf die Verfolgung der eigenen Kirche, der geschwiegen habe entgegen seinem Auftrag, unter dessen Auge ein Gemeindeglied sich einen eigenen, unentwendbaren, gnadenlosen Tod habe suchen können. Wo alle Gottes immerwährendes Angebot zu neuem Leben nicht angenommen hätten, habe ein Mensch allein darauf nicht mehr vertrauen können. Segen. Schlußchoral. Ende."

Literatur

Aly, Götz (2005): Hitlers Volksstaat, Frankfurt a.M.

Argelander, Hermann (1982): Der psychoanalytische Beratungsdialog, Göttingen.

Bion, Wilfred R. (1971): Erfahrungen in Gruppen und andere Schriften, Stuttgart.

– (2007): Die italienischen Seminare, Tübingen.

Bollas, Christopher (1987): Der Schatten des Objekts, Stuttgart.

Bonhoeffer, Dietrich (1963): Sanctorum Communio. Eine dogmatische Untersuchung zur Soziologie der Kirche, hg. v. Eberhardt Bethge, München.

Bourdieu, Pierre (1976): Entwurf einer Theorie der Praxis auf der ethnologischen Grundlage der kabylischen Gesellschaft, Frankfurt a.M.

Braun, Christina von (2007): Stille Post. Eine andere Familiengeschichte, Berlin.

Britton, Ronald (1998): Glaube, Phantasie und psychische Realität, Stuttgart.

Canetti, Elias (1993): Aufzeichnungen 1942–1985, München [2]2001.

Cycon, Ruth (1995): Vorwort zur dt. Ausgabe der Gesammelten Schriften Melanie Kleins Band I/1, Stuttgart.

Ehrenberg, Alain (2004): Das erschöpfte Selbst. Depression und Gesellschaft in der Gegenwart, Frankfurt a.M.

Eigen, Michael (1995): Bions Ausgangspunkt entgegen: zwischen Katastrophe und Glauben, in: WzM 47, 459–476.

Ferenczi, Sándor (1923): Der Traum vom ‚gelehrten Säugling‘, in: Schriften zur Psychoanalyse II (hg. v. M. Balint / J. Dupont), Frankfurt a.M. 1982.

Ferro, Antonio (2003): Das bi-personale Feld. Konstruktivismus und Feldtheorie in der Kinderanalyse, Giessen.

Foulkes, Siegmund H. (1978): Gruppenanalytische Psychotherapie, München.

Freud, Sigmund (1900): Die Traumdeutung, GW II/III.

– (1917): Trauer und Melancholie, GW X.

– (1920): Jenseits des Lustprinzips, GW XIII.

– (1926): Die Frage der Laienanalyse, GW XIV.

– (1933): Neue Folge der Vorlesungen zur Einführung in die Psychoanalyse, GW XV.

Haas, Eberhard Th. (2006): Transzendenzverlust und Melancholie. Depression und Sucht im Schatten der Aufklärung, Giessen.

Hopper, Earl (2003): Traumatic Experiences in the Unconscious Life of Groups, London.

Johnson, Uwe (1971): Jahrestage. Aus dem Leben von Gesine Cresspahl, Bd. 2, Frankfurt a.M.

Joseph, Betty (1994): Psychisches Gleichgewicht und psychische Veränderung, Stuttgart.

Klee, Ernst (1985): »Euthanasie« im NS-Staat, Frankfurt a.M.

– (1989): »Die SA Jesu Christi«, Frankfurt a.M.

– (1991): Persilscheine und falsche Pässe, Frankfurt a.M.

Klein, Melanie (1975): Darstellung einer Kinderanalyse, GW IV 1, Stuttgart 2002.

Krondorfer, Björn / Kellenbach, Katharina von / Reck, Norbert (2006): Mit Blick auf die Täter, Gütersloh.

Küchenhoff, Joachim / Warsitz, Peter (1993): Zur Theorie der psychoanalytischen Psychosentherapie, oder: Gibt es eine Umkehr der Verwerfung des „Namens des Vaters"?, in: Heinz, Rudolf et al. (Hg.), Wahnwelten im Zusammenstoß, Berlin.

Laplanche, Jean (1988): Die allgemeine Verführungstheorie und andere Aufsätze, Tübingen.

Lepenies, Wolf (1981): Melancholie und Gesellschaft, Frankfurt a.M.

Lorenzer, Alfred (Hg.) (1986): Kultur-Analysen, Frankfurt a.M.

Marx, Karl (1852): Der achtzehnte Brumaire des Louis Bonaparte, Marx-Engels-Werke Bd. VIII, Berlin (DDR) 1972.

Morgenroth, Christine (2005): Subjektives Zeiterleben, gesellschaftliche Entgrenzungsphänomene und depressive Reaktionen. Ein sozialpsychologischer Versuch, in: Psyche 59, 990–1011.

Scharfenberg, Joachim (1972): Seelsorge als Gespräch, Göttingen.

Scholem, Gerschom (1992): Erlösung durch Sünde (Judaica 5), Frankfurt a.M.

Steiner, John (1993): Orte des seelischen Rückzugs, Stuttgart.

Taylor, David (2005): Klinische Probleme chronischer, refraktärer oder „behandlungsresistenter" Depressionen, in: Psyche 59, 843–863.

Thielicke, Helmut (1948): Psychotherapie und Seelsorge, in: Läpple, Volker / Scharfenberg, Joachim (Hg.), Psychotherapie und Seelsorge, Darmstadt 1977.

Torok, Marie (1978): Trauerkrankheit und Phantasma des »cadavre exquis«, in: Psyche 37, 497–519.

Weimer, Martin (1990): Rezension: Robert Burton, Anatomie der Melancholie, in: WzM 42, 370–373.

– (2001): Die Seelsorgerolle als offenes System. Elemente einer pastoralpsychologischen Theorie, Pth 90, 2–16.

Seelsorge, Mystik, Psychoanalyse
Wilfred Bion und die Seelsorge

Wolfgang Wiedemann

1. Drei Vignetten

1. Ich schließe die Tür zum Krankenzimmer und habe nun die endgültige Gewissheit, dass ich einem gigantischen Selbstbetrug in meinem Leben aufgesessen bin. Ich dachte, ich könnte Seelsorge. Das stimmt nicht. Ich weiß jetzt: Ich kann es, oder sie, nicht. Ich habe versagt. Am Ende des Gesprächs habe ich zu ihm gesagt: „Ich schau gern wieder vorbei!" Er hat geantwortet: „Wenn's woll'n". Wer den Schaden hat, braucht für den Spott nicht zu sorgen. Aber jetzt bin ich zu alt zum Umsatteln.

2. „Danke", sagte sie, „Sie haben mich sehr getröstet!" Ich bin sprachlos. Ich bin dagestanden, während sie mit ihrer Nummer darauf wartet, von einem elektronischen Ding-Dong ins Aufnahmebüro hineingerufen zu werden. Ihr Köfferchen stand neben ihr, sie hatte eine Operation vor sich, und sie sagt, sie hat ein wenig Angst davor, und sie hat für ihren Mann vorgekocht, damit er was zum Essen hat, wenn sie im Krankenhaus ist, und leider sind die Kinder im Beruf so beschäftigt, und brauchen wirklich nicht von so weit herkommen. – Und ich habe gehorcht, stehend, die Krankenbetten sind den Gang entlang geschoben worden, Leute haben sich unterhalten. „Danke, Sie haben mich sehr getröstet". Zum Glück bin ich sprachlos. Was hätte ich auch sagen sollen?! Etwa: „Aber ich hab doch gar nichts gesagt!"?

3. Urlaub. Alles hinter sich lassen. Die Patienten in der Klinik, die Patienten in der Praxis. Und es ist so einfach. Denn es ist so heiß, dass man nicht denken kann. Schwitzen. Trinken. Ich schleppe Wasser und Wein den Berg hoch, in die Ferienwohnung. Ich raste einen Augenblick, schwer atmend. Mein Blick fällt auf meine Hand. Haut schält sich an einer Stelle. In dem Augenblick überfällt mich unbändiger Horror. Ich sehe eine Patientin vor mir, im zweiten Jahr der Analyse, sie hat einen Ausschlag an den Händen, und wenn sie mir die Hand gibt, dann versuche ich nicht zu merken, dass es mich ekelt. Und nun bricht die Erkenntnis herein wie das Jüngste Gericht: Sie hat mich angesteckt. Jetzt kriege ich auch aussätzige Hände. Zum ersten Mal in den zwei Jahren verstehe ich an meinem Horror ihren Horror, und es ist mehr als Verstehen: ich werde von dem Horror gepackt und erlebe, was ihre Hände für sie bedeuten.

Drei Vignetten, aber was will ich mit ihnen sagen? Ich nehme sie als Beispiele für drei Konzepte, die sowohl für die Seelsorge als auch für die Psychoanalyse in den vergangenen zwei oder drei Jahrzehnten wichtig geworden sind: Projektive Identifikation, „Reverie", und „becoming O".

2. Mein Weg zwischen Seelsorge und Psychoanalyse

Ich bin noch im Schatten der dialektischen Theologie aufgewachsen und dann in die „empirische Wende" hineingerast, mit großer Begeisterung. Wir haben in den 70er Jahren die Humanwissenschaften aufgesogen wie vertrocknete Schwämme, vielleicht waren unsere dürstenden Jungmännerseelen von der kritisch-histori-schen Exegese ausgedörrt; außerdem wollten wir helfen, oder retten, bekehren, uns nützlich machen, gebraucht werden. Aber niemand brauchte meine systema-tisch-theologischen Erkenntnisse. Die neuen Erkenntnisse aus der Psychoanalyse brauchte auch niemand, aber sie schienen einen Hauch mehr mit dem Leben zu tun zu haben als die Worthülsen aus der Dogmatik, die ich nicht verstand, und es lag nicht nur daran, dass sie griechisch waren. Was mich zur Seelsorge und damit auch zu ihrer Verwandten, der Psychologie zog, war, dass beide etwas mit Erfah-rung zu tun hatten. Ich wollte Gott erfahren, nicht beweisen, und ich wollte mit anderen Gott erfahren und nicht ihnen beweisen, dass er existiert. Schon in der Schule war ich ein Un-Mathematiker, der seinen Lehrer mit der kategorischen Bemerkung zum Wahnsinn trieb: „Wieso soll ich das beweisen (dass die Winkel-summe im Dreieck 180 Grad beträgt) – das sieht man doch!"

Im Laufe meines Berufslebens als Seelsorger und als Psychoanalytiker wurde ich oft gefragt, wie ich beide Jobs vereinbaren könne. Ich kam jedes Mal ins Stottern, obwohl ich erlebte, dass „es" ging, irgendwie. Als Seelsorger müsse man glauben, und als Psychoanalytiker dürfe man nicht glauben, weil das neurotisch sei, so die Vorurteile.

Mein Modell der Verbindung von Seelsorge und Psychoanalyse war ein kumulati-ves. Die Praxis bestand in einer Mischung aus Helfen (offen), Predigen (versteckt) und Beten (beides). Trotz der empirischen Wende, oder wegen ihr, gelten diese Ingredienzien bis heute als grundlegend, die eiserne Ration im Rucksack des Seel-sorgers, eine Pizza drei Jahreszeiten. Wenn man Examensarbeiten korrigieren muss oder die Literatur liest, lassen sich die meisten Seelsorgeansätze mit folgen-den drei Dimensionen verbinden:

– Die kerygmatische Seelsorge verkündet, und ihr Modell ist die Predigt in der Kirche, Seelsorge ist Predigt an den Einzelnen. Natürlich werden psychologi-sche Weichspüler beigemengt, damit die Methode (Thurneysens berüchtigter „Bruch") nicht gar so abschreckend wirkt.

– Die diakonisch orientierte Seelsorge bedient sich psychotherapeutischer Metho-den, um zu helfen, zu heilen, zu beraten, sie ist „Psychotherapie im Kontext der Kirche" (Stollberg); so wie diakonische Einrichtungen Krankenhäuser unter-halten, betreiben andere diakonische Einrichtungen Beratungsstellen.

– Dann kommt noch das Gebet. Meistens zum Schluss. Dabei ist das Gebet das Markenzeichen des Seelsorgers: Auch Sozialpädagogen beraten, auch Politiker und Journalisten predigen (nicht das Evangelium, sondern eine Moral), aber ich kenne keine Berufsgruppe, deren Handwerkszeug das Gebet ist. Das Gebet re-präsentiert am deutlichsten die spirituelle Dimension der Seelsorge.

Alle drei Varianten sind durch das Defizitmodell geprägt. Einer hat, was dem

anderen fehlt. Einer gibt, der andere empfängt. In allen drei Varianten wird die
Psychotherapie „benützt". Sie ist ein Hilfsmittel, um etwas Theologisches zu erreichen. Die Psychotherapie wird instrumentalisiert. Umgekehrt gilt das auch:
besonders in den USA wird die Seelsorge, und hier vor allem das Gebet, benützt,
um etwas Nicht-theologisches zu erreichen, nämlich die gesundheitliche Verbesse-
rung der Patienten. Beten macht gesund.[1] Aber ist das der Sinn von Beten? Sex
verbraucht Kalorien, aber ist das der Sinn von Sex?

Dasselbe gilt für den Dialog von Seelsorge und Psychoanalyse. Vor allem in den
USA wird die Seelsorge oder die Religion von der Psychoanalyse instrumentalisiert. Nach der Überwindung des Neurose-Vorurteils (dass Religion nichts als
organisierte Neurose sei) wurde durchaus gesehen, dass Religion der Selbstverwirklichung und der Erfahrungserweiterung dienen kann. Und, wie auch Rachel
Blass (2004) beschreibt, haben sich einige Vertreter der Psychoanalyse und einige
Vertreter der Religion in den letzten Jahren darauf geeinigt, die schwierige Frage
der Wahrheit auszuklammern und sich auf die Erfahrung zu konzentrieren. Religion wird gesehen als Möglichkeit, grundlegende Erfahrungen auszudrücken und
das Selbst günstig zu entwickeln. Mit dieser Illusion einer Gemeinsamkeit können
beide Seiten leben, ohne sich um die Wahrheit, um die es in Psychoanalyse und
Religion geht, streiten zu müssen.

Ich habe mit verschiedenen Psychotherapien und Psychoanalysen im Laufe der
Jahre experimentiert und bin dabei auf eine Psychoanalyse gestoßen, die mit der
Seelsorge eine ungewöhnlich wechselseitig befruchtende Beziehung eingehen
kann, und davon möchte ich nun berichten.

3. Heureka! Melanie Klein, Wilfred Bion, Meister Eckhart und Johannes vom Kreuz

In meinen eigenen psychoanalytischen Lehrjahren war ich auf eine Couch geraten,
über der offenbar der Geist von Wilfred Bion, dem englischen Psychoanalytiker,
schwebte. Ich musste diese Analyse aus beruflichen Gründen nach zwei Jahren
abbrechen, weil eine Umsiedlung von Australien nach Deutschland unumgänglich
geworden war. Natürlich war kein Bion-Jargon gefallen, aber ich bekam doch mit,
dass diese Analyse etwas mit Melanie Klein und Wilfred Bion zu tun hatte, es
ging auch häufig um die „Wahrheit". Diese begonnene Analyse hatte eine große,
aber nicht definierbare Wirkung auf mich. Ich merkte, da war „was dran". Wie ein
Drogenhund hatte ich Witterung aufgenommen und vertiefte mich in Bions
Schriften.

---

[1]   Vgl. u.a. Randolph C. Byrd, Positive Therapeutic Effects of Intercessory Prayer in a Coronary
       Care Unit Population, in: Southern Medical Journal of the Southern Medical Association, Vol 81,
       Nr. 7 (1988), 826–829; Larry Dossey, Healing Words: The Power of Prayer and the Practice of
       Medicine, San Francisco 1993; Paul E. Hopkins, Pastoral Counseling as Spiritual Healing: A
       Credo, in: JPC 53 (1999), 145–151; Sebastian Murken, Religionspsychologie in Deutschland: eine
       Bestandesaufnahme, in: WzM 54 (2002), 185–196.

Bion ist ein Schüler von Melanie Klein. Er ging acht Jahre zu ihr in Analyse (1948–1955) und wurde neben Donald Meltzer ihr bekanntester und einflussreichster Schüler. Seine Brillanz, oder Verrücktheit, wie man es nimmt, kam erst in fortgeschrittenem Alter zu Tage. Er hatte es nicht leicht gehabt in seinem Leben: Geboren in Indien von Englischen sehr frommen Eltern, wurde er, wie damals üblich, mit 8 Jahren nach England in ein Internat geschickt. Seine ersten (von 10) Jahren waren traumatisch: er fühlte sich einsam und hatte Heimweh, litt unter der Brutalität des Internatsleben mit seinen sadistischen Spielen und seiner ritualisierten sexualfeindlichen Religiosität. Mit 17 bewarb er sich zum Militär, der Erste Weltkrieg hatte gerade begonnen, mit 18 wurde er als Soldat vereidigt, und mit 21 war er ein hochdekorierter Kriegsveteran; wieder traumatisiert. Er studierte Französisch und Geschichte, scheiterte als Lehrer an seiner ehemaligen Schule, hatte Pech in der Liebe und litt an schweren Minderwertigkeitsgefühlen, was ihn zunächst als Patienten zur Psychotherapie brachte.

Nach dem Medizinstudium wandte er sich der Psychoanalyse zu und begann 1939 eine Analyse bei John Rickman, einem Quäker und Analysanden von Melanie Klein, der Psychoanalyse und Religion als zusammengehörig betrachtete. Der Zweite Weltkrieg unterbrach Bions psychoanalytische Ausbildung, und er diente bis Kriegsende als Militärpsychiater; schon damals zeichneten sich seine Eigenwilligkeit und Originalität ab. Er versuchte, Soldaten, die an Kriegsneurosen litten, im Rahmen von therapeutischen Gemeinschaften zu behandeln, und machte seine ersten therapeutischen Erfahrungen mit Gruppen. Der Zweite Weltkrieg endete für ihn mit einer familiären Katastrophe. Anfang des Krieges hatte er die Schauspielerin Betty Jardin geheiratet; sie war Ende des Krieges schwanger geworden. Er war auf Dienstreise, als er von der Geburt einer gesunden Tochter verständigt wurde. Drei Tage später erreichte ihn die Nachricht, daß seine Frau an einer Lungenembolie verstorben war.

Er kaufte vom Ersparten ein Haus, mietete sich in der Londoner Arzt-Straße Harley Street eine schäbige Praxis, und arbeitete sechs Tage die Woche, um sich und seine kleine Tochter durchzubringen. 1948 entschloss er sich, bei Melanie Klein eine Psychoanalyse zu machen, 1950 wurde er als Mitglied in der Britischen Psychoanalytischen Gesellschaft aufgenommen. Kurz darauf lernt er an der Tavistock Klinik eine verwitwete junge Frau kennen. Sie heirateten. Es ging aufwärts mit ihm: in den 50er Jahren veröffentlichte er Aufsätze über seine klinische Arbeit mit schizophrenen Patienten („Second Thoughts", 1967).

Er findet im Erleben seiner Patienten jene Einsamkeit, Vernichtungsangst und Zerstörungswut wieder, die er selber als einsamer Junge im Internat und vor allem als 19-jähriger Panzersoldat an der Front im Ersten Weltkrieg erlebt hatte. In der Seele seiner Patienten tobt ein Krieg, den er aus Erfahrung kennt, in sich und außerhalb. Er beschreibt diese seelischen Vorgänge in der Sprache des ehemaligen Soldaten und mit den Begriffen, die Melanie Klein ihm zur Verfügung stellt: Todestrieb, Neidische Attacken, Angriffe auf Verbindungen, Spaltung, Projektive Identifikation, Bizarre Objekte, Angst, Psychose, Wahnsinn. Man kann seine Schriften auch als Spiegel eines Selbstheilungsprozesses lesen. Mit den Jahren kommen heilende und haltende Konzepte hinzu: Projektive Identifikation als Urform der Kommunikation, der berühmte „Container" wird erfunden, der Prozess Container/Contained (C/Cd) mit seinem ulkigen Zeichen ♀♂ erscheint – erstmals zusammenfassend 1962 in „Lernen durch Erfahrung". Aus den Traumata des Krieges und den klinischen Erfahrungen mit Psychotikern (heute eher: Patienten mit Borderline Syndrom) ist eine Theorie des Denkens geworden.

Bion ist von Geburt an neugierig und bleibt es bis zum Tode. Er erkundet die Welt des psychotischen Denkens als die Urform des Denkens und sucht eine neue Sprache, um das neue Terrain zu beschreiben, in „Elemente der Psychoanalyse" (1963) und wagt sich immer mehr an das heran, was hinter den Erscheinungen ist, was wirklich ist, hinter dem Vorhang der Illusionen. Der Durchbruch gelingt mit seiner Schrift „Transformationen" von 1965. Er übernimmt die Idee Kants, dass das Ding-an-sich unerkennbar ist, das Eigentliche, aber dass es uns in Transformationen erkennbar wird. Das Eigentliche ist die letzte Wirklichkeit, die ultimative Wahrheit, unerkennbar, unsagbar („ineffable", er spielt damit wohl auch an auf Augustins „ineffabile"). Er nennt es „O", keiner weiß warum. Sein Buch beginnt mit einem Gleichnis aus der Malerei. Er, der Hobbymaler, erklärt, dass ein Maler ein Mohnblumenfeld sieht, spürt, erlebt – und dies dann transformiert in ein Bild auf der Leinwand. Wir sehen das Bild, aber das Erlebnis des Mohnblumenfeldes ist unerkennbar – es sei denn, der Maler bringt die Stimmung „rüber", und der Betrachter erahnt – „intuiert" – die ursprüngliche Stimmung. In der Psychoanalyse erleben Analytiker und Analysand ihre Beziehung und transformieren sie mittels freier Assoziation und gleichschwebender Aufmerksamkeit in einem Prozeß, der dem Träumen entspricht („alpha-funktion" und „reverie"), in „Interpretationen". Und wenn das gemeinsame Erlebnis „O" sich evolviert, dann haben beide eine Erkenntnis – etwa der Augenblick, als ich, wie oben anfangs beschrieben, endlich den Horror meiner Patientin, die an Hautausschlag litt, nacherleben konnte.

Bion entdeckt die Mystiker, insbesondere Meister Eckhart und Johannes vom Kreuz, als jene, die mit den Mitteln der Intuition dem Eigentlichen am nächsten kommen. Das Eigentliche nennt Bion „O". In der Religion ist das Eigentliche die letzte Wahrheit, das Sein-Selbst, die Gottheit. Sie ist unerkennbar. Aber sie gibt sich zu erkennen in Transformationen. In der Religion heißen sie „Inkarnation". Die Gottheit („Godhead") inkarniert sich in Gott („God"), oder in Christus, oder in dem Geheimnis der heiligen Trinität, oder im O der analytischen Stunde. 1970 schnürt Bion den Sack zu in seiner Schrift „Aufmerksamkeit und Deutung", deren abschließender Satz die Mutter und die Gottheit in einem Atemzug nennt. Er fordert von der Psychoanalyse: „Anzustreben ist eine Aktivität, die sowohl die Wiederherstellung Gottes (der Mutter) als auch die Evolution Gottes (des Formlosen, Unendlichen, Unsagbaren, Nicht-Existenten) ist und die nur in einem Zustand möglich wird, in dem es KEINE Erinnerung; KEINEN Wunsch, KEIN Verstehen gibt" (1970, 147; 2006, 129).

Zu der Zeit (1970) weilt Bion schon in Kalifornien. 1968, also über 70-jährig hatte er sich entschlossen, England zu verlassen. Er hat damit auch die herkömmliche Psychoanalyse verlassen, und zwar mit einer Häresie, die sich mit seinem Konzept von „O" schon andeutet, die er aber 1967 in „Second Thoughts" noch deutlicher formuliert, ein Jahr vor seiner Auswanderung: Was mit seinen Aufsätzen nicht stimme, meint er, sei, dass sie die Dimension des Religiösen außer Acht ließen. In einer heftigen Auseinandersetzung mit Freud stimmt er mit diesem überein, dass es eine neurotische Religion gibt, die z.B. das Bild des Vaters aus Minderwertig-keitserlebnissen heraus überhöht und aus diesem Vateridol dann einen Gott macht – was verhindert, dass die Erfahrung der wahren Gottheit möglich wird. Positiv gewendet, fordert er, dass zwar Analyse diese Religionskritik an den Götzen vorantreiben muss – aber mit dem Ziel, die Religionsfähigkeit des Analysanden wieder herzustellen. Es sei ein Grundbedürfnis jedes Menschen, die Möglichkeit und Fähigkeit zu haben, „Ehrfurcht und Schaudern" („reverence and awe") ange-sichts der unsichtbaren und unerkennbaren Gottheit zu empfinden. In der Analyse wird der idealisierte Analytiker zum Götzen; dies sei durchzuarbeiten, um den Weg für wahre Gottesverehrung frei zu machen.

Als hätte er sich damit nicht schon bei seinen Kollegen unbeliebt genug gemacht, fordert er eine neue Haltung, die oben im Zitat schon angesprochen ist: „Keine Erinnerung, kein Wunsch, kein Verstehen". Es ist eine radikalisierte Version von Freuds „gleichschwebender Aufmerksamkeit". Und Bion macht (durch ausführli-che Bezugnahme auf Johannes vom Kreuz) deutlich, dass Freuds Methode eine mystische Methode der Behandlung ist. Freuds Methode ist das Trojanische Pferd in der Festung der Naturwissenschaft. Diese Methode bedeutet, sich aller Wün-sche und aller Erinnerung, also aller libidinösen Impulse in Bezug auf Vergan-genheit und Zukunft zu entledigen, und in der Dunkelheit des Nicht-Erkennens zu harren, bis sich die Gottheit evolviert. Theologisch würden wir sagen: offenbart oder erschließt. Während Freuds Analyse rekonstruiert, was war, wartet Bions Analyse auf das, was kommt. Bion hat die Analyse für die Dimension der Zukunft geöffnet.

Bions Aktivitäten in den USA konzentrierten sich vor allem auf Supervisionen und Vorträge, die ihn bis nach Südamerika führten. Dort bildeten sich Kultge-meinden, die seinem Ruf wahrscheinlich mehr schadeten als dienten. Er wurde auch nie mehr auf einen Internationalen Kongreß eingeladen. Bis heute wird in der Psychoanalyse heftig gestritten, ob der mystische Bion zum gesamten Bion gehört oder ob es sich dabei nur um eine Alterserscheinung handelt.[2] In der Diskussion wird immer wieder spürbar, wie allergisch manche Analytiker auf alles reagieren, was nach Religion riechen könnte. Der wissenschaftliche Bion wird gegen den mystischen Bion ausgespielt. Für Bion selbst war Wissenschaft und Mystik kein Widerspruch, im Gegenteil: Beide habe die gleiche Haltung: Offenheit für Neues, Unbekanntes. Diese Haltung bezeichnet er mit „F" – oder „Faith": Glaube im Sinne der Mystik als Offenheit, Vertrauen in den Prozess der Selbsterschließung von „O", der letzten Wahrheit und Wirklichkeit.

---

[2]   Elizabeth Tabak de Bianchedi, Whose Bion? Who is Bion?, in: IJP 86 (2005), 1529–34; Antonino Ferro, Bion: Theoretical and clinical observations, in: IJP 86 (2005), 1535–42; Edna O'Shaugh-nessy, Whose Bion?, in: IJP 86 (2005), 1523–28. Dt.: „Wessen Bion?" in: Gabriele Junkers (Hg.), Verkehrte Liebe. Ausgewählte Beiträge aus dem International Journal of Psychoanalysis, Tübin-gen 2006, 127–158.

4. Bion in der Seelsorge – geht das?

Was nicht geht: Psychoanalyse Bionscher Prägung in der Seelsorge zu treiben. Was aber geht, ist, Psychoanalyse außerhalb des üblichen Settings anzuwenden und den geistigen Rahmen zu bewahren. Das Setting bezieht sich auf die äußeren Umstände wie Raum, Zeit, Honorar, Mobiliar etc. Der Rahmen bezieht sich auf eine analytische innere Haltung, einen „frame of mind". Es ist sehr wohl möglich, diesen „frame of mind" in allen möglichen Settings anzuwenden. Man kann jemandem in gleichschwebender Aufmerksamkeit (Freud) oder ohne Erinnerung und Begehren (Bion) zuhören, ob man hinter der Couch oder am Krankenbett sitzt, spazieren geht (wie es Freud z.B. mit Gustav Mahler getan hat), oder ein Haus erwirbt (wie es Bion seiner Frau empfohlen hat). Der Geist weht, wo er will, er ist nicht auf Couch oder Kirche begrenzt.

Es ist geradezu ein Markenzeichen von Bions Psychoanalyse, dass sie unter schwierigsten, d.h. oft traumatischen Umständen zum Einsatz kommen kann. Das liegt mit größter Wahrscheinlichkeit daran, dass sie aus der Behandlung von Gemütszuständen entwickelt wurde, die mit vernichtenden katastrophalen Ängsten behaftet sind. Wir erinnern uns: Bions Kriegserfahrungen spiegelten sich wider in den psychotischen Schichten seiner Patienten. Wie ich im Detail beschrieben habe (Wiedemann 1996), sind psychotische Zustände nicht nur genetisch oder psychodynamisch, sondern auch situativ bedingt: Wenn man zu viel Bedrohung und unsäglicher Angst ausgesetzt ist, wird man verrückt. Dies ist z.B. beim Warten auf eine Operation, oder erstaunlicherweise mehr noch beim Warten auf den Eintritt ins Krankenhaus der Fall, ebenso in anderen traumatischen Situationen, wie wir von der Notfallseelsorge her wissen.

Ich möchte Bions „Handwerkszeug" an den eingangs zitierten Vignetten kurz erläutern:

1. Projektive Identifikation. Diesen Begriff prägte Melanie Klein zum erstenmal 1948. Er besagt, dass Gefühlselemente nicht nur auf jemanden projiziert werden, so dass der andere nur Projektionsfläche ist, sondern dass Gefühlselemente in jemanden hineinprojiziert werden, so dass der andere sich gemäß der Projektion verhält. Die Bildersprache des Neuen Testaments spricht sehr sachgemäß und anschaulich von „Besessenheit". Der andere wird zum Beispiel nicht als ärgerlich wahrgenommen, er wird tatsächlich ärgerlich, vom Geist des Ärgers besetzt und kontrolliert. – In der ersten Vignette werden Gefühle von tiefem Versagen, Selbstentwertung, Hoffnungslosigkeit, Selbstzweifel in den Seelsorger hinein gezwungen, so dass der Seelsorger sich als Versager, wertlos, hoffnungslos und total verunsichert erlebt. Unter der Macht der Projektiven Identifikation fühlt sich dieses Erlebnis nicht wie ein „als ob"-Erlebnis an, sondern es ist wirklich. Der Patient kann nicht erzählen, weil er es nicht weiß, wie furchtbar wertlos er sich erlebt. Weil er keine Worte und kein verbales Denken dafür zur Verfügung hat, übermittelt er die Botschaft ohne Worte: er tut dem Seelsorger an, was er nicht fühlen kann, er versetzt den Seelsorger in den emotionalen Zustand, in dem er sich selber unbewusst befindet.

Dies bestätigt Bions frühe Vermutung, dass es sich bei der Projektiven Identifikation nicht um eine Geisteskrankheit oder einen psychotischen Abwehrmechanismus handelt – auch das kann der Fall sein –, sondern vielmehr und öfter um eine Urform der Kommunikation. Diese Art von Gefühlstransplantation ist die Urform des Denkens. Das Grundmodell dafür ist das Modell des Verdauens. Bion nimmt an, dass es einen seelischen Vorgang gibt, der der materiellen Verdauung entspricht. Erlebnisse und mit ihnen einhergehende Gefühle müssen verdaut werden. Wie der Säugling die Mutter braucht, die feste Kost isst, verdaut und ihm als Milch zufließen lässt, braucht der Säugling (jeden Alters) eine Mutterfunktion, die seine Roherfahrungen verdaut und in denkbare Form bringt, so dass er seine Erlebnisse und Gefühle denken kann. Sind diese Gefühlsinhalte zu unverdaulich, muss sich der Säugling oder Mensch eine externe Verdauungshilfe ausleihen. Die Grundidee ist, dass die „Mutter" verdaut, verwandelt und das Verwandelte so zurückgibt, dass es zum Denken oder Lernen verwendet werden kann.

Nach Melanie Klein würde mein Patient in mich seine unerträglichen Insuffizienzgefühle hineinzwingen, um sie zu kontrollieren, indem er mich kontrolliert und wegschickt. Damit ist er die unerträglichen Gefühle los. Nach Wilfred Bion würde der Patient seine unbewusste Hoffnung ausdrücken, dass er seine unerträglichen Zustände in mich hinein evakuieren kann, damit ich sie umwandle und sie ihm in einer Form zurückgebe („feedback") , die für ihn verträglich ist und die ihm eine neue Erfahrung ermöglicht.

Aus meinen seelsorgerlichen und klinischen psychoanalytischen Erfahrungen habe ich den Eindruck gewonnen, dass Projektive Identifikation in der Seelsorge weit häufiger und heftiger vorkommt als in analytischen Stunden. Ich vermute, das liegt am Rahmen: der Rahmen einer psychoanalytischen Stunde ist weit stützender und schützender als der Rahmen – oder das Fehlen eines Rahmens – in der Krankenhaussituation.

2. Reverie, ♀♂ und Trost. Die Patientin in Vignette Nr. 2 erlebt in einer extrem angsterzeugenden Situation – beim Warten, d.h. beim Übergang vom Zustand einer Nicht-Patientin in den Zustand einer Patientin – dass sie getröstet wird. Meine eigene ungläubige Reaktion ist ein Reflex meiner theologischen Sozialisation: Trösten heißt jemandem Worte zusprechen, die bewirken, dass er sich irgendwie besser fühlt. Sie hingegen erlebt Trösten im Sinne des Hiob-Zitates: „Hört doch meiner Rede zu und lasst das eure Tröstung sein" (Hi 21,2). In psychoanalytischer Sprache könnte ich sagen: Es geschieht ein Prozess ♀♂: Der Seelsorger wird zum Container, der Inhalte in sich aufnimmt. Der hypothetische mentale Verdauungsprozess, den Bion mit alpha-Funktion bezeichnet, ist durch das Träumen der Mutter möglich – „reverie". „Reverie" ist ein psychisches Rezeptorgan für die vor-bewussten und vor-unbewussten Denk-Elemente des Kindes. „Reverie" bezieht sich auf einen geistigen Zustand der Mutter, der es ihr möglich macht, die Projektiven Identifikationen des Kindes aufzunehmen und zu metabolisieren, also unbewusstseinsfähig zu machen. Er greift zu einem oft zitierten idealtypischen Vorgang:

„Normale Entwicklung ist möglich, wenn das Kind das Erlebnis zu Sterben in die Mutter hineinlegen kann, wenn dies von der Mutter erträglich gemacht wird, und es dann re-introjiziert wird. Wenn die Projektion von der Mutter nicht aufgenommen wird, erlebt das Kind, dass das Erlebnis zu sterben seiner Bedeutung beraubt ist. Es nimmt deshalb nicht eine erträglich gemachte Angst zu sterben in sich auf, sondern eine namenlose Bedrohung" (Bion 1967, 116).

Reverie ist Denken im Zustand der gleichschwebenden Aufmerksamkeit, und biblisch wohl treffend bildhaft ausgedrückt mit der Wendung „im Herzen bewegen". Die Frau sagt mir dies und jenes, Alltägliches, und ich sinne absichtslos darüber nach, lasse mich von ihren Worten und dem, was sie nicht sagt, bewegen, aufregen, verwundern, langweilen, zum Staunen bringen. Ich kenne nicht die Bedeutung ihrer Rede, und ich vermeide es, bemüht zu sein, nach Deutungen zu suchen. Ich versuche, die Haltung zu praktizieren, die Bion mit einem Ausdruck von John Keats gekennzeichnet hat: „Negative Capability". *„Negative Fähigkeit, das heißt, wenn jemand fähig ist, das Ungewisse, die Mysterien, die Zweifel zu ertragen, ohne alles aufgeregte Greifen nach Fakten und Verstandesgründen"* (Bion 1970/2006, 125/143).

Bion bemerkt einmal, fast nebenbei, dass die Mutter noch jemand anderen, vorzugsweise den Vater, braucht, um zur „reverie" und zum „containment" für ihr Kind fähig zu sein. Ich habe den Eindruck, dass ich als Seelsorger auch einen „Vater" brauche, einen „Dritten", um die Funktion des Containments auszuüben, und meine Vision ist, daß wir beide, die Noch-Nicht-Patientin und ich, beide „gut aufgehoben" sind. Containment ist mehr ein triadischer als ein dyadischer Prozess (Davison 2002). Wendungen wie „in Christus sein", oder „im Glauben sein" deutet auf das Containment, das der Seelsorger braucht. Was für den Seelsorger der „Glaube" und die „Kirche", ist für den Psychoanalytiker die „Theorie" und sein „Institut".

3. „Becoming O". – Das dritte Beispiel kommt aus meiner psychoanalytischen Arbeit und soll veranschaulichen, was Bion meint, wenn er von „becoming O" spricht. Ich glaube, er meint damit einen Erkenntnisprozess, in dem die kognitive Distanz und die Dichotomie von Subjekt und Objekt aufgehoben sind und es zu einem Ergriffenwerden durch das Erlebnis kommt: Ich bin ergriffen und erschüttert von der emotionalen Erkenntnis, aussätzig zu sein! Kognitiv hatte ich diese Erkenntnis schon seit zwei Jahren. Aber es bedurfte eines Zustandes weitestgehender Ungeschütztheit, um mich – ungewollt – von diesem Schaudern ergreifen zu lassen. Ich vermute, ich ahnte die Ungeheuerlichkeit dieser Erkenntnis und musste mich unbewusst davor schützen, indem ich sie als Information zur Kenntnis nahm, aber mich nicht mit dem Leiden meiner Patientin identifizieren konnte. Als die Identifikation mit mir geschah, war das wohl ein Augenblick von „reverence and awe", ein Augenblick, wie ihn die Jünger erlebten, als es hieß: „Sie fürchteten sich sehr".

5. Seelsorge mit und ohne Defizit

Bions Ansatz führt in der Praxis nicht zu einem therapeutischen, sondern zu einem epistemologischen Unternehmen, und das verleiht ihm einen „partnerschaftlichen" Charakter. Da es in der Analyse bzw. Seelsorge immer um ein spezifisches Intuieren von O – der emotionalen Erfahrung – geht, sind beide Teilnehmer des Unternehmens in verschiedenen Funktionen und auf unterschiedlichen Ebenen mit einem gemeinsamen Erlebnis – der gemeinsamen emotionalen Erfahrung als einer Evolution von O – befasst. Während die kerygmatisch und die diakonisch ausgerichtete Seelsorge meist einen dyadischen Beziehungscharakter mit der Tendenz zum autoritären Gefälle von Hilfegeber zu Hilfsempfänger haben, ist die Kommunikationsstruktur in der analytischen Seelsorge triadisch, wie etwa beim gemeinsamen Gebet. Aus der dyadischen Interaktion wird etwas Drittes „geboren", mit Bions eigenen Worten: „Socrates said he was a midwife; he attended the birth of a mind. The same thing applies to us; we can help a patient to get born, to emerge from the womb of thought" (1987, 181).

6. Bions Analytische Seelsorge in der Seelsorgelandschaft

Wo steht die analytische Seelsorge in Bezug auf die seelsorgerlichen Grunddimensionen von Kerygma, Diakonie und Spiritualität?

1. Analytische Seelsorge dreht das kerygmatische Paradigma um. Nicht mehr einer verkündigt dem anderen etwas, sondern beide, Pastor und Pastorand, versuchen sich in einen Zustand zu begeben, in dem Gott sich selbst verkündet, offenbart und erschließt. Seelsorge ist nicht Predigt an den Einzelnen, sondern Gottesdienst miteinander. Zentrales Konzept dabei ist „evolution of O", die Selbstoffenbarung der unerkannten und unerkennbaren Gottheit „O". Insofern geht es nicht um Verkündigung von etwas Bekanntem, sondern um das Erleben von Unbekanntem, was für beide Teilnehmer der seelsorgerlichen Begegnung gilt. Wollte man den Begriff der Verkündigung beibehalten, müsste man ihn neu fassen als Selbstverkündigung des sich Offenbarenden. Gott ist Subjekt der Verkündigung.
Analytische Seelsorge teilt mit der kerygmatischen Seelsorge Zurückhaltung bezüglich der Psychotherapie. Mit dem Verzicht auf „Heilung" als ausdrückliches Ziel der Seelsorge wird die Psychotherapie für die analytische Seelsorge irrelevant. Psychotherapeutische „Methoden" werden eher als hinderlich denn als nützlich für die Praxis der Seelsorge betrachtet. Die Psychologie als Hilfswissenschaft wird überflüssig. Stattdessen wird ein gleichberechtigter Dialog mit der (Bionschen) Psychoanalyse möglich, und in ihr geht es nicht um Methode, sondern um die psychoanalytische spirituelle Haltung.

2. Analytische Seelsorge ist auf den ersten Blick genau das Gegenteil von diakonischer Seelsorge. Denn Hilfe zu geben, heilen zu wollen ist genau das „Begehren",

das aufgegeben werden soll, um den Prozess der Evolution von O nicht zu behindern. Das Problem ist, dass eine „Besserung" meist stattfindet. Sie ist eine Nebenwirkung des analytischen Prozesses. Wahrheit heilt, könnte man sagen, aber es geht nicht um die Heilung, sondern um die Wahrheit. In den neutestamentlichen Geschichten geht es nicht um Symptombeseitigung, sondern (nach Pilch 2000, Stegemann 2002) um das Offenbarwerden der Herrlichkeit des HERRN, und die Symptome können verschwinden oder auch bleiben, sie werden nebensächlich oder überflüssig. Mahler (1995) formuliert das Primat des Forschens in der Psychoanalyse so: „Wenn uns aber die Neugier leitet und wir das Symptom, die Krankheit und die Hintergründe schrittweise erkennen und mit dem Patienten verstehen lernen, kann das Symptom seine vorherige große Bedeutung verlieren, es kann sich wandeln, in den Hintergrund treten und schließlich auch gänzlich verschwinden. Die Heilung ist dann als Beiprodukt des psychoanalytischen Prozesses zustande gekommen und, offen gestanden, sie interessiert uns direkt ja auch gar nicht so sehr wie die Gesamtzusammenhänge" (385). Aufgrund dieses Heilungsparadoxes sind die vielen Therapieansätze für die analytische Seelsorge irrelevant, sie gehören zum weiten Bereich der Psychotherapie. Analytische Seelsorge hat es mit der Psychoanalyse als epistemologischem Unternehmen zu tun. Wenn es ein therapeutisches Anliegen gibt, dann dies: nicht die Heilung im Sinne der Wiederherstellung von psychischen und physischen Funktionen, sondern die Aktivierung der religiösen Funktion mit dem Ziel, die Fähigkeit zu „reverence and awe" zu fördern.

Aber mit der diakonischen Seelsorge nimmt die analytische Seelsorge das zentrale Anliegen der Seelsorgebewegung auf, von der Theologie zum Menschen zu gelangen, von der Lehre zum Erlebnis, und religiöse Objektbeziehungen, wie sie in der Theologie und Dogmatik abstrakt formuliert sind, in der seelsorgerlichen Beziehung konkret zu explorieren. Sie geht theologisch nicht deduktiv vor, sondern induktiv und kann mit ihrer eschatologischen und epistemologischen Öffnung potentiell Theologie neu und Neues in der Theologie entdecken.

Sie teilt nicht die einseitig optimistische anthropologische Auffassung, verbunden mit einer einseitig „positiven" Schöpfungstheologie der diakonischen Seelsorge, soweit sie sich mit Ansätzen der humanistischen Psychologie (z.B. von C. Rogers) verbündet oder identifiziert hat, im Gegenteil: „Vokabeln und Vorstellungen wie Einheit, Entwicklung, Ganzheit, Wachstum und dergleichen entstammen dem organologischen Verstehen von Leben … Der Ganzheit steht das Fragment gegenüber … Der Organologie steht die Eschatologie gegenüber" (Riess 1973, 244).

3. Die stärkste Affinität dürfte die analytische Seelsorge mit der dritten Grunddimension aufweisen, die sich auf Spiritualität und Gebet konzentriert. Sie distanziert sich jedoch von einer magischen Instrumentalisierung des Gebets, und sieht „Gebet" als symbolische Verdichtung einer seelsorgerlich-analytischen Haltung, die negativ mit „without memory, desire, understanding", und positiv mit „Act of Faith" charakterisiert ist. Das Gebet ist nicht (nur) eine Aktion, sondern mehr eine Haltung von Rezeptivität und Achtsamkeit.

Analytische Seelsorge bietet für die Spiritualität zwei komplementäre psychoanalytische Modelle an, die sich ergänzen, und wie ein kreatives „mating couple" sind: C/Cd und PS↔D (plus „selected fact").[3] So hat sich – wie es Bions Idee war (Bion 1982) – eine sublime Sexualität in der Gestalt einer strengen wissenschaftlichen Spiritualität entwickelt. Bion wurde vorgeworfen, er habe die Sexualität in der Psychoanalyse vernachlässigt (vgl. Gast 1992, Weimer 2001); man könnte es anders sagen: er hat sie sublimiert und in abstrakte Modelle gefasst. Und man könnte sich Bions' „imaginative conjectures" bedienen und seine Modelle mit den mythischen „Modellen" aus Gen 1 in Beziehung setzen: Der Geist Gottes, der über den Wassern brütet, ist Bild für ein kreatives Paar C/Cd, und die Schöpfungsordnung, die sich aus dem Chaos bildet, ist ein Beispiel für PS↔D.

Dass das „innere Paar", das „mating couple" C/Cd immer in Gefahr ist, ist Kennzeichen der Anthropologie, die den Todestrieb in seinen gesellschaftlichen und individuellen psychischen Manifestationen (Krieg und Psychose; nach Simon [2001] ist Krieg Psychose auf gesellschaftlicher Ebene) beschreibt – als „Angriffe auf das Verbinden" („Attacks on Linking", Bion 1967). Die Sünde als destruktive individuelle und kollektive Macht ist nicht nur postuliert, sondern klinisch im Detail beschrieben, z.B. als zerstörerische Angriffe auf kreative Verbindungen zwischen Objekten.

Analytische Seelsorge hat eine eschatologische Orientierung. Offenbarung, wie sie in den biblischen Zeugnissen bekundet wird, wird als Transformation, Inkarnation, oder als Schnittstelle des Endlichen mit dem Unendlichen gewürdigt. Analytische Seelsorge rekurriert auf eine via negativa der Gotteserkenntnis unter dem Leitmotiv der Mystik. Sie wendet sich dem Unbekannten zu und setzt eine *creatio continua* und eine *revelatio continua* voraus. Ihr Blick ist gerichtet auf das Kommende, auf das „Siehe, ich mache alles neu" (Apk 21).

7. Ehe gut, alles gut?

Man kann Seelsorge mit verschiedenen psychoanalytischen Ansätzen „verheiraten". Die Verbindung mit Bions Ansatz hat m.E. folgende Vorteile:

– Es ist nicht nötig Bion zu „taufen" (Weimer 2001). Bion hat die theologischen und religiösen Dimensionen seiner klinischen Arbeit selbst explizit gemacht. Psychoanalyse und Seelsorge bedienen sich derselben Haltung. Diese Haltung

---

3   PS↔D bezeichnet ein Oszillieren zwischen beiden Zuständen, der paranoid-schizoiden und der depressiven Position. Für Bion sind dies zwei Weisen des Denkens: in PS ist Denken chaotisch und ungeordnet, unsicher und verwirrt, tastend und forschend, bis es durch ein Erlebnis, das er mit „Selected Fact" bezeichnet, Sinn und Ordnung bekommt, der „rote Faden" erkennbar wird. Auf dieser gewonnenen Ebene der Erkenntnis setzt der nächste Zyklus PS↔D ein: neue Fragen bringen neue Unsicherheit, Verwirrung, bis sich wieder ein „Selected Fact" einstellt und zu einem neuen D führt usw. Dieses Hin und Her zwischen beiden „Denkweisen" ist nach Bion symptomatisch für psychische Gesundheit. „Selected Fact" ist der Name für ein emotionales Erlebnis der Erleuchtung: Was verwirrend, chaotisch und sinnlos war, bekommt von einem gewissen Blickpunkt aus Sinn und Bedeutung.

entspricht der religiösen Haltung der großen Mystiker wie z.B. Meister Eckhart und Johannes vom Kreuz.

– Die theologische Tradition, die dadurch neu zur Geltung kommt, ist die Mystik. Sie ist erfahrungsorientiert und zeichnet sich durch eine „negative Theologie" aus. Damit kommt wieder die Seite der Religion und der Gotteserfahrung zum Zuge, die „unsaturiert", offen für Neues ist. Man könnte sagen: Seelsorge und Psychoanalyse dieser Art werden eschatologisiert.

– Die Seelsorge – wie die Psychoanalyse – öffnet sich dem vorsprachlichen Bereich und dem Bereich des Unbewussten. Bisherige Konzeptionen von Seelsorge haben sich in Bereichen bewegt, in denen Sprache und damit Bewusstsein vorausgesetzt werden konnte. Mit der psychoanalytischen Haltung Bions ist es möglich, wie schon mit Freuds gleichschwebender Aufmerksamkeit, Prozesse, die noch nicht sprachfähig sind, zur erfassen.

– Das Grundmodell ♀♂ ist nicht spezifisch psychoanalytisch noch spezifisch theologisch. Es deutet eine ubiquitäre und elementare Beziehungsstruktur an, die sich auf eine Wirklichkeit bezieht, die der Seelsorge wie auch der Psychoanalyse zugrunde liegt. Sie kann in theologischen und in psychoanalytischen Formulierungen beschrieben werden. Seelsorge und Psychoanalyse, oder Psychoanalyse und Religion – man könnte Bions Modell ♀♂ zu Hilfe nehmen, um die Beziehung des Paares zu beschreiben. ♀♂ kann nach Bion kommensal, parasitär oder symbiotisch sein. Fangen wir mit dem negativen an: die Beziehung zwischen Psychoanalyse und Religion kann ausbeuterisch sein – das meint wohl parasitär. Das Ancilla-Modell geht in dieser Richtung: Man ge- oder missbraucht den anderen Partner zu eigenen Zwecken. Das Gebet wird für medizinische Zwecke missbraucht, die psychotherapeutische Methoden, um Menschen zu missionieren. Im Fall von „kommensal" bescheiden sich beide Seiten mit einer friedlichen Koexistenz und kommen gut aus: einer braucht den anderen, und beide gewinnen dabei mehr als sie verlieren. Ein Beispiel dafür ist die von Blass (2004) beschriebene Entwicklung, dass von der Psychoanalyse die Seiten der Religion akzeptiert und integriert wurden, die der Selbsterfahrung oder der Selbstverwirklichung zuträglich sind.

Interessant wird es im dritten Fall: symbiotische Beziehung verändert beide: Behälter und Inhalt, Analysanden und Analytiker, Pastor und Pastoranden, Seelsorge und Psychoanalyse. Aber man weiß nicht, wie die Veränderung aussehen wird. Bion spricht von „catastrophic change", und deshalb macht sie Angst. Ein Paar bringt etwas völlig Neues hervor. Die Gruppe nimmt ein neues Mitglied oder eine neue Idee auf, und beide sterben und werden neu. Historisch könnte man mit Bion z.B. die Jesus-Bewegung heranziehen: Jesus passte nicht mehr in den Behälter der rabbinischen Religion. Jesus wurde zu Christus, das Judentum (oder besser ein Teil davon) zum Christentum.

Wenn Seelsorge und Psychoanalyse eine symbiotische Beziehung eingehen, weiß man nie, was dabei herauskommt.

8. Was machen wir überhaupt? Ein abschließendes Fallbeispiel

Ein Mann mittleren Alters Jahren erscheint bei mir. Er hat eine schwere Muskel-
erkrankung, ist in seiner Beweglichkeit und Artikulationsfähigkeit erheblich eingeschränkt. Er ist körperlich und sprachlich durch seine Krankheit behindert und
äußerst intelligent. Er beschreibt sein Leiden so: Er stehe ständig neben sich und
betrachte sich, und das nehme ihm seine ganze Energie. Er wolle, dass sein Selbst,
das außen ist, wieder zurückkommt in seinen Körper, so dass er zu sich kommt,
und dann würde er wieder gesund sein. Er ist weder psychotisch noch verrückt,
allenfalls originell.
Ich weiß nicht recht, was ich mit ihm anfangen soll. Wir treffen uns einmal die
Woche 50 Minuten. Nach ein paar Wochen Ausprobieren – was eigentlich? Therapie? Psychoanalyse? Seelsorge? – sagt er mir sehr deutlich: er wolle von mir
keine Therapie, denn wenn er Psychotherapie wollte, dann würde er sich von
seinem Hausarzt an einen Psychotherapeuten überweisen lassen. Er erwarte aber
auch nicht, dass ich wie ein Geistheiler ihm die Hand auflege und er geheilt auf-
stehen könne. Das nützte ihm nicht, wenn er dann immer noch neben sich stünde.
Ich frage, warum er dann zu mir käme und was er von mir wolle? Er sagt darauf,
wenn er mit mir spricht, dann kommt er auf Dinge zu denken, die er bislang so
noch nicht denken konnte, und es fallen ihm Erinnerungen und Zusammenhänge
ein, die ihm neu sind. Und darum käme er zu mir.
Ich habe keine Ahnung, wie es weitergeht. Ich weiß nur, dass wir uns einmal die
Woche für 50 Minuten sprechen, und ich weiß, was wir in diesen 50 Minuten
nicht machen: Psychoanalyse, Geistheilung, kerygmatische oder diakonische
Seelsorge. Ich glaube, wir müssen „es" machen, und irgendwann wird sich vielleicht herausstellen, was es war. Sagen wir vorläufig: wir wissen es nicht. Wenn
uns das zu wenig wäre, könnten wir immerhin sagen: „Evolution of O".

Literatur

Bion, Wilfred R. (1990): Learning from Experience, London 1962; dt.: Lernen durch Erfahrung, Frankfurt.

– (1963): Elements of Psychoanalysis, London 1963; dt.: Elemente der Psychoanalyse, Frankfurt 1992.

– (1965): Transformations, London; dt.: Transformationen, Frankfurt 1997.

– (1967): Second Thoughts, London.

– (1970): Attention and Interpretation London; dt.: Aufmerksamkeit und Deutung, Tübingen 2006.

– (1982): The Long Week-End. 1897–1919. Part of a Life, Abingdon.

– (1987): Clinical Seminars and Four Papers, Abingdon.

Blass, Rachel B. (2004): Beyond illusion: Psychoanalysis and the question of religious truth, in: IJP 85, 615–34.

Davison, Susan (2002): Bion's perspectives on psychoanalytic method. Panel Report, in: IJP 83, 913–917.

Gast, Lilli (1992): Libido und Narzißmus: vom Verlust des Sexuellen im psychoanalytischen Diskurs, Tübingen.

Klein, Melanie (1946): Notes on some schizoid mechanisms. IJP 27, 99–110. In: Melanie Klein, Paula Heimann, Susan Isaacs and Joan Riviere, Developments in Psycho-Analysis, London 1952.

Mahler, Eugen (1995): Die Liebe zur radikalen Vernunft. Anmerkungen zur Krise und Chance der DPV, in: PSYCHE 49, 373–391.

Pilch, John J. (2000): Healing in the New Testament. Insights from Medical and Mediterranean Anthropology, Minneapolis.

Riess, Richard (1973): Seelsorge. Orientierung, Analysen, Alternativen, Göttingen.

Simon, Fritz B. (2001): Tödliche Konflikte. Zur Selbstorganisation privater und öffentlicher Kriege. Heidelberg.

Stegemann, Wolfgang / Malina, Bruce J. / Theißen, Gerd (Hg.) (2002): Jesus in neuen Kontexten. Stuttgart.

Weimer, Martin (2001): Psychoanalytische Tugenden. Pastoralpsychologie in Seelsorge und Beratung. Göttingen.

Wiedemann Wolfgang (2005): Act of Faith. Wilfred R. Bions Beitrag zu einer Analytischen Seelsorge. Dissertation Augustana Hochschulen Neuendettelsau.

– (1996): Krankenhausseelsorge und verrückte Reaktionen. Das Heilsame an psychotischer Konfliktbewältigung. Göttingen.

– (2007): Wilfred Bion. Biografie, Theorie und klinische Praxis des „Mystikers der Psychoanalyse", Gießen.

Die Autoren/innen

Wolfgang Drechsel, Prof. Dr. theol., seit 2004 Professor für Praktische Theologie mit dem Schwerpunkt Seelsorge in Heidelberg. Studium der Ev. Theologie in Neuendettelsau und in München, nach dem Vikariat in München, vier Jahre als Dozent für Biblische Theologie am Missions- und Diasporaseminar in Neuendettelsau (1979–1983) tätig. Danach 21 Jahre Krankenhausseelsorger in München. In dieser Zeit Promotion (1992) und Habilitation (2000).

Susanne Heine, Prof. Dr. theol., seit 1996 Professorin für Praktische Theologie und Religionspsychologie an der Ev.-Theologischen Fakultät der Universität Wien, davor von 1990–1996 für dasselbe Fach an der Theologischen Fakultät der Universität Zürich. Studium der Ev. Theologie und Philosophie in Wien und Bonn; 1973 Promotion im Fach Neutestamentliche Wissenschaft; 1978 Habilitation im Fach Religionspädagogik; 1982–1990 Professorin für Religionspädagogik in Wien. Seit 1998 Vorstandsmitglied der „Internationalen Gesellschaft für Religionspsychologie", seit 1997 Mitglied des Konsortiums für das Sokrates-Netzwerk „Advanced Study in Psychology of Religion" und Koordinatorin des Programms an der Universität Wien (u.a.). Zahlreiche Publikationen zur Praktischen Theologie, zu Gender Studies („Frauenbilder – Menschenrechte", 2000), zum Interreligiösen Dialog mit dem Islam („Islam zwischen Selbstbild und Klischee", 1995) und zur Religionspsychologie („Grundlagen der Religionspsychologie", 2005).

Horst Kämpfer, Dr. phil., studierte nach seiner Ausbildung als Starkstromelektriker Pädagogik und Theologie in Kiel. Danach war er als Dozent für Humanwissenschaften am Predigerseminar in Preetz und als Berater in der Erziehungsberatungsstelle Kiel tätig. In dieser Zeit absolvierte er die Ausbildung zum Pastoralpsychologen und zum psychoanalytischen Kinder- und Jugendlichenpsychotherapeuten. Seit 1989 ist er pastoralpsychologischer Berater in der nordelbischen Kirche und analytischer Kinder- und Jugendlichentherapeut in freier Praxis.

Christoph Morgenthaler, Prof. Dr. theol. et phil., seit 1985 Professor für Seelsorge und Pastoralpsychologie an der Theologischen Fakultät der Universität Bern. Studium der Ev. Theologie in Bern, Montpellier und Oxford; Studium der Psychologie in Bern; 1978 Promotion im Fach Praktische Theologie; 1979 Promotion im Fach Psychologie; 1978–1985 Pfarrer der ev.-ref. Kirchen Bern-Jura-Solothurn. Mitglied der „International Academy of Practical Theology" und Gründungsmitglied der „International Society of Empirical Research in Theology". Forschungsprojekte zur Gegenwartsreligiosität (2003–2006: Rituale in Familien. Religiöse Dimensionen und intergenerationelle Bezüge; 2007–2010: Wertorientierungen und Religiosität. Ihre Bedeutung für die Identitätsentwicklung und psychische Gesundheit Adoleszenter). Publikationen im Bereich der Pastoralpsychologie („Der religiöse Traum", 1992) und der Seelsorge („Systemische Seelsorge", 4. Aufl. 2005; „Religiös-existentielle Beratung", 2002).

Eckart Nase, Dr. theol., Pastor und Pastoralpsychologe (DGfP, Sektion T). Ab 1965 Studium der Ev. Theologie und der Psychologie. Studierenden-, Telefon- und Altenheimseelsorge. 1978–1982 Wiss. Angestellter am Institut für Praktische Theologie der Universität Kiel (Prof. J. Scharfenberg). Ab 1982 Landpastor in Dithmarschen/Schleswig-Holstein. 1990 Promotion über „Oskar Pfisters analytische Seelsorge". Seit 1992 Kirchenbeamter (Oberkirchenrat) der Nordelbischen Ev.-Luth. Kirche. Hier zunächst im Ausbildungsdezernat, dann seit 1998 zuständig für besondere Seelsorgedienste sowie für Fortbildung, Supervision und Pastoralpsychologie.

Isabelle Noth, Dr. theol., Studium der Ev. Theologie in Bern, Berlin und Tübingen, seit 2005 Studium der Psychologie in Basel und Wien; 1994–1998 und 2005–2006 Pfarrerin der ev.-ref. Kirchen Bern-Jura-Solothurn, 1994–1998 Ausbildung zur dipl. Gefängnisseelsorgerin, 1999–2005 Assistentin am Lehrstuhl für Neuere Kirchengeschichte, Konfessionskunde und Theologiegeschichte an der Universität Bern; 2004–2006 Weiterbildung in systemischer Seelsorge; arbeitet als Forschungsstipendiatin des Schweizerischen Nationalfonds an einer praktisch-theologischen Habilitationsschrift im Bereich der Pastoral- und Religionspsychologie in Wien (A) und ab 2008 in Claremont, Ca. (USA).

Hartmut Raguse, Prof. Dr. theol., seit 1998 Titularprofessor für Neues Testament und Hermeneutik an der Ev.-Theologischen Fakultät in Basel. Studium zuerst der klassischen Philologie in Hamburg, dann ab 1964 der Ev. Theologie in Göttingen. Ab 1972 Vikar und Pfarrer in Berlin. 1976 durch Heirat nach Basel. Dort psychoanalytische Ausbildung und eigene Praxis. 1991 Mitglied der Schweizerischen Gesellschaft für Psychoanalyse, 1997 Ausbildungsanalytiker. Mitglied der DGfP (Sektion T). 1992 Promotion zum Thema „Psychoanalyse und biblische Exegese". 1994 Habilitation mit dem Buch „Der Raum des Textes".

Anne Reichmann, Pastorin und Dipl. Päd., Lehrsupervisorin DGfP und DGSv und Organisationsberaterin. Tätigkeiten als Gemeindepastorin, Referentin in der Erwachsenenbildung, Theologische Referentin und stellvertretende Leiterin im Nordelbischen Frauenwerk und als Mentorin in der Ausbildung von PastorInnen. Gegenwärtig besetzt sie die Pfarrstelle der Nordelbischen Kirche für Seelsorge und Pastoralpsychologie, wozu die Geschäftsführung für das Pastoralpsychologische Institut, die Weiterbildung von PastoralpsychologInnen in der Sektion Tiefenpsychologie gehört. Daneben arbeitet sie freiberuflich als Supervisorin und Organisationsberaterin in und außerhalb der Kirche.

Dieter Seiler, Studium der Ev. Theologie in Tübingen. Er übernahm 1961 den Aufbau einer Gemeinde am Stadtrand in seiner Heimatstadt München, wechselte 1970 an das Predigerseminar der Nordelbischen Kirche in Preetz, um dort mit Kollegen und im Austausch mit J. Scharfenberg die Reform der theologischen Ausbildung zu initiieren. In einer dritten Phase wechselte er 1981 als Pfarrer in Gemeinde, Klinik und Gefängnis in die Schweiz und bekam seine psychoanalytische Ausbildung beim Freud-Institut in Zürich. Er begann seine psychoanalytische Praxis, die er nach seiner Pensionierung weiterführt. Sein interdisziplinäres Thema ist der Glaube (u.a. fides infantium, Grammatik von glauben). Als Seelsorger ist er im Maßregelvollzug tätig.

Anne M. Steinmeier, Prof. Dr. theol., seit 1999 Professorin für Praktische Theologie an der Universität Halle-Wittenberg, 1991 Promotion in Systematischer Theologie, 1997 Habilitation zum Dialog von Theologie und Psychoanalyse an der Universität Hamburg, 1997–1999 Pastorin in der Ev. Stiftung Alsterdorf in Hamburg, seit 2000 Mitherausgeberin der „Berliner Theologischen Zeitschrift", seit 2002 Beteiligung an der Erarbeitung des Aufbaustudiengangs Liturgiewissenschaft in ökumenischer Kooperation der Theologischen Fakultäten Leipzig, Jena, Halle und Erfurt in Verbindung mit dem Liturgiewiss. Institut der VELKD, seit 2003 geschäftsführende Herausgeberin der Zeitschrift „Wege zum Menschen", seit 2006 Mitherausgeberin der „Arbeiten zur Pastoraltheologie, Liturgik und Hymnologie".

Ulrike Wagner-Rau, Prof. Dr. theol., seit 2002 Professorin für Praktische Theologie am Fachbereich Ev. Theologie der Universität Marburg. Studium der Ev. Theologie in Hamburg und Genf; 1980–1986 Pfarrerin der Nordelbischen Ev.-Lutherischen Kirche, 1986–1997 wiss. Assistentin am praktisch-theologischen Institut der Universität Kiel, dort Promotion (1991) und Habilitation (1999), 1997–2002 Studienleiterin am Prediger- und Studienseminar der Nordelbischen Ev.-Lutherischen Kirche. Mitglied der DGfP (Sektion T). Zahlreiche Veröffentlichungen im Bereich der Kasualtheorie, der Seelsorge und der Pastoraltheologie.

Martin Weimer, Studium der Ev. Theologie in Göttingen und Kiel, fünf Jahre Gemeindepastor in Wahlstedt (Schleswig-Holstein), 1975–1980 Ausbildung zum Pastoralpsychologen in der Sektion T der DGfP, seit 1980 Pastoralpsychologe in der Telefonseelsorge und in der Ev. Beratungsstelle Kiel; 1980–1983 Weiterbildung zum Lehrsupervisor in der Sektion T der DGfP, 1998–2003 Ausbildung zum Gruppenanalytiker bei GRAS (Ltg. Michael Lukas Moeller), seit 1998 Leiter der Ev. Beratungsstelle. Zahlreiche Veröffentlichungen zu pastoralpsychologischen und gruppenanalytischen Themen, 2001: „Psychoanalytische Tugenden" (Einführung in das Werk von Freud, Ferenczi, Klein, Bion, Winnicott, Balint und Lacan).

Wolfgang Wiedemann, Dr. theol., Studium der Ev. Theologie in Neuendettelsau und an der Universität München. Als Pfarrer der bayerischen Landeskirche in Schul- und Gemeindedienst ging er 1978 für 12 Jahre nach Sydney/Australien, um die deutsche Auslandsgemeinde zu betreuen. Studium der Psychologie an der Macquarie University Sydney, psychoanalytische Ausbildung am New South Wales Institute of Psychotherapy und am Institut für Psychoanalyse Nürnberg (DPG). Er promovierte mit einer Arbeit über „Act of Faith – Wilfred R. Bions Beitrag zu einer analytischen Seelsorge" (2005). Seit 1990 Seelsorger am städt. Klinikum Fürth/Bayern.